A JUNIOR ENGLISH GRAMMAR

ジュニア英文典

大阪大学教授
毛 利 可 信 著

東京 研 究 社 発行

本書は研究社で1974年に刊行された『ジュニア英文典』を新装復刊したもので、1981年8月20日発行の新装版を底本とした。

は し が き

本書は，主として高校初年級の生徒諸君のために，英文法の基礎と応用とを解説したものである．同種の本もたくさん出ているのに，さらにその上に本書を出すについては，やはり，それなりの動機・目的・抱負といったようなものがある．この点について，ここでやや具体的に述べてみたいと思うので，読者諸君がこれによって刊行の趣旨を理解されるとともに，本書を使用するときの指針として活用してくださるよう望んでおく．

1.　体系的な説明　すべて文法書で扱う事項は広い範囲にわたり，複雑である．公式やルールもあるが，また例外も多く，ちょっと見ると，たいへん始末のわるいもののようである．けれども，どんなことばであっても，それが〈人間のことば〉として通用するからには，そこに，それらの複雑さを越えて，何らかの統一的な原理というものがなければならない．いわば，〈発想の原点〉というようなものであろう．本書で扱う事項はすべて英文法の基礎ではあるけれども，解説にあたっては，常にこの原点を意識し，あるいは原点に立ちかえり，そこから出発して，統一的に，有機的に説明するようにつとめた．つまり，全巻がひとつの体系としてまとまり，説明はひとつの原理で首尾一貫するようにした．基礎の本だからといって，安易な行きあたりばったりの説明をしてはならない，むしろ，基礎であればこそ，ことばの本当の生きた姿を描き出すような解説法をとるべきだというのが著者の主張であり，とくに〈時制〉〈仮定法〉〈法の助動詞〉の説明にあたり，この主張を強力に実践し，スッキリした説明をするようにつとめたつもりである．

2. 生き生きとした用例　用例は，現代アメリカ語法を中心として，本書の程度をよく考え合わせて適切なものをえらぶように心がけた．用例選択の条件としては，現代の高校生諸君のフィーリングにマッチした話題のものであること，現代英語の語法にかなった，じゅうぶん慣用的な英文であることなどを考慮した．いくつかの例文や練習問題には，高校のリーダーなどには出てこない単語や言いまわしを含むものもあるが，それらは，たとえば，星の名前，機械の名称，数式の読み方などに関するものであって，高校生諸君には容易に理解できるものばかりである．著者としては，あまりに型にはまった平凡な用例だけを出すのでは興味が失われると思い，多少，自分の好みでとりあげた用例を加えておいたわけである．

用例の中の語法については細心の注意を払い，とくに注意すべきものは脚注などの形で説明した．たとえば，purse はふつう「女物のさいふ」をさす語である，とか，「汽車が速く走っている」などの「走る」は run といわない，というような事項であって，従来の文法書などでは，このような諸点についての注意が不十分であったように思われる．

3. 本書独特の解説方法　以上の 2 つの目標を実現するために，本書では，かなり多くの事項について独特の説明法を採用した．それはけっして，奇をてらうとか，著者のひとりよがりとか，いうような意味合いからではない．それらの説明法のほうが読者にとって便利であり，整理して記憶するのにつごうがよいと思われたからである．たとえば，つぎのような事項の説明法がそれである．

(1)　普通名詞の用法を 5 つに分類し，〈5 用法〉として説明した．

(2)　〈限定詞〉という項目をたて，〈限定詞〉と〈形容詞〉とを区別して扱った．

(3)　〈代名詞系列語〉という項目をたてて，まとめて説明した. たとえば, *this, this* book, *here, now, thus* は〈this の系列語〉として1個所にまとめた.

(4) 時制の説明に先立ち,動詞をその〈意味〉によって7種類に分類した. このような分類は,〈単純形〉〈進行形〉〈完了形〉の用法を, それぞれの動詞について正しく理解するための必要条件であると著者は考える.

(5) *can, may, must* については, 第1次用法と第2次用法とに分類し, この〈2用法の相互関係〉を詳しく論じ, また, その個所では, 例文中においても can_1, can_2, etc. と表記して注意をうながした. もちろん, このような表記はふつうの英文の中では用いられないものであるから, 例文としてあげる文の中でこれを実行することには反対意見もあるかもしれない. しかし, その個所で, この重要な2用法の相違をはっきり理解してもらうためには, 多少の不体裁はやむをえないと考えたわけである.

以上, 著者の執筆姿勢についてだいたいのところを述べた. これがはたして成功しているかどうかについては, 読者諸君の批判にまちたいと思う. 著者としては, 読者のひとりひとりが, 本書によって, 英語をその生きた姿においてとらえ, 真にオールラウンドな英語力を養ってくださるようにと念願している. 本書をよりよきものにするために, 読者からのご意見を歓迎する.

研究社の大庭陽三, 水上峰雄の両氏には企画の当初から刊行に至るまで終始おせわになった. 心から感謝の意を表する.

昭和48年晩秋

毛 利 可 信

本書使用上の注意

1. セクションについて

本文の記述全体を301個のセクション(項目)に分ける. **§1～§301** はセクション番号である. 巻頭の「項目一覧」は「事項索引」を兼ねているが, そこではこのセクション番号を用いる. ただし, 巻末の「語句索引」ではページ数を示す.

2. 記号の用法

N.B.	〈注意事項〉を示す.
Cf.	〈比較せよ〉または〈参照せよ〉の意味.
*	語の右肩の * 印は, その語について〈脚注〉があることを示す.
( )	a. 訳語, 訳文を入れる. b. 〈省略可能〉を示す. 《例》 He is taller than I (am).
(= . . .)	〈とりかえ可能〉を示す. 《例》 We waited **till** (=*until*) he came.
(*or* . . .)	〈言いかえ可能〉を示す. 《例》 It **is** (*or* was) John that broke the window.
[ ]	a. 発音符号を入れる. 《例》 said [sed] b. 本文中では補説的な注記, ことわり書きなどを入れる. c. 英文中では, 説明の便宜上, 補った語を示す. したがってその英文自体はその語を除外した形が示されているものとする. 《例》 I have never met him **before** [this]. d. 例文またはその訳文の直後では, その例文についての注意事項を示す.
[→§123]	〈参照個所〉を示す.
〈 〉	特別の意味はなく, ただ, 説明の日本文を読みとりやすくするために適宜用いる.

その他, =, ≒, ―― などは日常の慣用に従う.

目　　次

I. 序　　論

II. 形　態　論

III. 統　語　論

IV. 総 合 研 究

項 目 一 覧

I. 序　　論

1. 英文法とは何か

2. 形 態 と 統 語

II. 形　態　論

1. 名　　詞

A. 固 有 名 詞

B. 普 通 名 詞

C. 集 合 名 詞

D. 物　質　名　詞

E. 抽　象　名　詞

2. 代　名　詞

A. 人称代名詞一般

B. it の特別用法

C. 再 帰 代 名 詞

D. 指示代名詞・不定代名詞

E. 疑　問　詞

B. 不規則動詞活用表

6. 副　詞

7. 前置詞

8. 接続詞

9. 感嘆詞

III. 統 語 論

1. 文型と文の要素

2. 単文と複文――句と節

3. 文 の 種 類

4. 時　制

A. 現在単純形

B. 過去単純形

C. 進 行 形

D. 完 了 形

E. 未 来

5. 態

6. 話 法

7. 仮 定 法

8. 法 の 助 動 詞

IV. 総 合 研 究

1. 語　　順

2. 不定詞・分詞・動名詞の総括

3. 慣 用 語 法

I. 序　　論

1. 英文法とは何か

§1　ことばという名のゲーム

この本の表題の中に「英文典」という語がある．文典とは**文法** (Grammar) のことであって，われわれは，これから英語の文法，すなわち**英文法** (English grammar) を学ぼうとしているわけである．

われわれは日本語を毎日使って生活しているが，そのようすをよく考えてみると，ことばを使って人と話をするのは，野球とか将棋とかのゲームをするのとよく似ている．たとえば，将棋をさしていて私の手番であるとき，私がどういう手をさすかは，私自身の判断できめられる．つまり，私は自分がさしたい手を自分で選んで決定することができる．しかし，どの手をさすにしても駒の動かし方は将棋のルールに従っていなければならない．私は銀を真横に動かしたり，飛車を斜めに走らせたりすることはできない．そんなことをすれば，それは，もはやゲームにならないといわれるであろう．

ことばのほうも同様であって，私が，〈ある状況のもとでどんなことをいうか〉という点は私の判断で私が決定することであるが，ものをいうからには，日本語なら日本語のルールに従わなければならない．そうでないと，それはことばとして通用しないであろう．

§2 ゲームにはルール

すべてゲームにはルールがあるが，そのルールがなぜ必要かということを考えてみよう。ゲームには，ひとりでやるものもあるが，上に例示したようなゲームは，2人以上，場合によっては多数の人が寄って，そして相手があって，するものである．つまり〈社会生活の縮図〉であるといえよう．社会生活の中で個人個人が勝手なことをしたら混乱が起こるであろう．そこで最低限の約束ごととしてルールがきめられているのである．

ことばについても同様で，われわれはひとりごとをいうこともあるけれども，一般には，ことばは人と人との間でやりとりするものである．したがって，めいめい，かってな話し方をしたのでは，自分の考えや感情をつたえることができない．それでことばのルールが必要になるのである．

§3 ことばのルールの柔軟性

以上でことばにルールが必要だということ，したがって，英語については英文法が必要だということは明らかになったが，われわれが，その英文法をこれから学ぶにあたってもうひとつ注意すべきことがある．英文法のルールというと，たとえば，〈動詞の活用形〉とか，〈名詞の複数の作り方〉とか，**文** (Sentence) を組みたてるときの**語** (Word) のならべ方など，広い意味での公式というものが考えられるが，実際の英語の文をみると，その公式にあわないようなものも出てくることがよくある．そこで先生に質問すると，それは，これこれの言い方でもよいが，また別のこれこれの言い方でもよいのだ，というような説明をされる．なんだかいつもあいまいで，数学の公式のようにキッチリと守られていないような気がする——というような場合が多いものである．この本の説明でも，そのような場合があると思う．

数学の規則とか公式とかいうものは，定義をしてきめるのであるから，厳格に運用される．しかし，文法のほうは，過去何千年かの間に，祖先から子孫へと伝えられてきた「ことばづかい」の習慣について，その中から，ある程度の規則性をぬき出してきて整理したものに過ぎないから，せいぜい，最大公約数的な約束ごとの集大成なのである．であるから，文法の勉強をするときには，基本的なことをしっかり覚えるのは，むろんたいせつであるが，いっぽう，ことばの持つ柔軟性を考えて，文法のルール以外にもまた，たいせつなこと――〈その時その時における人の心の動き〉，〈音声の配列とかリズムとかを美しくしたいという欲求〉など――があるということも知らなければならない．英語に上達するためには，英文法の学習は，必要条件であって，それは十分条件ではないのである．

2. 形 態 と 統 語

§4　文法ではどんな所が問題になるか

いま，「彼は毎日手紙を3通書きます」という文を英語でいうとしよう．「毎日」は every day であって，これは文頭にも，文末にもおけるが，いまは，これを文末におくことに一定しておく．この場合，つぎのような訳文ができたとする．

① He writes three letters every day.
② He write three letter every day.
③ He letters three writes every day.

この場合，① は正しい英文だということは明らかである．個々の語の形も，語の順序も英語のルールに合っているからである．では ② はどうか．② は ① と語のならべ方は同じである．だから，文の組みたてという点では正しい．しかし，write では，三人称単数現在形の場合の -s が落ちているし，letter では，複数形の -s が落ちている．このように，語の形について，-s をつけるとか，-ed

をつけるとか，あるいは動詞の活用形を調べたりする部門を形態論という．この見方からすると，② の文は形態論的な誤りをおかしているのである．

つぎに ③ はどうか．ここには形態上の誤りはない．しかし，語のならべ方が，日本語的である．つまり，文の組みたて方が，英語のルールに合っていない．このように，語をならべて文を作るときの組みたてかたを研究する部門を統語論という．この見方からすれば，③ の文は統語論的な誤りをおかしているのである．

文法には，このように形態論と統語論との 2 つの部門がある．

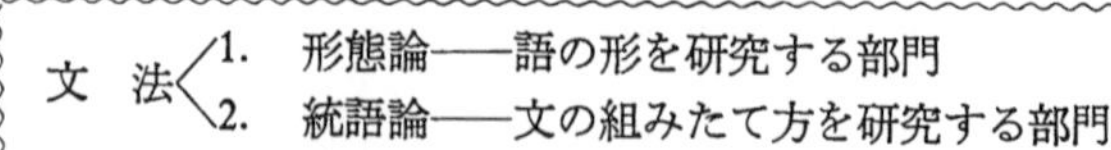
文　法 ＜ 1.　形態論――語の形を研究する部門
　　　　 2.　統語論――文の組みたて方を研究する部門

§5　品詞と文の要素

前節の ① の例文を，また別の角度から考えてみよう．

He writes three letters every day.

ここに 6 個の語がならんでいるが，そのひとつ，たとえば he をとって「この語は何であるか」ときかれたら，どのように答えるべきであろうか．ある人は「he というのは代名詞だ」というかもしれない．またある人は，「he というのはこの文の主語だ」と答えるかもしれない．同様に「letters という語は何であるか」ときかれたら，ある人は「letters は名詞である」というだろうし，またある人は「letters というのは，この文では〈手紙を〉という意味なのだから，writes の目的語である」というだろう．

このように，語をそのはたらきによって分類するとき，2 とおりの分類の仕方があることがわかる．ひとつは，名詞，代名詞...などのような分け方であって，これは，語そのものとしての分類であり，この分類の各項を品詞という．もうひとつは，ある文の中の語――つまり文の要素――としての役目を基準にして分類するもので，主語，目的語...などとなる．したがって，上の文の中の letters は目的語であるが，また別の文では，letters が主語となることができることはもちろんである。

語の分類法＜1. 品　詞――名詞，代名詞...などの系列
　　　　　＼2. 文の要素――主語，目的語...などの系列

この 1., 2. の各系列のくわしい内容はそれぞれの所で述べる．また，前節の形態論，統語論という考え方をここにあてはめれば，1. は語そのものについてであるから形態論的分類であり，2. は文の要素として見るのであるから統語論的分類である，という言い方もできる．

II. 形 態 論

§6 8品詞について

英語では語をつぎの8個の**品詞** (Parts of speech) に分類する．これを，ふつう8品詞という．

1. Noun (名　詞)
2. Pronoun (代名詞)
3. Adjective (形容詞)
4. Verb (動　詞)
5. Adverb (副　詞)
6. Preposition (前置詞)
7. Conjunction (接続詞)
8. Interjection (感嘆詞)

これから，この〈II. 形態論〉においては，8品詞について形態論的な研究をする．したがって動詞についても，その部門だけに限って述べることとし，時制，態，法というような，文の組みたてに直接関係することは，すべて〈III. 統語論〉にゆずることにする．

1. 名　　詞

§7 名詞の分類

名詞は，それがあらわすものの種類に応じて，つぎの5種類にわける．

(1) 固有名詞——特定のものの**名前** (Name)

John, Smith, London, Japan, January, Sunday, etc.

(2) 普通名詞——個体の種類をあらわす語

boy, girl, book, table, house, flower, etc.

(3) 集合名詞——**集合** (Set) の種類をあらわす語

class, family, nation, party, etc.

(4) 物質名詞——個体と考えられないような物質の種類をあらわす語

water, gas, gold, cotton, wool, etc.

(5) 抽象名詞——状態や動作を,「もの」であるかのように表現する語

happiness, peace, time, advice, etc.

このうち,〈(2) 普通名詞〉と〈(3) 集合名詞〉とは, 1つ, 2つ. . . と数えることができるものをあらわすものであるから, これらを**可算名詞** (Countable) [略して Ⓒ] といい, そのほかのものを**不可算名詞** (Uncountable) [略して Ⓤ] という.

(1)	固有名詞 (Proper noun)	——	不可算 (Ⓤ)
(2)	普通名詞 (Common noun)	——	可　算 (Ⓒ)
(3)	集合名詞 (Collective noun)	——	可　算 (Ⓒ)
(4)	物質名詞 (Material noun)	——	不可算 (Ⓤ)
(5)	抽象名詞 (Abstract noun)	——	不可算 (Ⓤ)

N.B. 個々の名詞について, それがどの分類にはいるかということは固定したものではない. ある名詞が, ある場合には物質名詞——したがって Ⓤ——として用いられ, また別の場合には普通名詞——したがって Ⓒ——として用いられるというようなことがしばしば起こる. これについては, §11, §38, §45 で述べる.

A. 固 有 名 詞

§8 固有名詞

固有名詞は常に**大文字** (Capital letter) で書きはじめる.

February is the second month of the year.
(2月は年の2番目の月である)

Jupiter has twelve satellites. (木星には12個の衛星がある)

He did not go to **France**; he went to **Italy**.
(彼はフランスへは行かなかった, イタリアへ行ったのだ)

Where did **George** meet **Lucy**?
（ジョージはどこでルーシーに会ったのか）

§9 〈the＋固有名詞〉

固有名詞は特定のものの名前であるから，これに冠詞をつけて用いることはないはずであるが，つぎにあげるような場合には the をつける．

(1) 河川や海洋の名前

the Sumida（隅田川）　　**the** Thames（テームズ川）
the Red Sea（紅海）　　**the** Mediterranean Sea（地中海）
the Pacific (Ocean)（太平洋）　　**the** Atlantic (Ocean)（大西洋）

N.B. 1. 川の名前に river を付け加えて *the* River Sumida, *the* Sumida River のようにいうこともある．この場合 river を固有名詞の前におくか，あとにおくかは，それぞれの川についての習慣によるので一定しない．日本の川の名ならばどちらでもよい．

(2) 船，艦隊の名前

the Murasaki-maru（むらさき丸）
the Queen Elizabeth（クイーン・エリザベス号）
the Baltic Squadron（バルチック艦隊）

(3) 公共の建物の名前

the Red Cross Hospital（赤十字病院）
the Kabukiza（歌舞伎座）　　**the** Royal Exchange（王立取引所）

N.B. 2. イギリスでは，〈地名＋普通名詞〉の形の公共建造物は the をつけないことが多い．Westminster Abbey, London Bridge など．
N.B. 3. 複数の固有名詞の場合は §11 (3), (4) で述べる．

§10 〈固有名詞＋普通名詞〉

この形になっている場合は，一般には the は不要である．順序が逆になるときも同様．ただし，〈the＋普通名詞＋of＋地名〉のような形の場合は，その普通名詞のほうを限定するという意味で the が必要である．つぎの表の左欄には the が不要の例，右欄には the が必要な場合の例をあげる．

the をつけない	the をつける
Oxford University (オックスフォード大学)	**the** University of Hawaii (ハワイ大学)
Kansas City (カンサスシティ)	**the** city of Rome (ローマ市) [このとき city は小文字]
Mount Fuji (富士山)	**the** Mount of Sinai (シナイ山)
Hyogo Prefecture (兵庫県)	**the** Province of Shinano (信濃の国)
Lake Biwa (琵琶湖)	**the** Lake of Constance (コンスタンス湖)
Tokyo Station (東京駅)	
Hyde Park (ハイドパーク)	
Cf. Pearl Harbor (真珠湾)	

§11　固有名詞のⒸ化

固有名詞が転換されて普通名詞として用いられることがある．普通名詞は〈可算[Ⓒ]〉であるから，すべて普通名詞化ということは〈可算化[Ⓒ化]〉ということでもある．したがって，〈Ⓒ化〉された場合は，冠詞 a(n), the をつけるとか，必要に応じて複数形を用いるとかのルールは，まったく普通名詞と同じようになる．

固有名詞の〈Ⓒ化〉にはいくつかの場合があって，つぎのように分類される．

(1)「...という名の人」を意味する場合

Here's a message for you from **a Mr. Richard.**
(リチャードさんという人からあなたへの伝言がありますよ)

この場合，この文をいう人がそのリチャードという人をよく知っていれば，たんに Mr. Richard というのであるが，**a** Mr. Richard という場合は，話者がその人と知り合いでなく，たんに名前だけをきいて取りつぐ場合である．これは〈リチャードという人〉の意味であるから，普通名詞として扱うのは当然である．

(2)「...のような人」を意味する場合

He was **an Edison** in his days. (彼は当時のエジソンであった)
I hope we shall have many **Newtons** among you.

（あなたたちの中から多くのニュートンが生まれることを望みます）

(3) 「...家の人」を意味する場合

Still I am **a Kennedy.**（でも私はケネディ家の一員です）

The Johnsons used to spend their vacations at that seaside.

（ジョンソン家では休暇をその海岸ですごすのが常だった）

この場合の the Johnsons というのはジョンソン家の人々全部をさすのであるから〈集合用法の the〉[→§112(2)] をつける．

(4) 〈複数固有名詞〉の場合

この場合は上の the Johnsons と同じ理由で the をつける．すなわち，実質的には普通名詞化しているのである．

the United States of America（アメリカ合衆国）

the Alps（アルプス山脈）

the Philippines（＝the Philippine Islands）（フィリピン諸島）

N.B. 1. 言語の名は English (英語), Japanese (日本語), German (ドイツ語), French (フランス語) のように純然たる固有名詞として用いられるが，language [普通名詞] をつければ，**the** English language (英語)のようにいう．したがって **the** English word (英語の単語), **the** English text (英語のテキスト) というときも同様である．また，あとの 2 つの場合は，その word, text を省略した場合も the をつける．

Do you know **the German** for 'flower'?

（「花」というドイツ語を知っていますか）

This story has been translated **from the French.**

（この物語はフランス語から訳されたものだ）

N.B. 2. 「○○文学」という場合には the をつけない．つぎを比較せよ．

{英　語 English *or* **the** English language
{英文学 English literature

{フランス語 French *or* **the** French language
{仏　文　学 French literature

{ド イ ツ 語 German *or* **the** German language
{ドイツ文学 German literature

N.B. 3. 「性質をあらわす形容詞＋人名」には the をつける．ただし，その形容詞が，old, young, great, little, dear などのときは the をつけない．そのわけは，これらの形容詞は意味内容に乏しく，いわば固有名詞の一部であるからである．したがってこれらの形容詞も大文字ではじめることが多い．

(1)　つけるほうの例

the ambitious Caesar (野心家のシーザー)
the brave Ivanhoe (勇ましいアイバンホウ)
the thrifty Carnegie (節約家のカーネギー)
the hard-working Franklin (勤勉家のフランクリン)

(2)　つけないほうの例

Great Alexander (偉大なアレキサンダー) [ただし「アレキサンダー大王」は Alexander **the** Great]
Old Black Joe (オールド・ブラック・ジョー)
Little Nell (かわいいネルちゃん)

§12　主要国名・地域名およびその変化形

上でも少し触れたことであるが，たとえば，「フランス」は France であり,「フランスの」あるいは「フランス語」は French であり，「フランス人」は Frenchman である，というような使いわけを知ることは，きわめてたいせつである．以下，次ページの表についての注意事項を述べる．

(1)　各欄の内容

第1欄は国名，または地域名．

第2欄は形容詞形．ただし (†) 印のあるものは，言語名ともなる．それ以外のたとえば Swiss, American, Mexican, Roman は言語の名とはならない．アラビア語は Arabic で，古代ローマの言語は Latin である．また，マライ語 (Malay) とインドネシア語 (Indonesian) は実質的に同一言語であって，その相違は，英語と米語の相違のようなものである．ベルギー語というものは存在しない．ベルギーの公用語は地域によってオランダ語またはフランス語である．

第3欄は国民または住民を個人的にみた場合の，単数形と複数形.〈-s〉は単数形のあとに -s をつけることを意味し,〈—〉は単複同形,〈-men〉は単数形の -man の部分を -men とすることを示す．

国名・地域名とその変化形

国名・地域名	形容詞(言語名)	住　民
America (U.S.A.)	American	American, -s
Arabia (アラビア)	Arabian (Arabic†)	Arab, -s
Australia (オーストラリア)	Australian	Australian, -s
Austria (オーストリア)	Austrian	Austrian, -s
Belgium (ベルギー)	Belgian	Belgian, -s
Brazil (ブラジル)	Brazilian	Brazilian -s
Burma (ビルマ)	Burmese†	Burmese, —
Canada (カナダ)	Canadian	Canadian, -s
China (中国)	Chinese†	Chinese, —
Denmark (デンマーク)	Danish†	Dane, -s
Egypt (エジプト)	Egyptian†	Egyptian, -s
England (イギリス)	English†	Englishman, -men
France (フランス)	French†	Frenchman, -men
Germany (ドイツ)	German†	German, -s
Greece (ギリシャ)	Greek†, Grecian	Greek, -s
Hawaii (ハワイ)	Hawaiian	Hawaiian, -s
Holland (オランダ)	Dutch†	Dutchman, -men
India (インド)	Indian	Indian, -s
Indonesia (インドネシア)	Indonesian†	Indonesian, -s
Ireland (アイルランド)	Irish†	Irishman, -men
Italy (イタリー)	Italian†	Italian, -s
Japan (日本)	Japanese†	Japanese, —
Korea (韓国, 朝鮮)	Korean†	Korean, -s
Malay (マレー)	Malay†	Malay, -s
Mexico (メキシコ)	Mexican	Mexican, -s
Norway (ノルウェー)	Norwegian†	Norwegian, -s
Persia (ペルシア)	Persian†	Persian, -s
Portugal (ポルトガル)	Portuguese†	Portuguese, —
Rome (ローマ)	Roman (Latin)	Roman, -s
Russia (ロシア)	Russian†	Russian, -s
Scottland (スコットランド)	Scotch, Scottish	Scotchman, -men
Spain (スペイン)	Spanish†	Spaniard, -s
Sweden (スウェーデン)	Swedish†	Swede, -s
Switzerland (スイス)	Swiss	Swiss, —
Turkey (トルコ)	Turkish†	Turk, -s

(2) 「国民全体」のあらわし方

国民全体を〈集団的〉にあらわすにはつぎの原則による.

(a) 上記第3欄の複数形に the を付ける.

(b) 複数形が -men で終わるものは，その -men の部分を除く.

(c) 「スコットランド人」の全体は the Scots である.

これにより，国民全体を見た場合は，the Americans (アメリカ人)，the English (イギリス人)，the Germans (ドイツ人)，the Poles (ポーランド人)，the Swiss (スイス人)等となる．このように個人と国民全体とで，形のちがうものがあるから注意を要する.

Is he **a Chinese**? (彼は中国人ですか)
Are they **Chinese**? (彼らは中国人ですか)
The Japanese *are* a hard-working people.
(日本人は勤勉な国民である)
The English *are*, above all, practical.
(イギリス人は何よりもまず実際的だ)
They are all **Englishmen**. (彼らはみなイギリス人だ)

Exercise 1

(1) つぎの名詞のうち〈可算名詞〉には Ⓒ，〈不可算名詞〉は Ⓤ と表示せよ．また Ⓤ のうちから〈抽象名詞〉を指摘せよ.

1. sugar	2. dictionary	3. health
4. army	5. news	6. picture
7. moon	8. garden	9. oil
10. weather	11. aluminium	12. group

(2) つぎの固有名詞を英語のつづりで書きあらわせ.

1. インド	2. ナポレオン	3. 日本海
4. ベルリン	5. 火星	6. ミシシッピー川
7. 兼六公園	8. スミス家の人々	9. ワシントン
10. 大阪大学	11. クリスマス	12. エベレスト山

(3) 「英和辞典」=「英語—日本語辞典」は 'An English-Japanese Dictionary' である．これにならってつぎのような辞典の「表題」を英語で記せ．

1. ロシア語—スペイン語
2. ドイツ語—フランス語
3. ポルトガル語—ノルウェー語
4. 中国語—英語
5. デンマーク語—オランダ語
6. イタリア語—日本語
7. 日本語—マレー語

(4) つぎの文を英訳せよ．

1. 彼はスペイン人です．
2. スイスの首府はどこですか．
3. それはフランス映画ですか．
4. 私はベルギーへ行きたい．
5. エジプトにはピラミッドがたくさんある．
6. シカゴは大きな都市です．
7. 彼女はオランダ語を話すことができる．
8. 「たまご」は英語で何ですか？
9. カントはドイツ人である．
10. オリオンは美しい星座 (constellation) だ．

B. 普通名詞

§13 数 (Number)

普通名詞が個体の種類をあらわす語であり，したがって〈可算名詞Ⓒ〉であることはすでに述べた．そこで，1個のものをさすときは a boy, this book, that man などの形で用い，2個以上のものをさすときには some boys, these books, those men などの形で用いる．前者を**単数** (Singular number) とよび，後者を**複数** (Plural number) とよぶ．

§14 複数形の作り方

これから複数形の作り方のルールを述べる．このルールは，普通名詞はもちろん，集合名詞にもあてはまる．また，固有名詞，物質名詞，抽象名詞が，〈Ⓒ化〉した場合にもあてはまる．

§15 一般原則

ふつうは単数の語尾に **-s** という**接尾辞** (Suffix) をつける．

dog (犬)——dog**s** [dɔgz]　　book (本)——book**s** [buks]
cat (ねこ)——cat**s** [kæts]　　pen (ペン)——pen**s** [penz]

§16 -es とする場合

つぎの3種の名詞には **-es** をつける．

(1) 語尾が [s], [z], [ʃ], [tʃ], [dʒ] の音ならば **-es** [-iz] をつける．[-iz] と表記しても，「エズ」の心持ちで発音する．

ass (ろば)——ass**es**　　branch (枝)——branch**es**
glass (グラス)——glass**es**　　quiz (クイズ)——quizz**es**
inch (インチ)——inch**es**　　dish (さら)——dish**es**
brush (はけ)——brush**es**　　fox (きつね)——fox**es**
bench (ベンチ)——bench**es**　　ax (おの)——ax**es**

(2) 語尾に，発音されない **e** があれば，それを除いて **-es** [-iz] をつける．

horse (馬)——hors**es**　　wage (賃金)——wag**es**
nose (鼻)——nos**es**　　bridge (橋)——bridg**es**

(3) 語尾が〈子音+**y**〉のときは **y** を **i** に変えてから **-es** [-z] をつける.

army (軍隊)——arm**ies**　　duty (義務)——dut**ies**
baby (赤ん坊)——bab**ies**　　fly (はえ)——fl**ies**
city (市)——cit**ies**　　lady (婦人)——lad**ies**

N.B. 語尾が〈母音+**y**〉ならば一般原則に従い **-s** [-z] だけでよい.
day (日)——days　　boy (少年)——boys
key (かぎ)——keys　　buoy (うき)——buoys

§17 o で終わる語

語尾が〈子音+**o**〉の語もたいてい **-es** [-z] をつける.

cargo (船荷)——cargo**es**　　negro (黒人)——negro**es**
echo (こだま)——echo**es**　　potato (じゃがいも)——potato**es**
hero (英雄)——hero**es**　　volcano (火山)——volcano**es**
motto (モットー, 標語)——motto**es**

ただし下の例のようにたんに **-s** [-z] を加えるものがある.

curio (こっとう品)——curios　　solo (独奏)——solos
piano (ピアノ)——pianos　　photo (写真)——photos

つぎのように **-s, -es** いずれを加えてもよい語がある.

calico (キャラコ)——calico**s** *or* calico**es**
mosquito (蚊)——mosquito**s** *or* mosquito**es**
tobacco (たばこ)——tobacco**s** *or* tobacco**es**

語尾が **oo, io** の語はすべて **-s** [-z] をつける.

bamboo (竹)——bamboos　　portfolio (紙ばさみ)——portfolios
cuckoo (かっこう)——cuckoos

§18 f, fe で終わる語

語尾が **f, fe** の語は多くの場合 **-ves** [-vz] となる.

calf (子牛)——cal**ves**　　shelf (たな)——shel**ves**
half (半分)——hal**ves**　　wolf (おおかみ)——wol**ves**
leaf (葉)——lea**ves**　　knife (ナイフ)——kni**ves**
thief (どろぼう)——thie**ves**　　life (生命)——li**ves**

elf (小びと)——el**ves**　wife (妻)——wi**ves**

語尾が **f, fe** でもたんに **-s** [-s] を加えるものがある.

chief (首長)——chiefs　proof (証明)——proofs
roof (屋根)——roofs　belief (信条)——beliefs
mischief (いたずら)——mischiefs　gulf (湾)——gulfs
grief (悲哀)——griefs　safe (金庫)——safes
hoof (ひづめ)——hoofs
handkerchief (ハンカチ)——handkerchiefs

語尾が **ff** でその前に短母音のあるもの, および語尾 **rf** の語はたんに **-s** [-s] を加える.

cuff (そで口・カフス)——cuffs　cliff (がけ)——cliffs
scarf (スカーフ)——scarfs (*or* scar**ves**)
wharf (はとば)——wharfs (*or* whar**ves**)

§ 19　複数語尾 -s, -es の発音

(1)　[f], [k], [p], [t] 音で終わる語につける **-s** は無声音の [s] である.

roo**fs** (屋根),　cu**ffs** (そで口),　boo**ks** (書物),　cu**ps** (杯),
pi**pes** (パイプ),　ra**ts** (ねずみ),　ca**ts** (ねこ)

N.B. 「無声音」とは, 発音のとき, 〈のどぼとけ〉の振動を伴わない音をいう. 《例》 [k], [p], [s], [t], etc. これに対して, 「有声音」とは発音のとき, 〈のどぼとけ〉の振動を伴う音をいう. 《例》 すべての母音, および, [g], [b], [z], [d], etc.

(2)　-th の語尾は単数の場合は通例, 無声音 [θ] であるが, 複数形 -ths に対しては無声音 [θs] と有声音 [ðz] の 2 つの場合がある.

(a)　〈子音字＋th〉〈短母音＋th〉 [θ → θs]

month (月)——mon**ths** [mʌnθs]　smith (かじ屋)——smi**ths**
birth (誕生)——bir**ths**　death (死)——dea**ths**
cloth (布)——clo**ths**

N.B. 1.　clothes (着物) は [klouðz] と発音する.

(b)　〈長母音(または二重母音)＋th〉 [θ → ðz]

path (小道)——pa**ths** [pɑːðz]　mouth (口)——mou**ths**

bath (浴室)——ba**ths**　　oath (誓)——oa**ths**

(3) [s], [z], [ʃ], [tʃ], [dʒ] 音のあとの **-es** は [iz] と発音する. たとえば bench [bentʃ] の複数は benches [béntʃiz].

glasses (グラス)　bree**zes** (微風)　ca**ges** (かご)
bran**ches** (枝)　bu**shes** (やぶ)

N.B. 2. horse の複数 horses は [hɔ́:siz] と発音するが, これに似ている house の複数 houses は通例 [háuziz] と発音する.

(4) その他の **-s, -es** はすべて [z] の音.

cabs (馬車)　birds (鳥)　bees (みつばち)　dogs (犬)
lads (若者)　miles (マイル)　worms (虫)　pens (ペン)
kings (王)　names (名)　cars (車)　cows (雌牛)
heroes (英雄)　lives (生命, 一生, 生活)　boys (少年)

§20 母音変化による複数形

つぎのような名詞は語中の母音を変化させることによって複数形を作る.

man (人, 男)——**men**　　foot (足)——**feet**
woman (女)——wo**men**　　goose (がちょう)——**geese**
mouse (はつかねずみ)——**mi**ce　　tooth (歯)——**tee**th
louse (しらみ)——**li**ce

N.B. woman [wúmən] の複数 women の発音は [wímin] である.

§21 -en 型複数形

語尾に **-en** をつけて複数を作るものが少数ある.

child [tʃaild] (子供)——child**ren** [tʃíldrən]
brother (同胞, 同宗徒, 同業者等)——breth**ren** [bréðrin]
ox (雄牛)——ox**en** [ɔ́ksən]

§22 単複同形

単数, 複数同形のものがいくつかある.

deer (しか), sheep (羊), swine (豚), salmon (さけ), trout (ます), corps (軍団) [単数のときは [kɔ:], 複数のときは [kɔ:z] である]

N.B. これらはみな単複同形であるから, 前後の関係でそのいずれであるかを知らねばならない.

a **sheep** / this **sheep** }（単数）　　some **sheep** / many **sheep** }（複数）

rest (残余), plenty（たくさん）も同じ形で単複両様に用いられる．物質名詞に関するときは単数で，複数普通名詞に関するときは複数である．

単　　数	複　　数
The **rest** of the water *was* thrown away.（残りの水は捨てさられた）	The **rest** of the pupils *were* all scolded.（その他の生徒はみなしかられた）
There *is* **plenty** of rice in that storehouse.（あの倉庫には米がたくさんある）	There *are* **plenty** of books in this library.（この図書館には本がたくさんある）

§23　外来語の複数形

いままで述べたどのルールにも従わないような語もある．それはラテン語，ギリシャ語などから英語にはいった語であって，たとえば focus (焦点)の複数形が foci [fóusai] となり，oasis（オアシス)の複数形が oases [oéisi:z] となる，というような場合にみられる．これは，個々におぼえるしか仕方のないもので，文法で扱う事項というよりもむしろ，辞書の扱うべき事項であるから，本書ではこれ以上立ち入らないことにする．

§24　普通名詞と限定詞

普通名詞の単数形は，冠詞 (a(n), the) または冠詞と同様に名詞を限定する語 (this, that, my, your, some, etc.) をつけて用いなくてはならない．冠詞および冠詞と同様に名詞を限定する語を総称して**限定詞** (Determiner) という．そうすると，普通名詞の単数形は〈限定詞〉なしで用いることはできない．複数形にはこのルールがない．したがって普通名詞の用法というのは，つぎの5つの場合がある．この5つについて，基本的用法を覚えれば，〈限定詞〉がいろいろ変わっても，その用法を理解することは容易である．なお，〈形容詞〉は上記の限定詞の中にはいらないから，形容詞のあるなしは，この5つの分類と無関係である．それで，ここには，〈形容詞のない場合〉と〈形容詞がある場合〉とを平行的にあげておく．×印は限定詞がないことを示す．

第1用法	**a** teacher	**a** good teacher
第2用法	**the** teacher	**the** good teacher
第3用法	× teachers	× good teachers
第4用法	**some** teachers	**some** good teachers
第5用法	**the** teachers	**the** good teachers

N.B. 限定詞というのは，8品詞の中のひとつではないが，ここにあげた，a, the, some, それに this, my などのように，ある名詞の前につけてこれを限定する語をまとめていう場合の呼び名である．限定詞は形容詞と同じように見えるが，〈形容詞〉は，そのあとの名詞のあらわすものの性質を表現するのに対し，〈限定詞〉は，そのものを指定するだけで，そのものの性質については何も表現しないのである．**good** book であればその本が内容的に「よい」本であることを意味するが **this** book, **my** book などでは，その本の性質はわからない．また，限定詞は **a good** book, **my good** teachers のように形容詞とダブって用いることもできる．限定詞はだいたい，つぎのようなものを含む．

限定詞
- (1) 冠詞——a(n), the [→4. 冠詞]
- (2) 代名形容詞——代名詞を形容詞的に用いたもの [p. 38, p. 52 の「一覧表」参照]

§25 第1用法——a teacher

この用法は，そのものが〈不特定〉なものであること，たんに〈teacher という語があてはまるもの〉ということをあらわす．

(1) 「これは何か?」に答える気持ちで記述を与えるとき，または，はじめて話題にのせる気持ちで「あるひとつの」を意味するとき．

Mr. Smith is **an** English teacher. (スミスさんは英語の先生です)

This is **a** refrigerator; that is **a** washing machine.

(これは冷蔵庫です，あれは洗たく機です) [この washing は動名詞. Cf. §285]

I am looking for **a** detective story. (私は探偵小説を探しています)
He went out with **a** map in his pocket.
(彼は地図をポケットに入れて出て行った)

(2) 不特定なものを任意にとり出す気持ちで，〈その種類のもの一般〉をいう.

A dog is a faithful animal. (犬は忠実な動物です)

N.B. 1. 不定冠詞 **a(n)** についての詳しい説明は →§109, §110.
N.B. 2. この第1用法での限定詞は，不定冠詞 a, an であるが，数詞 one を限定詞として用いることもある.
He took out **one** apple. (彼はリンゴを1個とりだした)

§26 第2用法——the teacher

その発話の状況で，それとわかるような特定のものをあらわす.

(1) 〈前後の関係〉または〈限定の語句〉によって特定されるもの.

The teacher is looking for you. (先生が君を探しているよ)
Go and open **the** window, please.
(すみませんが，窓をあけてきてください)
I met him at **the** railway station*. (私は駅で彼に会った)
There was a house, and we saw a light at **the** window of **the** house.
(家があった. そしてその家の窓にあかりが見えた)

(2) 特定のもので代表させる気持ちで，その種類のもの一般をいう. ただし，第1用法の (2) とはちがって，この場合は，動植物の分類，機械，楽器などの場合に限られている.

The whale is not a fish. (くじらは魚ではない)
The telephone was invented by Bell.
(電話はベルによって発明された)
Can you play **the** piano? (あなたはピアノをひくことができますか)
The pen is mightier than **the** sword.

---

* 英語では police station (警察署), filling station (ガソリン・スタンド) など，いろいろな station があるわけだから，一般的に言えば，station 1語だけで「駅」をあらわすことはできない.

(ペンは剣よりも強い) [この場合 the pen=「文筆」, the sword=「武力」のように抽象名詞化している]

N.B. この第2用法 (1) で限定詞 the の代りに用いられる限定詞は, this, that, my, your, his, her, our, their, John's, etc. である [→§48, §50, §65]. 第2用法 (2) は the に限る.

§27 第3用法——× teachers

〈その種類のものいくつか〉をばくぜんとさすのに用いられる.

Children always like to watch the moon rising.

(子どもたちは常に, 月が上るのを見るのがすきだ)

This book is for **school teachers.** (この本は学校の教師用です)

BOOKS AND MAGAZINES (書籍・雑誌) [売り場案内板]

N.B. 第1用法 (2) と第2用法 (2) とで, そのものを一般的にいう場合は, いわば学問的に定義をする場合のように, 多分に〈抽象化〉して考えているのであるが, この第3用法で, children, teachers, books, etc. のようにいう場合は〈具体的なものの集合〉を考えているところがちがう.

§28 第4用法——some teachers

(1) その種類のものの集合をまず考え, その一部, すなわち, 不特定な部分集合をさすために用いられる. 「. . . するものもある」という訳文があてはまることが多い.

Some teachers stay late at school.

(おそくまで学校に残る先生もいる)

(2) 〈第1用法 (1)〉の a teacher に対する複数形として用いる.

I met **some** American boys on my way home.

(帰り道で, [何人かの] アメリカの少年に出会った)

N.B. 1. これは, もしそのアメリカの少年が1人なら, I met **an American boy** . . . という場合である.

N.B. 2. この第4用法での限定詞 some の代りに用いられる限定詞は any と no とである [→§71, §75].

§29 第5用法——the teachers

これは第2用法 (1) に対応する複数形であって特定のものをさ

すから，そのとき考えられている範囲のもの全部をあらわす[→〈the の集合用法〉§112(2)].

First **the** teachers came out; then **the** students followed.

(まず先生たちが出てきた，それから学生たちがそのあとに従って出てきた)

Do you take out **the** dogs every day?

(あなたは[あれだけの]犬を毎日連れ出すのですか)

The early astronomers made many discoveries about **the** movements of heavenly bodies.

(初期の天文学者たちは天体の動きについて多くの発見をした)

N.B. 1. 「犬は忠実な動物である」のように，一般的にいう表現法は，〈第1用法 (2)〉,〈第2用法 (2)〉,〈第3用法〉の3とおりある．すなわち，

A dog is a faithful animal.——第1用法 (2)
The dog is a faithful animal.——第2用法 (2)
Dogs are faithful animals.——第3用法

ただし，それぞれの所で説明したとおり，この3つの文は，完全に同じ意味だというわけではない．「犬」については3つとも可能であるが，すべてのものについて，それができるわけではない．

N.B. 2. man が「人間(というもの)」という意味で「神」や「動物」と対立的に用いられるとき，冠詞をまったく用いない．

Man is the lord of creation. (人間は万物の霊長である)

When **man** first began to observe his surroundings, the sun and the moon were there.

([むかし]人類が最初にその環境を観察しはじめたとき，太陽も月も[すでに]そこにあった)

Cf. I met **a man** on the road.

(私はとちゅうでひとりの男にあった)

N.B. 3. この第5用法での限定詞 the の代りに用いられる限定詞は, these, those, my, your, his, her, our, their, John's, etc. である[→§48, §65].

N.B. 4. 普通名詞の前に, other, another, either, neither, each, every, all, both などがついた形は，上の5つの用法のどれかに入れることがむずかしい．これらの場合は，むしろ，これらの〈代名詞系列語の用法〉としておぼえるほうがよい．その説明は §70～§79 にある．

Exercise 2

(1) つぎの各項のD欄に適語を入れ, 〈A 対 B〉の関係と〈C 対 D〉の関係とが等しくなるようにせよ.

	A	B	C	D
1.	dog	dogs	mouse	
2.	boy	girl	uncle	
3.	a teacher	some teachers	a deer	
4.	library	librarian	piano	
5.	right hand	left hand	up train	
6.	ear	eye	radio	
7.	Sirius	Venus	star	

(2) つぎの下線部の語句が普通名詞のどの用法であるかを説明せよ.

(ア) Many years ago, there lived in Wessex (イ) a small boy whose name was Jack. One day, (ウ) his father sent him on an important errand to a small town several miles from home. It was a long way, but, as we know, (エ) a horse is a useful animal on such occasions, though (オ) some horses are very nasty. So he went on horseback. He was detained by (カ) the business till a late hour of the evening. His journey homewards lay through a lonely district with (キ) muddy roads. (ク) The trees were bare; (ケ) the distant hills looked gloomy. (コ) The moon had not yet risen.

(むかし, ウェセックスにジャックという名の少年がいた. ある日, 彼の父は彼を家から数マイルのところにある小さな町へ, だいじな使いにやった. 遠い道のりであったが, われわれがよく知っているように, 馬は, たいへんたちの悪いのもいるけれども, こういう場合に有用な動物である. それで彼は馬にのって出かけた. その用事で夜おそくまでかかった. 彼の帰り道は, どろ道のある, さびしい地域をとおっていた. 木は葉が落ちており, 遠くの丘はいんうつだった. 月はま

だ上っていなかった)

(3)　つぎの単語を，英語としてふつうのつづりで書きあらわせ.

1. ヨット	2. レビュー	3. ドリル
4. カバー	5. ライオン	6. プログラム
7. コーヒー	8. オーケストラ	9. サンドイッチ
10. プラットフォーム	11. トンネル	12. サークル

(4)　つぎの各文の斜体字は，〈第2用法の普通名詞〉である. それを複数形に直し，文脈に応じ第3用法〈× teachers の型〉または第5用法〈the teachers の型〉のどちらかに改め，必要に応じてその他の部分にも変化を施して書きかえよ.

1. The *calendar* is very useful in our daily life.
2. Is the *gramophone* in that shop window very expensive?
3. The *typewriter* we use is a new one.
4. The *tulip* is a beautiful flower.
5. The *sewing machine* is used in all countries.
6. Have you seen the *sofa* I bought last week?
7. The *tree* in that garden is very tall.
8. The *potato* was brought to Europe from America.

(5)　つぎの各語の複数形を示せ.

1. church (教会)	2. tax (税金)
3. copy (コピー)	4. studio (スタジオ)
5. gentleman (紳士)	6. kiss (キッス)
7. book-shelf (本だな)	8. railway (鉄道)
9. German (ドイツ人)	10. lily (ゆり)

C. 集合名詞

§30 集合名詞の考え方

犬がたくさん集まって，ひとつの集合を作っているとき，われわれはそれを見て，そこに「1個の〈集合〉がある」という見方をすることもできるし,「たくさんの犬がいる」という見方をすることもできる．すなわち①〈集合〉という概念でとらえることもできるし，②〈個々のメンバー〉に注目することもできる．集合名詞の用法についても，この2つの面が反映している．

§31 本来の集合名詞

§30の①のとらえ方で〈集合体〉をさすのが本来の集合名詞である．この場合は,「集合の数を数える」という意味でそれはⒸである．たとえば nation (国民)というのは人々の集合であるが,「イギリス国民とフランス国民との2国民」をさすときには **two** nations となる．people を「国民」という意味に用いる場合もまったく同様である．また,「私の家族」というのは，ひとつの集合だから my **family** というように単数形である．〈私の家族が多い〉場合でもそれは a **large** family (大家族)であるとはいえるが，やはり単数形で用いることにかわりはない．しかし，〈私の家族とあなたの家族〉のように〈2家族〉[すなわち2世帯]をさすときには **two families** となる．このような，本来の集合名詞を，その複数形とともに以下に列挙しておく．

単数		複数
a nation	(国民)	nations
a people	(民族)	peoples
a family	(家族)	families
an army	(軍隊)	armies
a fleet	(艦隊)	fleets
a class	(クラス)	classes

a party	(党, 隊, 団)	parties
a company	(会社)	companies
a committee	(委員会)	committees

The English are **a** practical **people.**
(イギリス人は実際的な民族だ)
Asia is the home of many **peoples.**
(アジアにはいろいろな民族がいる)

§32 衆多名詞

§30 の ② のようなとらえ方をした場合の集合名詞をとくに**衆多名詞** (Noun of multitude) とよぶ. これは, たとえば family という形で, じつは members of a family を意味する場合であって, 形は単数形であっても, 意味上, 複数形と同等にとり扱われる.

一般の集合名詞	衆多名詞
He has **a** large **family.** (彼は家族が多い)	**Are** your **family** all well? (みなさんお元気ですか)
The **committee consists** of eleven persons. (その委員会は 11 名から成る)	The **committee are** at dinner. (その委員会の委員たちは食事中です)
The **cavalry was** repulsed with a heavy loss. (騎兵隊は大損害を受けて撃退された)	The **cavalry wear** scarlet trousers. (騎兵は真赤なズボンをはいている)

N.B. §30 で述べた ①, ② の見方で少し整理してみよう.

ここに, boy [普通名詞] ばかり 50 人から成る class [集合名詞] があり, そのような class が 3 クラスあるとしよう.

Class A	Class B	Class C
boy_1, boy_2, boy_3 . . . boy_{50}	boy_{51}, boy_{52}, boy_{53} . . . boy_{100}	boy_{101}, boy_{102} boy_{103} . . . boy_{150}

このとき, boy_1 をさして a boy といい, 全部の boys をさして 150 boys というのは, 普通名詞が Ⓒ だから可能である.

また, Class A をさして a class といい, 3 クラスを three classes というとき, この class という語が §31 の本来の集合名詞で, それはそれとして Ⓒ である.

最後に，class A をさして the class と単数形でいい，かつ

The (whole) **class** are laughing.

(クラスのものが，みな笑っている)

というとき，その意味は The boys of the class are laughing. ということであって，この文の中での class は〈衆多名詞〉である．

§33 people, police, etc.

上にあげたのは同じ集合名詞が〈Ⓒとしての集合名詞〉と〈衆多名詞〉との両方に用いられた例であるが，常に〈衆多名詞〉としてのみ用いられるものがある．すなわち単数形のまま複数の意味に用いられ，複数形は絶対にないのである．そのおもなものをつぎにあげる．

the gentry (中流人)　the nobility (貴族)　the clergy (僧)
the peasantry (農民)　the police (警官)　cattle (牛)
people (人民，人々) [ただし，§31 にあげた場合は別]
poultry (家禽(かきん))　fish (魚)

These **cattle** are foreign breed. (これらの牛は外国種だ)

The **police** are on the murderer's track.

(警察は殺人者を追跡中である)

Poultry are scarce here. (この辺は家禽が少ない)

I saw a school of **fish**. (魚の群れが見えた) [a school of は単位名詞→§35]

N.B. fish は普通名詞として a fish, fishes の形になることもある．

I saw **a fish** in the river. (川の中に魚が1ぴき見えた)

Are your gold **fishes** still alive? (君の金魚はまだ生きているか)

ただし〈食物〉としての fish は〈物質名詞〉である．

I like **fish** better than beef or pork.

(私は牛肉やぶた肉よりも魚のほうがすきだ)

§34 形も意味も単数の集合名詞

この類の集合名詞は §36 に述べる物質名詞に似た性質をもつものである．そのおもなものをつぎにあげる．

clothing (衣服)　food (食物)　furniture (家具)
game (猟鳥，猟獣)　produce (農作物)　merchandise (商品)

これらの名詞はまったく物質名詞と同じ扱いを受けるもので，形は単数であっても，一般のことをいう場合に不定冠詞をつけず，数の観念を与えるには a piece of, an article of などを用い，量の形容詞は much, little, a little などを用いる．many, few, a few を用いては誤りである．

§35 単位名詞として用いられる集合名詞

たとえば group (群，グループ)というのは，それ自身ひとつの集合名詞であるが，これを，〈人〉や〈もの〉の数をいうときの単位に用いて，〈これでひとつのグループ〉〈あれがもうひとつのグループ〉というように数えることもできる．このような名詞を〈単位名詞〉という．〈単位名詞〉はその性質上Ⓒである．

a **group** of children (こどもたちの1グループ)
two **groups** of children (こどもたちの2つのグループ)
a **crowd** of people (一群の人々)
a **herd** of horses (馬の群れ)
a **flock** of sheep (羊の群れ)
a **collection** of foreign stamps (外国切手のコレクション)
a **pack** of cards* (1組のトランプ，トランプ1組)
a **set** of records (1組のレコード) [セット販売のもの]

D. 物質名詞

§36 おもな物質名詞

日常ふつうに用いられる物質名詞はつぎのようなものである．

(1) 材料となる物質

metal (金属)	wood (木材)	stone (石)
brick (れんが)	ivory (ぞうげ)	wool (羊毛)
earth (土)	glass (ガラス)	cement (セメント)

*「トランプ」は (playing) cards である．英語で trump というのは「切りふだ」のことである．なお，「トランプ1組」は a pack of (playing) cards または a deck of (playing) cards という．

paper（紙）　cotton（綿）　rayon（レーヨン）
nylon（ナイロン）　vinyl（ビニール）

(2)　金属・化学元素など

gold（金）　oxygen（酸素）
silver（銀）　hydrogen（水素）
copper（銅）　radium（ラジウム）
money（かね，金銭）　uranium（ウラニウム）
iron（鉄）　nitrogen（ちっそ）
aluminium（アルミニウム）　cadmium（カドミウム）

(3)　液体・気体

water（水）　wine（ぶどう酒）　beer（ビール）
oil（油）　petrol（石油）　smoke（煙）
gas（ガス）　air（空気）　fog（きり）
smog（スモッグ）　mist（かすみ）

(4)　食料品

rice（米）　salt（塩）
wheat（こむぎ）　fruit（くだもの）
corn（穀物，こむぎ，[米] とうもろこし）　butter（バター）
meat（肉）　margarine（マーガリン）
fish（魚）　sauce（ソース）
sugar（さとう）　mayonnaise（マヨネーズ）

§37　物質名詞の用法

物質名詞は不可算名詞 [U] であって，原則的にはつぎの用法に従う．

(1)　複数形を用いない．

(2)　不定冠詞 a(n) を用いない．特定のものには the をつける．

(3)　そのもの全体を一般的にさすときは冠詞をつけない．

(4)　そのものの一定量を念頭において，現場で言及するときには some をつけて用いる．

このうち，(3), (4) を例示しよう．

(3) の場合

Butter and **cheese** are made from milk.
(バターもチーズも牛乳から作られる)

(4) の場合

There is **some wine** in that bottle.
(あのビンの中にはぶどう酒がある)

Let's have **some salad**, shall we?
(サラダを食べましょうよ) [食堂でメニューを見ながら]

Give me **some water**. (水をください)

N.B. この (4) の場合〈現場で〉という注意は重要である. たとえば

There is **water** in the sea. (海には水がある)

というとき, やはり一定量を念頭においてはいるが, この文は〈海と水との関係〉をいったので,〈現場でその水をなんとかする〉という場合でないから some water とはしないのである.

つぎの2文を比較してもこのことはわかる.

He says he has **some money**.
(彼は自分にはおかねがあるといっている)
Wars cost **money**. (戦争はかねがかかる)

§38 物質名詞のⒸ化

物質の〈種類〉〈部分〉〈その物質から作った製品〉をあらわすとき, その物質名詞はⒸ化する. このときその扱いは当然, 普通名詞なみになる.

Ⓤ として	Ⓒ として
It is made of **metal**. (それは金属製だ)	Iron is **a** useful **metal**. (鉄は有用な金属だ)
Wine is made from grapes. (ぶどう酒はぶどうから作る)	This is **a** good **wine** for a poor drinker. (これはあまり飲めない人にいい酒だ)
I am fond of both **tea** and **tobacco**.* (ぼくは茶もタバコも好きだ)	**teas** and **tobaccos** (茶, タバコ各種) Two **teas**, please. (お茶を2つください)

* tobacco は「タバコ」一般のことをいうのであって,「紙巻タバコ」は cigarette [普通名詞], また「葉巻」は cigar [普通名詞] である.

Glass is very brittle. (ガラスはきわめてもろいものだ)	**a glass** (グラス) **glasses** (めがね)
That bridge is built of **stone.** (あの橋は石でできている)	I picked up **a stone.** (私は石を1つひろい取った) Don't throw **stones.** (石を投げるな)
The sun gives us **light.** (太陽はわれわれに光を与える)	I saw **a light** in the distance. (遠方にあかりが見えた)
We make many things out of **paper.** (われわれは紙でいろいろな物をつくる)	The **paper** I am writing is for a certain magazine. (私のいま書いている論文はある雑誌にのせるものだ)
Give me a sheet of **paper.** (紙を1枚ください) I want **some paper.** (紙が[すこし]ほしい)	Have you read today's **paper**? (きょうの新聞を読んだか) There are **some papers** in the drawer. (ひきだしの中に書類がはいっている)
The handle is made of **bone.** (柄は骨製だ)	He broke **a bone.** (彼は骨を1本くだいた)
The moist air from the Pacific brings us **much rain.** (日本は太平洋の湿気のために雨量が多い)	What **a** long **rain**! (なんという長い雨だろう) We had **many** long **rains** last year. (去年は長雨が多かった)
copper (銅)	a copper, coppers (やかん, 銅貨)
fire (火)	a fire, fires (火事)
iron (鉄)	an iron, irons (アイロン)
tin (すず)	a tin, tins* (かんづめ)

§39 物質名詞用の単位名詞

物質名詞であらわされるものの分量を測定するには，ふつう，つぎのような〈普通名詞〉を〈単位名詞〉として用いる．

a **piece** of chalk (白ぼく1本)

---

*「かん(づめ)」はアメリカでは can という．

a **bottle** of wine (ぶどう酒1びん)
a **glass** of water (コップ1ぱいの水)
a **cup** of tea (1ぱいのお茶)
a **pound** of sugar (さとう1ポンド)
a **spoonful** of salt (塩, 茶サジ1ぱい)

この単位名詞自体はⒸであるから,「白ぼく2本」ならば **two pieces** of chalk,「塩, 茶サジ3杯分」は **three spoonfuls** of salt などとなる.

E. 抽象名詞

§40 抽象名詞の作り方

抽象名詞は peace (平和)のように, 元来の名詞であるものもあるが, 多くは形容詞または動詞に, **接尾辞** (Suffix) をつけて [いわゆる, 語形変化をして] 作られたものが多い. そのおもな例をあげておく.

§41 形容詞 → 抽象名詞

(1) アングロ・サクソン系[本来の英語]の形容詞から抽象名詞をつくる接尾辞は **-ness, -dom, -hood, -th** などである.

形容詞	抽象名詞
happy (幸福な)	happi**ness** (幸福)
idle (怠惰な)	idle**ness** (怠惰)
kind (親切な)	kind**ness** (親切)
sweet (甘い)	sweet**ness** (甘さ)
wise (賢い)	wis**dom** (ちえ)
false (うその)	false**hood** (偽り)
true (真の)	tru**th** (真理)
deep (深い)	dep**th** (深さ)
long (長い)	leng**th** (長さ)
wide (幅広い)	wid**th** (幅)
broad (幅広い)	bread**th** (幅)

high (高い)	heigh**t** (高さ)
brave (勇敢な)	brave**ry** (勇気)

N.B. **-ness** について一言する．これはほとんどすべての形容詞に自由に付加されて抽象名詞を作ることができる．しかし，-ness は「...であること」というような〈状態〉をあらわす意味がつよいから他の接尾辞によるものとの間に意味の相違がある．つぎを比較せよ．

pureness (純粋であること)——purity (純粋[性])
wiseness (かしこさ，かしこいこと)——wisdom (ちえ)

(2) ラテン語系の形容詞から抽象名詞をつくる接尾辞は **-ce, -cy, -(i)ty** などである．

形容詞	抽象名詞
silent (静かな)	silen**ce** (静粛，沈黙)
diligent (勤勉な)	diligen**ce** (勤勉)
obedient (従順な)	obedien**ce** (従順)
vacant (空虚の)	vacan**cy** (空虚，欠員)
pure (純粋な)	pur**ity** (純粋)
rapid (速い)	rapid**ity** (迅速)
vain (空虚な)	van**ity** (虚栄)
honest (正直な)	hones**ty** (正直)
poor (貧しい)	pover**ty** (貧困)

§42　動詞 → 抽象名詞

動作の名詞はたいてい動詞からできたものである．

(1) アングロ・サクソン系の動詞は語尾に **-ing** を加えるか，またはつづりを変えて抽象名詞にする．

動　詞	抽象名詞
read (読む)	reading (読書)
live (生きる，住む)	life (生命，生活)
do (する)	deed (行為)
think (考える)	thought (思想)
speak (ものをいう)	speech (言語)

(2) ラテン語系の動詞から抽象名詞をつくる接尾辞は **-tion, -sion, -ment, -ence** などである．

動　詞	抽象名詞
act（行なう）	ac**tion**（動作）
add（付加する）	addi**tion**（付加）
imagine（想像する）	imagina**tion**（想像）
decide（決定する）	deci**sion**（決定）
divide（分ける）	divi**sion**（分割）
judge（判断する）	judg(e)**ment**（判断）
punish（罰する）	punish**ment**（罰）
differ（違う）	differ**ence**（差異）
prefer（選ぶ）	prefer**ence**（選択）

§43　普通名詞 → 抽象名詞

普通名詞	抽象名詞
child（子供）	child**hood**（少年時代）
man（大人）	man**hood**（壮年期）
friend（友）	friend**ship**（友情）
infant（幼児）	infan**cy**（幼年時代）

§44　抽象名詞の用法

抽象名詞の用法は，物質名詞とまったく同じことで，つぎの(1), (2), (3), (4) に従う．

(1)　複数形を用いない．

(2)　不定冠詞 a(n) を用いない．特定のものには the をつける．

(3)　「平和というもの」のように全般的にいうときは無冠詞．

(4)　「経験」「想像力」のようにある程度〈量化〉して考えることのできるものに，some をつけることがある．

この (2), (3), (4) を例示しよう．(3), (4) については物質名詞 [→§37] と比較すること．

(2)　To **the joy** of his friends, he won a lot of money.
　（彼がかねをたくさんもうけたので彼の友人は喜んだ）[直訳：〈彼の友人の喜び〉にまで——結果を示す句]

(3)　**Idleness** is the root of all evils.
　（怠惰はすべての悪の根源である）

(4) She has **some experience** in home-making.
(彼女は家政については[いくらか]経験がある)

§45 抽象名詞のⒸ化

つぎのような抽象名詞はⒸ化して右欄のような形で普通名詞と同じ扱いをうける.

Ⓤ	Ⓒ
speech (言語活動)	a speech (演説, スピーチ)
room (余地) [=space]	a room (へや, 室)
kindness (親切心)	a kindness (親切な行ない)
wonder (驚嘆の念)	Seven Wonders (七不思議)
composition (作文, 作曲などの技術)	a composition (作品としての作文, または曲)
sight (視力, 視覚)	a fine sight (すばらしいながめ) sights (名所) [=noted places]
power (力)	a (big) power (強国)

§46 〈慣用複数〉の抽象名詞

抽象名詞の中には, 具体的な事象や場所の意味に転化して, そのため複数形になるものがある. これを, **慣用複数** (Idiomatic plural) という. たとえば manner は一般には「仕方, 方法」の意味であるが, manners と慣用複数になったときにかぎり「行儀作法」の意味になる*.

一般の意味	**慣用複数の場合の意味**
depth——深さ	depths——深み, 深い所
pain——苦痛	pains——苦心, 努力, 骨おり
height——高さ	heights——高台 [いわゆる「〇〇ハイツ」などの]
chance——偶然, チャンス	chances——見込み

* したがって, 日本語として「あいつはマナーが悪い」などというのは英語としてみれば正確ではない.

Exercise 3

(1) つぎの文の誤りを正せ.

1. Some peoples believe in ghosts. (ゆうれいを信ずる人もある)
2. Does he have many families? (彼は家族が多いですか)
3. The committee consist of ten members.
   (委員会は10人のメンバーから成る)
4. How many furnitures did you carry?
   (家具をどのくらい運びましたか)
5. Give me three papers. (紙を3枚ください)
6. In Rome houses were built of stones.
   (ローマでは家は石で作られた)
7. A happiness consists in the contentment.
   (幸福は満足に存する)
8. We always love peaces. (われわれは常に平和を愛する)
9. He has lot of moneys. (彼はおかねをたくさん持っている)
10. These chair are made of steels.
   (これらのいすは鋼鉄でできている)

(2) つぎの各語から抽象名詞を作れ. ただし -ness で終わるものを除く.

1. real (真の)
2. safe (安全な)
3. merry (陽気な)
4. strong (強い)
5. able (能力ある)
6. anxious (不安な)
7. act (活動する)
8. engage (婚約する)
9. neighbor (隣人)
10. intrude (侵入する)

2. 代 名 詞

§47 代名詞とは

〈人〉や〈もの〉をあらわすのに，名詞を用いて，John, the boy, Mt. Fuji, the story などということもできるが，それをしないで，〈話者とそのものとの関係〉をもとにして，you (あなた), he (彼), it (それ) のようにいうこともできる．また，〈そのものをさし示す〉気持ちで this (これ), that (あれ，それ)のようにいうこともできる． このような言い方をするときに用いられる語を**代名詞** (Pronoun) という．〈代名詞〉はつぎの4種類に分ける．

(1) 人称代名詞 (Personal pronoun)

(2) 指示代名詞 (Demonstrative pronoun)

(3) 疑問代名詞 (Interrogative pronoun)

(4) 関係代名詞 (Relative pronoun)

A. 人称代名詞一般

§48 人称代名詞一覧表

		主格		所有格	目的格	所有代名詞
一人称	単数	I	(私)	my	me	mine
	複数	we	(われわれ)	our	us	ours
二人称	単数	you	(あなた)	your	you	yours
	複数	you	(あなたがた)	your	you	yours
三人称	単数	he	(彼)	his	him	his
		she	(彼女)	her	her	hers
		it	(それ)	its	it	—
	複数	they	(彼ら) (それら)	their	them	theirs

§49　一人称・二人称・三人称

ことばのやりとりをするとき，そこには話者［話をするもの］，聴者［きき手，相手］，および〈話題にのぼる人やもの〉がある．このとき，〈話者〉が自分をさす語を**一人称** (First person)，〈聴者〉をさす語を**二人称** (Second person)，〈話題にのぼる人やもの〉をさす語を**三人称** (Third person) という．

§48 の表にあるとおり，一人称単数は I であり，この語は常に大文字で記す．一人称複数は we である．日本語の「われわれ」は，「あなた」を含むときも，含まないときもあるが，英語の we も同様で，その中に you を含むときも，含まないときもある．

二人称は単数も複数も you である．

三人称単数は男性が he，女性が she，中性［性に無関係なもの］が it であり，三人称複数はすべて they である．

N.B. 以上は〈人称代名詞〉についての説明であって，これ以外の名詞，代名詞はすべて三人称である．たとえば，the book，Mary，this，this school，happiness などが文中にあるとき，それらはすべて三人称である．

§50　主格・所有格・目的格

日本語では，文中の語が，他の語に対して持つ関係を示すのに

① 私が，私は　　② 私の　　③ 私を，私に

のように〈助詞〉［てにをは］をつけてあらわすが，英語にはこの〈助詞〉にあたるものがなく，文中に用いられた〈代名詞，名詞〉が，その〈語形〉や，〈文中の位置〉によってこの関係を示すのである．上の ① の関係を**主格** (Nominative case)，② の関係を**所有格** (Possessive case)，③ の関係を**目的格** (Objective case) という．前の表でわかるように，my は「私の」という意味であって所有格であり，you は，主格でもあり，目的格でもある．以下同様．

文中の主語および補語は〈主格〉であり，文中の目的語は〈目

的格〉である．名詞は〈主格〉と〈目的格〉とが同じ形であるから，代名詞の場合と比較するとつぎのようになる．

〈主格〉 〈目的格〉
He loves **her.** (彼は彼女を愛する)
John loves **that girl.** (ジョンはその少女を愛する)

〈主格〉 〈目的格〉
She loves **him.** (彼女は彼を愛する)
That girl loves **John.** (その少女はジョンを愛する)

主語，補語，目的語については，文の要素のところで述べる[→§165～§170].

所有格は，**限定詞** [→§24] となって名詞を限定する．

my house (私の家) **your** dictionary (あなたの辞書)
his teachers (彼の先生たち) **our** country (われわれの国)

〈名詞〉の所有格はつぎのルールによって作る．

(1) 一般には **'s** (Apostrophe s) をつける

man's, Mary's, children's, etc.

(2) -s で終わる複数名詞には Apostrophe だけをつける

a **girls'** high school (女子高校)
ladies' summer wears (婦人用夏服)

ただし，名詞の所有格は代名詞の所有格ほど用法が自由ではない．すなわち，無制限に the **table's** とか this **country's** とかいえるわけでなく，多くの場合 **of** the table, **of** this country などの形をとり形容詞句 [→§173.2] となる．

§51 所有代名詞

所有代名詞の mine, yours などの形は，独立して [すなわち，他の名詞につけ加えるのでなしに] それ自身が名詞であるかのように用いる．したがって，〈所有代名詞〉と，前記の〈所有格〉とを混同してはならない．とくに his は，両方に共通の形であるから注意を要する．

This book is **mine** (=**my** book). (この本は私のだ)
〈所有代名詞〉 〈所有格〉
This hat is **his** (=**his** hat). (このぼうしは彼のだ)

N.B. 手紙の末尾に書く Yours truly とか Yours sincerely というのは, **I am** truly (*or* sincerely) **yours.** (私は真に〈あなたのもの〉です) という文から変わったものである. したがって, この〈...のもの〉という所を名詞であらわすときは, ふつうの〈所有格+名詞〉の形になる. たとえば **Your** affectionate **son** (あなたの愛するむすこ)のように.

§52 we, you, they の一般用法

we, you, they が特定の人々をささずに, ばくぜんと「人々」の意味に用いられることが多い. ただし, この3語がまったく同じ意味に用いられるのではなく, we は, 話者を含めて, 〈われわれ人間は〉の気持ちで, また you は〈人に何かを教えてあげる〉気持ちで, さらに, they は〈話者を除いた, 世間一般, あるいは, 何かの当事者〉の気持ちで用いることが多い.

We are living in an atomic age.
(われわれは原子力時代に生きている)
Here in Japan **we** mostly live on rice.
(この日本においては, 米を主食としている)
To reach the office, **you** turn to the right at the corner and mount three steps.
(その事務所に行くには, そのかどで右へ曲って, [玄関前の] 階段を3段あがるのです)
If **you** give enough time, the figures will work out themselves.
(じゅうぶんな時間をかければ, 数字はひとりでに計算ができてしまうものだ)
They say (=*It is said*) that he is going to resign.
(あの人は辞職するそうだ)
They say, "Time is money." (世間では「時は金なり」という)
We cannot cross the bridge: **they** are repairing it (=*it is being repaired*).
(その橋は渡れない, 修理中だ)

Do **they** speak English (=*Is English spoken*) in Australia?
（オーストラリアでは英語を話すか）

They grow much rice (=*Much rice is grown*) in South China.
（中国南部では米をたくさん作る）

N.B. 不定代名詞の one を〈一般の人々〉の意味に用いることについては §69 参照.

B. it の特別用法

§53 it 対 one

it は特定のものをさす名詞の代りに用いられる．それで〈不特定なひとつのものをさす〉〈a+名詞〉の代りには用いられない．その場合には **one** [→§69] を用いる．

My brother bought *a watch*, and gave **it** (=*the watch he had bought*) to me.
（兄が時計を買って[それを]私にくれた）

I want *a watch*, but have no money to buy **one** (=*a watch*) with.
（私は時計がほしいが，買う金がない）

Have you *the knife* that I gave you the other day?—Yes, I have **it** (=*the knife you gave me*).
（このあいだ私のあげたナイフを持っていますか?——ええ，持っています）

Have you *a knife*?—Yes, I have *a good* **one** (=*knife*).
（君はナイフを持っていますか?——ええ，よいのを持っています）

§54 物質名詞と it

物質名詞で不定量をあらわす場合には it や one は用いられないで some, any が用いられる [→§72 N.B. 1]

Where shall I put *the money*?—Put **it** (=*the money*) in the drawer.
（どこへ金を入れましょうか?——ひきだしへ入れなさい）

If you need *money*, I will lend you **some** (=*some money*).
（金がいるなら，貸してあげよう）

N.B. 複数名詞の場合はつぎのようになる.

Have you read *the books* I lent you?—Yes, I have read **them** (=*the books you lent me*).
(私の貸した本を読みましたか?——はい, 読みました)
If you like to read *novels*, I will lend you **some** (=*some novels*).
(小説を読みたいなら, 貸してあげよう)

§55 it=〈a+名詞〉の場合

it が主語となる場合には〈a+名詞〉の代りに用いられる. この場合は〈a+名詞〉で表現される「その名のもの」をさすことができるからである.

Must you have a pen? Won't a pencil do?—Yes, **it** (=*a pencil*) will do quite as well.

(どうしてもペンがいるのですか? 鉛筆ではいけませんか?——鉛筆でもいいです)

I have never seen an electronic computer*, and I wish to see what **it** (=*an electronic computer*) is like**.

(私は電子計算機を見たことがない, どんなものか見たいものだ)

§56 形式主語・形式目的語

it はあとにくる語, 句, または節を前もってさすことができる.

(1) 主語であるべき語, 句, 節などをあとへまわし, その代りに **it** を前におくことができる. この場合 **it** は**形式主語** (Formal subject) である.

以下にあげる例で it はそれぞれ斜体字で書いた部分を代表するものである.

It is a troublesome beast, *that horse of yours.*
(手におえぬ動物だね, 君のあの馬は)

It is wrong *to tell a lie.* (うそをつくのはよくない)

It is no use *trying to excuse yourself.*
(言いわけしようとしてもだめだ)

---

* ふつうは, たんに computer (コンピューター) という.
** What is it like? は「それはどんなものか」である.「それは何に似ているか」ではない.

Is **it** true *that he has failed?* (彼が失敗したというのは本当ですか)

N.B. 最初の例文中の of yours は〈of の**同格** (Apposition) 用法〉である．たとえば a friend of mine (私の友人のひとり) はもともと〈私の友人である，ひとりの友人〉という意味である．

(2) 目的語であるはずの句または節をあとへまわし，その代りに **it** を前におくことがある．このとき **it** は**形式目的語** (Formal object) である．

I thought **it** wrong *to tell a lie.*
(うそをつくのはよくないと思った)

I think **it** likely *that he has failed.*
(彼が失敗したというのはありそうなことだと思う)

§57 問題点の it

人称，性，数に関係なく〈問題になっている人，もの，事象〉をさす場合に **it** を用いる．

Who is **it** [that is at the door]? ([玄関へ来たのは] だれでしょう)

I suppose **it** is Mrs. Williams. (ウイリアムズ夫人だと思います)

Who is there?—**It** is I. (どなたですか?——私です)

Perhaps the foreigner took you for your elder brother?—Oh, that's **it!** (ひょっとするとその外人はあなたを，お兄さんとまちがえたのでは?——ああ，まさにそうなんだ!) [take A for B → § 297]

§58 強調構文 It is...that...

文中の主語，目的語，副詞などを強調するために **It is...that...** の形を用いて，強調すべき語を〈最初の...〉の位置におく．これを〈強調の It is...that... の構文〉という．

Tanaka broke the window yesterday. (田中がきのう窓をこわした)
(Tanaka ①, the window ②, yesterday ③)

という文があるとき，この①，②，③を強調する文を作るにはそれぞれ，つぎの ①，②，③ の形にする．

① **It was** Tanaka **that** broke the window yesterday.
(きのう窓をこわしたのは田中だ)

② **It was** the window **that** Tanaka broke yesterday.

(田中がきのうこわしたのは窓だ)

③ **It was** yesterday **that** Tanaka broke the window.

(田中が窓をこわしたのはきのうだ)

N.B. 1. この強調の It is . . . that . . . の構文を, §56 (1) で述べた It is . . . that . . ., すなわち it が形式主語で, that . . . という名詞節の代りをしている場合と混同しないこと [→§175 (1) (b)].

N.B. 2. 以上 3 例のうち ①, ② の It **was . . .** を It **is** . . . と現在にすることもある. ただし ③ のように過去の「時」をいう場合は必ず過去形にする.

N.B. 3. この that の前にくるものが人のときには who を, もののときには which を, 時の場合には when を代用して

It was Tanaka **who** broke the window yesterday.

It was the window **which** Tanaka broke yesterday.

It was yesterday **when** Tanaka broke the window.

などとする構文も, しばしば見られる.

§59 天候・時刻・距離などの it

ばくぜんと天候・時刻・距離などをあらわす場合に **it** を主語として用いる.

(1) 天候

It (=*The weather*) was very fine yesterday.
(きのうはとてもよい天気だった)

It (=*The air*) is very cold today. (きょうはたいそう寒い)

It (=*The wind*) is blowing hard. (風がひどく吹いている)

It rains (=*Rain falls*) much in June. (6 月は雨が多い)

(2) 時刻

What time is **it** now? (いまは何時ですか)

It is half past eleven. (11 時半です)

It (=*The hour*) is still early. (まだ早い)

It is getting dark. (そろそろ暗くなりかけている)

It is getting colder and colder day by day.
(日増しに寒さが加わっています)

It is time to go to bed. (もう寝る時刻だ)

It (=*The day*) was Sunday, and there was no school.
(その日は日曜日で授業がなかった)

It (=*The season*) was spring, and the birds were singing on every side.

(春のことで，あっちでもこっちでも鳥が歌っていた)

N.B. it が〈時刻〉をあらわすのでなくて〈時間の長さ〉をあらわすことがある.

It is now three years *since* he died.

(あの人が死んでからもう 3 年になる)［「時間の長さ」が「3 年である」のだから，is でよいので，これを has been としないのがふつう］

It was some time *before* he appeared.

(しばらくしてから彼がやってきた)

It will not be long *before* he gets well.

(彼は間もなくなおるだろう)

(3) 距離

How far is **it** from here to San Francisco?

(ここからサンフランシスコまでどのくらいありますか)

It (=*The distance*) is about two miles to the next village.

(隣村までおよそ 2 マイルです)

C. 再 帰 代 名 詞

§60 再帰代名詞の形

〈人称代名詞＋self〉の形を**再帰代名詞** (Reflexive pronoun) という. これは「○○自身」という意味になる. ここにその一覧表とその用法を記しておく.

	単　数	複　数
一人称	myself	ourselves
二人称	yourself	yourselves
三人称	{himself / herself / itself}	themselves

§61　再帰的用法

動作が〈その動作をするもの自身〉にむけられることを示す．このとき，再帰代名詞は目的語となる．

John killed **himself** ten years later. (10年後にジョンは自殺した)
This machine operates **itself.** (この機械は自動的に動きます)
Allow me to introduce **myself.**
(自己紹介をさせていただきます) [直訳：私自身を紹介することを私にお許しください]

N.B.　つぎの文を比較せよ
{John killed **himself.**——自殺の場合.
{John killed **him.**——John と him とは別人.

§62　強調的用法

「私は，私自身でそれをした」のように意味を強めるために用いられることが多い．この場合，〈再帰代名詞〉は，文中の主語あるいは目的語あるいは補語と**同格**に用いられているという．ただし，訳は，いつも「○○自身」といわずに「．．．さえも」「みずから」などとするほうが適当な場合が多い．

I always do the painting **myself.**
(私はペンキぬりはいつも自分でやります)
Did you do this homework **yourself**?
(この宿題は自分でやったのですか)
The boss **himself** did not know where John lived.
(主人でさえもジョンがどこに住んでいるか知らなかった)
Then he looked up: it was the Queen **herself.**
(そこで彼は目を上げた．それはほかでもない女王ご自身であった)

§63　my own shoes の形

「○○自身の」をあらわすためには，my, your, his, etc. と後続の名詞との間に **own** を入れる．このとき，ふつうの「○○の」の意味を強めるはたらきをするのであるが，ときには，own を入れた形は〈自分のことは自分でする〉という意味を伝えることがある．

He does not know the history of his **own** country.

（彼は自分の国の歴史も知らない）

So I had to give him my **own** medal.

（そこで，私は彼に，私自身のメダルを渡さなければならなかった）[私が愛蔵する——とっておきの——メダル]

Go and study in your **own** room.

（自分のへやで勉強しなさいよ）[自分のへやがあるのだから，ほかのへやでやらずに]

Clean your **own** shoes.

（自分のクツは自分でみがきなさい）[人のせわにならないで]

N.B.　他の限定詞[→§24]とともに my own... の形を用いるときは，つぎのようになる．

a house **of my own**（私自身の家）

Exercise 4

(1)　つぎの文を強調構文の〈It is . . . that . . .〉を用いて3個の強調文 ①, ②, ③ を作れ．ただし，① は文中の ㋐，② は文中の ㋑，③ は文中の ㋒ を強調する文とせよ．

John bought a book on mathematics at that store.
John ㋐　a book on mathematics ㋑　at that store ㋒

（ジョンはあの店で数学の本を買った）

(2)　例にならってつぎの各文を書きかえよ．

《例》 ① This pen is **my pen.** → ② This pen is **mine.** → ③ It belongs to **me.**
（このペンは私のペンだ）　（このペンは私のだ）　（それは私に属する）

1. This pen is her pen.
2. That dictionary is their dictionary.
3. These pictures are your pictures.
4. This house was our house.
5. This desk is his desk.
6. These birds are my birds.

(3)　つぎの各文を英訳せよ.

1.　まだ朝早かった.
2.　君は自分でここに君の名前を書かなければならない.
3.　彼は彼女よりも強い.
4.　彼女がスウェーデン語を知っているというのは本当ですか?
5.　君は自分自身の本の中でそういった.
6.　彼の事務所はいま修理中だということだ.

(4)　つぎの例題は, ① の文を **it takes . . .** (時間がかかる) を用いて ② の形に書きかえたものである. この例にならって, つぎの各題を, 〈例題 ② の型の文〉に書きかえよ.

《例》 ① We climbed to the top of the mountain in five hours.
(われわれは5時間で山の頂上にのぼった)
② **It took us five hours to** climb to the top of the mountain.
(われわれが山の頂上にのぼるのに5時間かかった)

1.　In only three minutes the teacher explained to his students the meaning of the word.
2.　A long time passed before we made the program.
3.　Several months passed before Mary saved enough money to go to London.
4.　This airplane crosses the Atlantic in eleven hours.

(5)　つぎの文中の誤りを正せ.

1.　The snake lifted it's head. (そのへびはその頭を持ちあげた)
2.　You boys must do your homework yourself.
(君たちは宿題を自分でやらなければならない)
3.　I want a hammer; where can I get it?
(私はかなづちがほしい, どこで手に入れられますか)

D.　指示代名詞・不定代名詞

§64　代名詞系列語

つぎは指示代名詞である．this, that などの説明をするわけであるが，これ以後〈代名詞〉の説明にあたっては〈代名詞系列語〉の説明もいっしょにすることにしたい．それはつぎのような事情による．

たとえば，**this** を例にとると，これは以下のような用法がある．

(1)　this＝「これ」という代名詞としての用法

I like **this.** **This** is a pen.

(2)　this＝「この」という限定詞としての用法

I like **this** *book.* **This** *book* is mine.

(2) は，〈限定詞〉として名詞の前につけるのであるから，形容詞的用法であって，事実これは〈代名形容詞〉とよばれることもある．さらに，「これ」という概念を，副詞的用法に拡大すれば

(3)　here＝「ここ(に)」[この所(に)]

He lives **here.** Come **here.**

(4)　now＝「いま」[この時(に)]

Mail the coupon **now.** (クーポンをいますぐ郵送しなさい)

(5)　thus＝「こんなふうに」「こうして」

Thus he concluded that nothing could be done.

(こうして彼はまったく打つ手がないと結論した)

のような用法がある．一見してこの (1), (2), (3), (4), (5) の用法は，すべて this の系列に属することがわかる．そこで，このような各語を〈代名詞系列語〉とよび，これらを同じ所で説明したい．上の例からすぐわかるように，代名詞として (1) だけ説明し，形容詞の所で (2) を説明し，(3), (4), (5) は副詞の所で，というのでは，はなはだ非能率的である．

このようなことは，〈指示代名詞〉に限らず，〈不定〉〈疑問〉〈関係〉の各代名詞についても起こる．そうして，このようにして比較することによって，たとえば，each は (1), (2) の用法があるが，every には (1) の用法はない，というようなちがいがよくわかるのである．p. 52 に代名詞系列語の一覧表をかかげる．

N.B. 不定代名詞は指示代名詞の一部だが，便宜上，別個に扱う．

§65 this, these; that, those

this は話者から見てその近くにあるものをさし，**that** は話者から見て離れたもの，または，聴者の近くのもの [日本語では「それ」という場合] をさす．

This is a fountain pen; **that** is a ball-point pen.
(これは万年筆で，あれはボールペンです)
These books are easier than **those books.**
(これらの本は，むこうの本よりもやさしい)
The important thing is **this:** you must do it yourself.
(重要なことはつぎの点です．すなわち，あなたはそれを自分自身でやらねばならないという点です)
You must do it yourself; **that** is the important thing.
(あなたはそれを自分自身でやらねばならない．それが重要なことです)

つぎのものは〈副詞目的格〉[→§295] として用いられる．

this week (今週)　**this** month (今月)　**this** year (今年)
these days (近ごろ)　**these** five years (この5年間)
those days (そのころ)

Cf. { last month (先月) / this month (今月) / next month (来月) }　{ last night (昨晩) / tonight (今晩) / tomorrow night (明晩) }

また，同一名詞のくりかえしを避けるために〈the＋名詞＋of〉の代りに **that of** とすることがある．

The climate of Canada is not so mild as **that of** Japan.
(カナダの気候は日本のそれ[＝気候]ほど温和ではない)

代名詞系列語一覧表

	代名詞	限定詞 [形容詞的用法]	副詞 場所	副詞 時	備考
指示	**this** these	**this** book these books	**here**	**now**	thus (このようにして)
	that those	**that** book those books	**there**	**then**	
不定	one (人)	——		once (かつて)	このほか2個のものについて either neither both がある. この3語は代名詞および限定詞として用いられる. everything などは §74 参照.
	one, ones (もの)	——			
	another	another book			
	other, others	other book(s)	elsewhere		
	some	**some** book(s)	**somewhere**	**sometimes** (時々)	
	something	——		[sometime (いつか)]	
	somebody, someone	——			
	any	**any** book(s)	**anywhere**	[ever]	
	anything	——			
	anybody, anyone	——			
	——	**no** book(s)	**nowhere**	[never]	
	nothing	——			
	nobody, [no one →]	no one			
	none	——			
	each	each book			
	——	**every** book	**everywhere**		
	all	**all** books		**always**	
疑問	**who** **what** which	—— **what** book which book	**where**	**when**	**how, why** (方法, 理由)
関係	**who** **which** **that** what	—— which book —— [what little money]	**where**	**when**	**how, why** (方法, 理由)

I like the style of Hemingway better than **that of** Steinbeck.
(私はヘミングウェイの文体のほうが，スタインベックの文体よりも好きだ)

those who... という形は「...であるような人々」を一般的にさすために用いられる．ただし，この形は文語調であって，日常会話の調子ではない．

Heaven helps **those who** help themselves.
(天はみずから助けるものを助ける)

§66 here

here は「ここに」「ここで」「ここへ」の意味に用いられる．

They have a branch office **here.**
(その会社はここに支店を持っている)
What are you doing **here**? (ここで何をしているのですか)
CHANGE **HERE** FOR ITAMI. (伊丹行きは[当駅で]乗りかえ)
John will come **here** very soon—oh, **here** he comes!
(ジョンはじきにここへくるでしょう——ああ，やってきた!)

相手に「これをあげる」というとき，英語では **Here's...** という言い方をすることが多い．

Here's my card. [≒This is my card.]
(これが私の名刺です) [相手に名刺を渡しながらいう]
Here's the money. (この金をおわたしします)

§67 there

there には (1)〈場所の **there**〉と (2)〈導入の **there**〉との2種類がある．

(1)〈場所の **there**〉は [ðέə] と発音し，**here** に対応して「そこ」の意味に用いられる．

He often goes **there** on business. (彼は商用でしばしばそこへ行く)
What were you doing **there**?
(あなたは，そこ——あそこ——で何をしていたのですか)

(2)〈導入の **there**〉は，多く，**There is...** (...がある)の形で〈ものの存在〉をあらわすのに用いられる．この there は

〈そこ〉というような強い意味を持たないから，発音も [ðə] と軽く発音する．There is の結合にあっては，[ゼァリズ] のように発音される．There is... の構文を〈There–is 構文〉とよぶ．〈There–is 構文〉を用いてものの存在をいう場合，〈そのものがどこにあるか〉を示すのには，〈場所の副詞句〉などを別につけるのがふつうである．

There is a large garden *in front of the house.*
(家の前には大きな庭園がある)
What **is there** *in that box*?
(あの――その――箱の中には何がありますか)
There was some salad *in the refrigerator.*
(冷蔵庫の中にサラダがあった) [この some については →§37 (4)]
In this town **there are** many people who go shopping by bus.
(この町にはバスで買いものに行く人が多い)

N.B. 1. 最後の例文のように〈go＋動名詞〉で〈...しに行く〉をあらわす．
go swimming (泳ぎに行く)　　go skating (スケートに行く)

N.B. 2. 〈There–is 構文〉の中の **is** すなわち「be 動詞」を他の動詞にすることもある．そのときでもその there のはたらきは変わらない．この形の〈疑問文〉については §274 参照．
Once **there lived** an old man in that village.
(むかし，その村に老人が住んでいた)
There came a man walking in a hurry.
(ひとりの男が急ぎ足にやってきた)

§68　now

now はつぎのように用いられる．

(1)　文の終りまたは文の途中に用いられたときは「いま，この時点で」という意味である．

(2)　文頭に用いられたときは「さあ，さて，もうこれで」など文に調子をつけるためのアクセサリーとなる．

(1)
Sign this paper **now.**
(いますぐこの書類にサインしなさい)
Are you busy **now**? (いま，お忙しいですか)
You are **now** the president?
(いまはもう，あなたが社長ですね)

(2)
Now we are ready. (さあ，これで用意ができました)
Now let's go! (さあ，行きましょう)

物語文の中の過去の記述の途中で，then (その時)の代りに now を用いることがある．日本語の「いまや」にも同様の用法があるから，この点は理解されるであろう．

He was **now** the president. (彼は，いまや社長になっていた)

§ 69　one

代名詞としての **one** は

(1)　一般的な「人」の意味 [Cf. § 52] と，

(2)　くりかえしを避けるために〈a＋名詞〉の代り [→ § 53] に用いられる．

(1) の場合は所有格は **one's** である．この場合は複数はない．

One must respect **one's** parents.
(人は両親を尊敬しなければならない)

(2) の場合は複数は **ones** である．

This ball-point pen is not good; give me a better **one.**
(このボールペンはよくない，もっとよいのをください)
These ball-point pens are not good; give me some better **ones.**
[同上，複数の場合]

N.B.　〈**one of**＋複数名詞〉(...の中のひとつ) というときの one は，数詞としての one であるともとれるし，この (2) の場合の代名詞であるともとれる．とくに英語では「もっとも...であるもののひとつ」という言い方が多いから注意せよ．

That is **one of** his later novels.
(それは彼の晩年の小説のひとつである)
He is **one of** the best students I have ever had.
(彼は私の[教えた]もっとも優秀な学生のひとりである)

§70　other, another

another というのは〈an＋other〉が統合された形であるから，基本は **other** である．そして **other** が「ほかの」の意味であり，不定冠詞，定冠詞の意味がすでに述べたとおり [→§25, §26, §29] であることを知れば，**another, the other(s)** の意味もわかるはずである．また，これらに対応する〈限定詞〉としての意味も容易にわかる．この点を図解してみよう．図1のようなリンゴの集合があるとき，そのひとつを任意にとって，これを **one** とすれば，つぎに〈他の任意のひとつ〉をさして **another** (もうひとつ別の) という．そのつぎに〈もうひとつ任意の〉をとれば，それは *a* third といい，そのつぎは *a* fourth である．[はじめから〈序列〉のついたものを順次とるときは，*the* first, *the* second, *the* third, *the* fourth . . . となる.] つぎに A, B 2個のリンゴがあって，そのひとつ，たとえば A をさきに one といってとれば，残りの B は限定されたものであるから [ほかにリンゴはないのだから]，この B は **the other** (残りのひとつ，もう一方) [図2] となる．同様にして，〈残り全部が複数で与えられている場合〉は **the others** という．たとえば，図3のように6個のリンゴがあるとき，A を one とすれば，〈B,

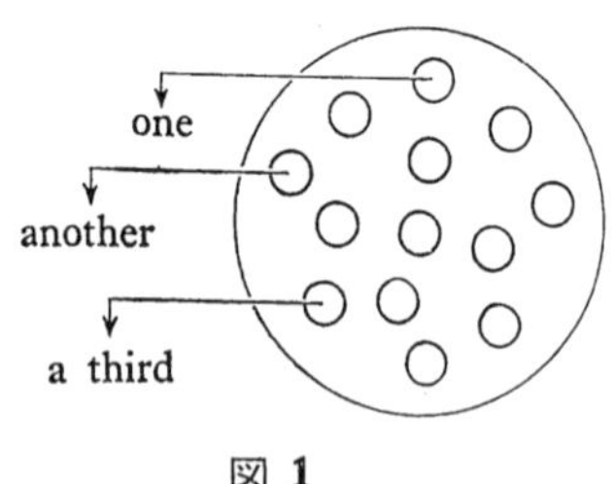

図 1

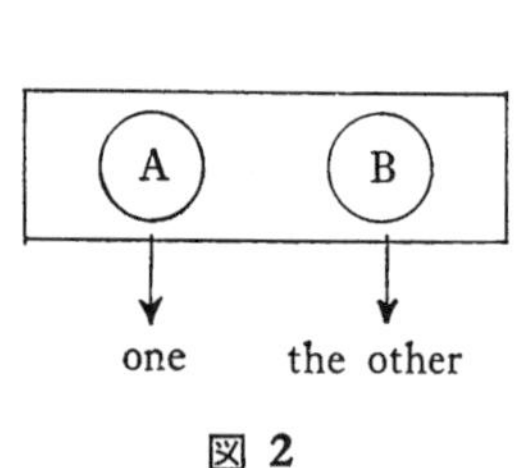

図 2

A　B　C　D　E　F
one　the others
one　the others
another

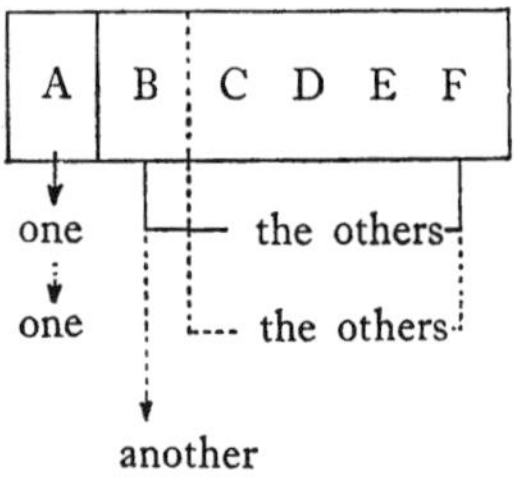

図 3

C, D, E, F〉全部は **the others** である.

また, A を **one** とし, つぎに B を **another** としたとき, その段階で,〈C, D, E, F〉をまとめてさすときにやはり〈C, D, E, F〉が **the others** となる. 例文によって理解しよう.

This dry-cell is not good; give me **another.**
（この乾電池はダメだ, もうひとつ別のをください）

Let's try **another** shop.（もう一軒, べつの店をあたってみよう）

We have two dogs. **One** is black, and **the other** is white.
（うちに犬が2ひきいる. 1ぴきは黒く, もう1ぴきのほうは白い）

The rooms No. 1 and No. 6 are vacant. **The other rooms** are occupied.
（1号室と6号室とはあいています. ほかのへやはふさがっています）

この最後の例の the other rooms は上記 the others に対応する限定詞的 [other を限定詞に用いた] 用法であるから〈残りのへや全部〉をさす.

つぎに〈× **others**〉の形について説明しよう. これには

(1) 不特定な部分集合を意味するときと,

(2)「他人, 世間」を意味するときとがある.

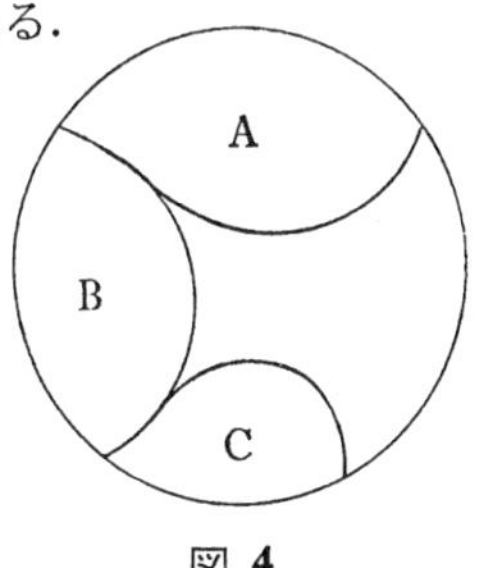

図 4

(1) の場合というのは, たとえば右図のように生徒の集合があり, そのうち A のグループのものが放課後テニスをやり, B のグループのものは野球をやり, C のグループのものはサッカーをやるとする. そうして, A, B, C 以外にも生徒はいるものとする. このとき日本語では,「テニスをするものもあり, 野球をするものもあり, サッカーをするものもある」というようになるであろう. このことを英語でいうと, この不特定な部分集合を順次 **some, others, others. . .** というふうにあらわし,

Some boys play tennis, **others** play baseball, and **others** play soccer.

という．この others を other boys としても同じである．[不特定な部分集合というわけは，〈だれとだれとがテニスをする〉というような名ざしをしないからである.] かりに，A, B, C 3つのグループしかなくて，C が〈残り全部〉になるのであれば，上の文の最後が ...and **the others** となるのはもちろんである．

N.B. 1. いまここで〈× others〉の説明をしたので，*some* other(s), *any* other(s), *all* the others などもわかると思う．つまり，次節以下でいう some, any, all, etc. の用法に other を加えたものである．**some** books は「何冊かの不特定な本」であるが，「ほかの本——何冊かの不特定の本」は **some other** books となるのである．

N.B. 2. the **other** day は「先日」の意味である．通例は〈2, 3 日前〉をさし，日本語の「先日」のように〈遠い過去〉をあらわすことはできない．

§71 some 対 no

〈**some** の系列の語〉と〈**no** の系列の語〉とは「ものが**ある**」と「ものが**ない**」との対照を作る．たとえば

{**Some** swans are black. (黒い白鳥もある)
{**No** swans are black. (黒い白鳥はない)

{He has **some** money. (彼はおかねを持っている)
{He has **no** money. (彼はおかねを持っていない)

{**Something** has happened. (何ごとかが起こった)
{**Nothing** has happened. (何にも起こらなかった)

この要領を覚えれば，多少の例外事項があっても，応用は容易である．多少の例外とは，たとえば，**some** は単独で代名詞として用いられるのに反し，**no** は〈**no**+名詞〉という限定詞的用法しかないから，単独のときは **none** となる，などのことである．以下を比較せよ．

Some of them are coming. (彼らのうち何人かはくる——くるものもある)

None of them are coming. (彼らのうち，だれもこない)

I want **someone** to help me. (だれかに助けてほしい)

I want **no one** to help me. (だれにも助けてほしくない)

I want to have **some** salad now. (いま，サラダが食べたい)

I want to have **no** salad now. (いま，サラダが食べたくない)

I put it **somewhere** near the window. (窓の近くのどこかへおきました)

My purse was **nowhere** to be found. (私のさいふはどこにも見当たらなかった)

He **sometimes** comes here. (彼はときどきここへくる——くることもある)

He **never** comes here. (彼はけっしてここへはこない)

§72　any の系列

any の系列語は

(1)「任意のどれでも」——おもに肯定文で

(2)「どれか」,「どこか」——おもに疑問文で

(3) **not** と結合して〈**no** の系列語〉と同等——否定文

の3用法がある.

(1) の例

Any book will do. (どの本でもよろしい)

I will do **anything** I can. (できることは何でもやります)

Come **any** time you like. (いつでも，すきな時にいらっしゃい)

(2) の例

Is there **any** question so far? (これまでの所で質問がありますか)

Are you going **anywhere** this summer?
(この夏，どこかへおでかけになりますか)

N.B. 1. 疑問文における **some** と **any** との使いわけは注意を要する. some は，疑問文にする以前の内容でいったんまとまっており，〈その内容をたしかめるつもり〉できく，あるいは，疑問文の形式をかりて，〈じつは人にものをすすめる〉などの文であり，any のほうは，直接的な疑問である.

Does he live **somewhere** near Kobe? (=*Is it true* that he lives **somewhere** near Kobe?)
(彼は神戸の近くのどこかに住んでいるのですね)

Did he go **anywhere** outside Japan?
(彼は日本以外のどこかへ行ったのですか)

Are you waiting for **someone**?
（だれか[おめあての人があって，その人]を待っているんですか）
Are you waiting for **anyone**?
（人をお待ちですか）[ここに立っているのは人に会う用があるからですか]

Will you have **some** coffee?
（コーヒーを召しあがりませんか）[人にすすめる]
Will you have **any** coffee?
（どんなコーヒーでも飲みますか）[この any は (1) の意味]

(3)　〈**not＋any＝no**〉

any を含む語句が主語となる場合を除いて，この書きかえは自由であるが，一般に〈もののあるなし〉をいうときは，**not any** よりも〈**no** の系列〉のほうが慣用的である．たとえば，I have **not any** money. というよりも I have **no** money. のほうが慣用的であり，I had **not anything** to eat.（何も食べるものがなかった）よりも I had **nothing** to eat. のほうが慣用的である．そして，**Nobody** said so.（だれもそうはいわなかった）の場合，この nobody は主語であるから，これを Not anybody said so. [誤] とか Anybody did not say so. [誤] とかに書きかえることはできない．

〈**not＋any**〉の系列	**no** の系列
He did**n't** say **anything** about it.	He said **nothing** about it.

（彼はそれについて何もいわなかった）

I do**n't** think I have done **anything** for you.	I think I have done **nothing** for you.

（私はあなたに何もしてあげられなかったと思います）

N.B. 2.『不思議の国のアリス』の中の「きちがいティーパーティ」の場面でアリスがぶどう酒をすすめられたが，ぶどう酒らしいものが見当たらないので "I see no wine." という所がある．すると，相手は "There is**n't any.**" という．このとき，**any** のあとに名詞を伴っていないのであるから，There is **no.** [誤] という書きかえはで

きない [もちろん There is **no wine.** ならばよいが]. こういうときは, 〈**not+any**〉の形のほうが便利である. このような〈物質名詞〉に関する場合, 〈不定量がある〉ということは some で示す [→§54].

Have you got **any** wine here?—Yes, I have **some.**

(ここにぶどう酒がありますか?——はい, あります)

N.B. 3. 〈否定文〉あるいは〈否定の疑問文〉における **some** と **any** とのちがいも, いままでの説明で理解できると思う.

① I don't need **some** of these stamps. [≒I dislike **some** of these stamps.]

(これらの切手の中には私のいらないのもある)

② I do**n't** need **any** of these stamps. [≒I need **none** of these stamps.]

(これらの切手のどれもいらない)

この①は「不要の切手もある」というのであるから, some となり, ②は「必要な切手がない」というのであるから, 〈no の系列〉[ここでは〈not+any〉] を用いる. これは §71 の冒頭の説明のとおりである.

Can't you do **something** with it? [=You can do something with it, can't you?]

(それ, なんとかならない?) [機械が故障したとき,「なんとかしてくれ」というたのみごと]

Can't you do **anything** with it? [=Can you do nothing with it?]

(あなたでは, それどうにもならないの?)

以上で some, no, any 各系列の語の説明をした. 従来, 文法書などで「some は, 疑問文や否定文では any に変わる」という趣旨の説明が多く見られる. たしかに, いちおうはそれでもよい. しかし, 常にそうとは限らないということは, いままでのところであげた例文によって明らかである. some, any, no の各系列の語はそれぞれ別語であって, 意味も用法も別である. それが, たまたま, 上記のような説明が成り立つような文脈に用いられることが多いというのに過ぎない. このことを念頭において, some, any, no のそれぞれの持ち味を知ることがたいせつなのである.

§73 each

each は代名詞・限定詞としての用法のほかに，名詞・代名詞と同格に用いられて，副詞的になるときもある．いずれにせよ，「めいめい」「それぞれ」「...ずつ」などと訳す．〈限定詞〉となるときは，〈each＋名詞〉の名詞は単数形に限る．

Each country has its own customs.
(各国それぞれ特有の習慣があるものだ)

I gave **each** man 500 yen. (ひとりに 500 円ずつ与えた)

each は〈名詞〉に伴う場合も，〈代名詞〉に伴う場合も 3 つの構文を持っているが，少しちがう点がある．次例を比較せよ．

ⓐ **Each of** the students has *his* own locker.
ⓑ **Each** student has *his* own locker.
ⓒ The students have **each** *his* own locker.
(生徒はめいめい自分のロッカーを持っている)

ⓓ **Each of them** received ten dollars.
ⓔ **They each** received ten dollars.
ⓕ **They** received ten dollars **each.**
(彼らはめいめい 10 ドルずつもらった)

このうち，ⓑの〈**each**＋名詞〉の each が限定詞，ⓐ, ⓓ の **each** of... の each が代名詞であることはいうまでもない．ⓒ, ⓔ, ⓕ の each は代名詞で students や they と同格と見るべきである．最後の例の each は apiece (めいめい，ひとりにつき) などと同じ意味の副詞と見ることもできる．

§74 every

every は常に〈限定詞〉として〈every＋単数名詞〉の形で用いる．この **every** はたくさんのものを 1 つずつ取り出して，〈これもあれもと数えつくしてみんな〉という心持ちで，「どれもこれもみんな」「残らず」「...でないものはない」などの強い意味である．[each は〈1 人にいくつ〉など，〈配分の割合〉をいう.]

Every man desires to live long.
(人はみな，長生きすることを願う＝長命を願わない人はない)

Every day has its night. (昼は必ず夜を伴う)
Good evening, **everybody**! (みなさん，こんばんわ)
Everybody knows him. (彼を知らぬ人はない)
He knows **everything.** (あの人の知らぬことはない)
He has been **everywhere.** (あの人の行っていない所はない)

N.B. 1. 〈nearly every＋単数名詞〉=〈most＋複数名詞〉
{ **Nearly every** student speaks some English.
{ **Most** students speak some English.
(たいがいの学生は多少英語が話せる)

not every は「ことごとく...とは限らない」という意味の〈部分否定〉[→§79 N.B. 3] であるが，また一歩進んで「きわめて少ない」という意味に用いられることが多い．

One can**not** know **everything.**
(人は，何でもみんな知るということはできない)
I am **not** asked out to tea **every** day.
(お茶に招かれるようなことは毎日はない——めったにない)
It is **not every** man who speaks and writes equally well.
(話すことも書くこともどちらもよくできる人はあまりないものだ)

最後の例は Very few men speak... と書きかえることができる．すなわち〈not every=very few〉の関係である．

N.B. 2. **every other** は「ひとつおき」の意味をあらわす．
I go to the doctor's **every other** day.
(私は1日おきに医者へ通う)
Write your answer on **every other** line.
(答案は1行おきに書きなさい)

N.B. 3. every day (毎日)
every two days
every second day } (1日おきに，2日に1度)
every other day
every four days
every fourth day } (中3日おきに，4日に1度)

every two minutes というのは every [two minutes] の気持ちで〈2分間〉を〈1単位〉と考えているのである．このようなときにかぎり every のつぎに複数名詞も来うる.

every **five minutes** (5分ごとに)
every **three hours** (3時間ごとに)

§75　any 対 every

any は「どれでも任意のひとつ」の意味, **every** は「これも, あれも」とひとつずつ数えていって「ことごとく」と総括する意味である.

① **Every** child knows that.

② **Any** child can tell you that.

①は, 「この子も知っている」「あの子も知っている」とひとりずつ数えつくして「どの子もみんなそれを知っている, それを知らない子はない」という意味である. しかし②は「どの子でもかまわない, 任意の子をとり出してたずねてごらん, それに答えることができる」という意味である. 換言すれば **every** は〈同時にあれもこれも〉の意味であり, **any** は〈1度にひとつ〉の意味である. したがって He knows **everything.** (彼は何でも知っている)とはいえるが, He can teach **everything.** という言い方は適当でない. He can teach **anything.** (彼は何でも教えられる)といわねばならない. すなわち〈状態の動詞〉は every を伴い, 〈動作動詞〉は any を伴うのである [〈状態動詞〉〈動作動詞〉→§192]. しかし過去のことになると, たとえ動作でも, 蓄積された経験として総括できるから, 一括して every を用い, I have tried **every** means. (私はあらゆる手段を試みた)ということができる [means (手段)は単複同形. ここは単数形].

I will do **anything** in my power. (私にできることは何なりとしよう)	I have done **everything** in my power. (できるだけのことはみなやりました)
That dog will eat **anything**. (その犬は何でも食べる) [好き, きらいがない]	That dog has eaten **everything**. (その犬はすっかり食べてしまった) [1度の食事について]

§76 either, neither

とくに2つのものについて「任意のどちらかひとつ」を **either** といい,「どちらも...でない」を **neither** という. すなわち either は any に対応し, neither は no に対応している. ただし, neither は単独で代名詞として用いることもできるから, この点は no とはちがっている.

either には any の3用法に対応する3つの用法がある. **neither** は2つのものを両方否定する.

2個の場合	3個以上の場合
(1) 肯定文	
You may choose **either** of the two languages. (2国語のうちどちらを選んでもよろしい)	You may choose **any** of the three languages. (3国語のうちどれを選んでもよろしい)
(2) 疑問文	
Do you know **either** of his parents? (彼の両親のうちどちらかを知っていますか)	Do you know **any** of his brothers? (あの人の兄弟のうちだれかを知っていますか)
(3) 否定文	
I do **not** know **either** of them. I know **neither** of them. (どちらも知らない)	I do **not** know **any** of them. I know **none** of them. (どれも知らない)

N.B. 1. 〈either A or B〉については §159 参照.
N.B. 2. either と both との関係については §79 N.B. 2 参照.
N.B. 3. 〈neither A nor B〉については §159 参照.

また, neither にはつぎの副詞的用法がある. すなわち, neither を含む文は, 先行の否定文に同調することを示す.

Cf.
① Mary is **not** dead.—**Neither** is Elizabeth (dead).
(メアリは死んでいない)(エリザベスも死んでいない)
② Mary is dead.—But Elizabeth is not dead, **too.**
(メアリは死んだ) (しかし,〈エリザベスも死んだ〉というのではない)

② の文は〈肯定文に同調する文〉を先に考え, そういうことはない, というのであるから,〈 〉の中に対応する部分に too (...もまた)

を含むのは当然である．なお，§181 N.B. 1 参照．

§77　all

all は複数普通名詞・物質名詞・抽象名詞について総括的に数あるいは量の「みな，すべて」の意味をあらわす．これに対し，every はひとつずつ取って全部総括するので，はじめから総括して all というよりも意味が強い．

He has lost **all** his *children*.
　(あの人は子供をみななくしてしまった) [数]
He has lost **all** his *money*.
　(あの人は金をすっかりなくしてしまった) [量]

ⓐ I know **all** of them. (私は彼らをみな知っている)
ⓑ I know **every one** of them.
　(ひとり残らずみな知っている) [ここは〈どのひとりも〉ということであって，everyone とならず every one と離して書く]

ⓐ He told me **all** about it. (そのてん末を話した)
ⓑ He told me **everything.** (いちぶしじゅうを話した)

これらの例において ⓐ よりも ⓑ のほうが意味が強い．

all が，単数普通名詞，または，固有名詞につくときは，whole (全)の意味である．

He is the best scholar in **all the school** (=*the whole school*).
　(彼は全校中いちばんよくできる) [単]
　Cf. **All the schools** are closed in summer.
　(学校はみな夏は休業する) [複]

That is the best English school in **all Tokyo** (=*in the whole city of Tokyo*).
　(あれは東京中でいちばんいい英語学校だ)
He was absent **all last month** (=*during the whole of last month*).
　(彼は先月いっぱい不在であった)
ALL JAPAN ORATORICAL CONTEST (全日本雄弁大会)

N.B. all the . . . と the whole . . . とでは定冠詞の位置がちがうことに注意せよ．

複数普通名詞および物質名詞・抽象名詞は，一般の場合をいうには，冠詞も何もつけずに〈× 名詞〉の形で用いることはすでに述べたが [→§27, §37 (3), §44 (3)]，その一般性を強めるために all をつけることがある．

All boys love toys. (少年たちはみなおもちゃがすきなものだ)
All students like the summer vacation.
(学生は[みな]夏休みを喜ぶものだ)
All pleasure is bought at the price of pain.
(すべて快楽は苦痛という代償をはらって買われるものである)

§78 all を含む慣用語句

主要なものを列挙しよう．

(1) **at all** は疑問，条件，否定に用いられる．

Are you going to give **at all**?
(君はいったいいくらかでも出す気があるのか)
If you are going to give **at all,** give quickly.
([出さないならいざしらず] どうせ出すなら，早く出しなさい)
Then you are **not** going to give **at all**?
(では少しも出さないのですね)

(2) **all**＝as much as

I give you **all I have.** (ありったけみんなあげる)
I will do **all I can.** (できるだけのことはいたします)

(3) **That is all.**＝There is no more.

That's all! Go away! (それでしまいだ，さっさと出て行け)
Is that all? (それで終りなの?) [話が急にとぎれたときにきく]
That is all I know about the matter.
(そのことについて私の知っているのはそれだけです)
This is all the money I have. (これが持ち合わせのすべてです)

(4) **That is not all.**＝There is some more.

That is not all he said. (彼のいったことはそれだけではない)

These are not all the books I have.
(私の持っている本はこれだけではない)

(5) **in all** (全部で，総計)

There were fifteen passengers **in all.** (みんなで 15 人旅客がいた)

(6) **after all**=after all is said and done (とやかくいうものの，やはり，つまりは)

I was right, **after all.** (やはり私のいうとおりだった)
After all, man is a selfish being.
(なんといっても人間は利己的なものだ)

(7) **all but**=almost

He is **all but** dead. (彼は死んだも同然だ)
He is **all but** a king. (王だといわぬばかりの態度だ)

N.B. 1. all は the, this, these, that, those あるいは名詞・代名詞の所有格を隔てて名詞につく場合は限定詞であるが，それが of を隔てて代名詞につく場合は代名詞である．

May I take **all this money**?
(この金をみないただいてよろしいか) [限定詞]
Yes, you may take **all of it.**
(みな取ってよろしい) [代名詞]

May I take **all these books**?
(この本をみな取ってもよろしいか) [限定詞]
Yes, you may take **all of them.**
(みな取ってよろしい) [代名詞]

He has squandered **all his wife's fortune.**
(彼は妻の財産をみな使い果たした) [限定詞]

§79 both

both は〈2 つのもの〉についていう語で，〈3 つ以上のもの〉についていう場合の all と対応するものである．

both は all のように the, these, those あるいは名詞・代名詞の所有格を隔てて名詞について限定詞となり，また of を隔てて代名詞につく [後者の場合は代名詞]．また，その関係する名詞・代名詞に先立つことも後続することもできる．

2個の場合	3個以上の場合
Are **both his parents** living? (あの人の両親は2人とも生きているか)	Are **all his brothers** living? (あの人の兄弟はみな生きているか)
Both his parents are living. **His parents** are **both** living. **Both of them** are living. **They** are **both** living. **They both** are living. (ふたりとも生きている)	**All his brothers** are living. **His brothers** are **all** living. **All of them** are living. **They** are **all** living. **They all** are living. (みな生きている)

N.B. 1. both のつぎの the ははぶいてもかまわない.

I know **both** (**the**) brothers. (私はその兄弟を両方知っている)

N.B. 2. either [→§76] が文脈によっては both と同じ意味になることもあるが, 強調のあるなしが異なる.

① There were houses on **either** side of the street.

② There were houses on **both** sides of the street.

いずれも,「街路の両側に家があった」ということであるが, ① は〈左右〉をひとつずつ見て,〈どちらの側を見ても〉という意味, ② は〈片側でなくて両方とも〉というように〈両方〉を強めている. 合わせて次例を比較せよ.

③ He raised his **hands.**

④ He raised **both** his **hands.**

いずれも「彼は両手をあげた」の意味であるが ③ は hands という複数形でそれを示している [「片手」ならば his hand となる]. ④ は〈片手でなく両手を〉と強調した場合である.

not both＝only **one** (両方ではない, 一方) は3つ以上の場合の **not all**＝only **some** (みんなではない, 一部) に対応する.

I do **not** know **both**; I know only **one** of them. (両方は知らない, 1人だけ知っている)	I do **not** know **all** of them; I know only **some** of them. (みんなは知らない, 一部だけ知っている)

N.B. 3. 〈部分否定〉〈全否定〉という用語が用いられることがある. その場合は, 上記 not both, not all のような否定を〈部分否定〉といい, これに反し, neither, no などによる「両方とも...でない」「みんな...でない」のような否定を〈全否定〉という.

Exercise 5

(1) つぎの文の誤りを正せ.

1. This envelope is no good. Give me other.
   (この封筒はだめだ. ほかのをくれ)
2. Each man should do their best. (各人がベストをつくすべきだ)
3. Look at other side of the river. (川の対岸を見よ)
4. I know every meanings of the word.
   (私はその語のあらゆる意味を知っている)
5. Is here London? (ここはロンドンか)
6. The radius of the circle A is larger than it of the circle B.
   (円 A の半径は円 B のそれよりも大きい)

(2) 名詞の代りに one を用いうる所は one を用いて書きかえよ.

1. The Tokyo Tower is a large building*, but the Great Pyramid is a much larger building.
2. John is fond of nearly all games, but tennis and football are the games he likes best.
3. You asked me to get** you a map. Is this the map you want?
4. These shoes are too small. Please get me some larger shoes.

(3) つぎの文中の斜体字の the を文脈に応じて some または any でおきかえ, そのあと各文を和訳せよ.

1. There is *the* butter in the refrigerator.
2. Are there *the* stamps in that drawer?
3. There are *the* photos on the bottom shelf.
4. Are there *the* chairs in the bedroom?

---

* building は日本語の「ビル」だけでなく〈建築物一般〉をいう. 日本語の「ビル」は office building である.

** get は「...に...を持ってくる」のように, 第 4 文型 [→ § 167] に用いることができて便利な動詞である.

5. Is there *the* sugar in that pot?

(4) つぎの各文の ____ のところに some, any, one, ones, none, it, them のうちから，適当な1語をえらんで入れよ.

1. If there is ____ more tea in the pot, I would like ____.
2. This cup is too large. Please bring me a smaller ____.
3. I cannot wear this coat. ____ is too small.
4. These boxes are too small. Have you ____ larger ____?
5. My watch is a very old ____. I bought ____ twenty years ago.
6. I hoped the mailman would bring me ____ letters this morning, but there were ____ for me.
7. Please bring me those tapes. Put ____ on my desk.
8. I have lost my pen. Have you ____ that you can lend me?
9. I want two kilograms of apples. Give me those red ____, please.
10. Will you have ____ salad?

(5) つぎの各文中の斜体字の語はすべて第1用法の普通名詞である. これを，複数形に変え，文脈に応じて第3用法 [〈× teachers〉の型] または第4用法 [〈some teachers〉の型——some または any をつける] のいずれかとして用い，かつ必要な変化を施せ.

1. Do they have *a typist* in their office?
2. *A bicycle* has two wheels.
3. I was given *an album* for my birthday.
4. Have you *a copy* of Sōseki's "Botchan"?
5. *A dentist* is a man who takes care of your teeth.
6. *An oblong* has four sides; *a triangle* has three sides.
7. Please show me *a* prettier *doll*.
8. *A* stereo *record* costs more than *a* single-track *record*.
9. *A street car* runs on rails; *a bus* does not.
10. Have you *a record* that teaches English pronunciation?

E. 疑　問　詞

§80 疑問代名詞

疑問代名詞は「なに?」「だれ?」などをあらわす代名詞で who, what, which がその代表である．ここでは，この3語とその系列語を研究する．疑問代名詞には，人称代名詞と同様，〈格〉による語形変化がある．疑問代名詞とその系列語をまとめて疑問詞という．この3語はつぎの表のような変化をする．

主　格	who	what	which
所有格	whose	なし	なし
目的格	whom	what	which

この表のうち whose は限定詞としてのみ用いられる．what, which は，単独で主格，目的格として用いられるほかに，〈限定詞〉として **What** *book*...?, **Which** *pen*...? のようにも用いられる．

§81 who

who は〈人〉についてのみ用いられる．

Who is he? (彼はだれか)　　**Who** are they? (彼らはだれか)
Who said so? (だれがそういったのか?)
Whose album is that? (あれはだれのアルバムですか)
Whose style do you like best? (だれの文体がいちばん好きですか)
{ⓐ **Whom** did you meet there? (そこでだれに会いましたか)
{ⓑ *To* **whom** did you send it? (それをだれに送ったのですか)

N.B. whom は文頭にくる場合，口語では who で代用するのがむしろふつうである．したがって上の ⓐ では whom → who とし，ⓑ では to を文尾にまわし，〈whom → who〉とするのが口語すなわち会話体のスタイルである．つまり，つぎのようにいうのがよい．

{ⓐ′ **Who** did you meet there?
{ⓑ′ **Who** did you send it *to?*

文尾にくる to については §277 参照．

§82 what

what は〈人〉および〈もの〉について用いる.

What is he? (あの人は何ですか) [職業などを問う]
What are you doing here?
(あなたはここで何をしているのですか)
What are the punishments? (罰則はどんなのですか)
What subject do you like best? (どの学科がいちばん好きですか)
What day of the week is it today? (きょうは何曜日ですか)
In **what** way did you do it? (どんな方法でそれをしましたか)

§83 〈X 疑問〉と〈Yes–No 疑問〉

ここでつぎの各対の文を比較してみよう.

① ⓐ **Who** said so? (だれがそういったか)
① ⓑ Did **anyone** say so? (だれかがそういったか)
② ⓐ **What** did you buy? (あなたは何を買いましたか)
② ⓑ Did you buy **anything**? (あなたは何かを買ったのですか)

この①ⓐと②ⓐとは〈だれ?〉〈なに?〉というようにいわば未知数としての‘x’をたて，この‘x’の値を相手に答えさせるものである. このように〈疑問詞を含む疑問文〉を **X 疑問文** (X question) という. これに反し〈疑問詞を含まない疑問文〉は, Yes か No かのどちらかで答えられるはずのものであるから, これを **Yes–No 疑問文** (Yes–No question) という. 上では疑問代名詞と不定代名詞 [any の系列] とを対照させるため,〈any の系列〉を含む例文をあげてあるが, それに限らず, Did you go to the office? / Is this yours? など, すべて〈疑問詞を含まない疑問文〉は〈Yes–No 疑問文〉である.〈Yes–No 疑問文〉のうち上の①ⓑ, ②ⓑのように any の系列を含むものを不定疑問文という.

まとめるとつぎのようになる.

		例　文	その答えの例
疑問文	**X** 疑問文 [疑問詞を含む]	**Who** is he?	He is John smith.
		What is he?	He is a teacher.
	Yes–No 疑問文 [疑問詞を含まない]	不定疑問文 Did you buy **anything**?	Yes, I bought a notebook. No, I bought nothing.
		その他一般 Did you buy that watch?	Yes, I did. No, I didn't.

N.B. この場合の yes, no は副詞である．この yes, no の使い方について注意すべきことがひとつある．それは，上の表のように問いの文がみな肯定文 [not を含まない] であるときは，yes, no と日本語の「はい」「いいえ」がそれぞれピタリと一致しているから問題ないが，問いの文がたとえば

Didn't you see him?　(=Did you not see him?)
　(彼を見かけませんでしたか)

のようなとき，この答えは

① **No,** I didn't.——はい，見かけませんよ．
② **Yes,** I did.——いいえ，見かけましたよ．

となる．つまり，英語では，否定文のはじめには No というのがきまりなのであるから注意を要する．①，② における日本語の「はい」「いいえ」が，質問の調子によっては逆転することもある．たとえば「あの人を見なかった?」「いいえ，私は見ませんよ」ということもあるとは思う．しかし，ここで，このような注意をするのは，① は相手の発言に〈同調〉する文であるのに，ここで No と言うことが，日本人にとっては抵抗を感ずると思われるからである．なお，これは命令文についても同様であるから，つぎのような場合に注意．

Don't touch that!——
(それにさわるな)

- **No.** (=No, I will not.)
  (はい，さわりません)
- **Yes.** (=Yes, I will do so.)
  (いや，さわりますよ)

§ 84　which

which は A, B 2つのものについてその〈どちら?〉であるかをたずねる．また， A, B, C,...など 3つ以上のものについてそ

の〈どれ?〉であるかをたずねる場合に用いる. このように〈選択〉の気持ちでたずねるときは,〈人〉にも〈もの〉にも which を用いる.

Which do you like better, tea or coffee?
(お茶とコーヒーとどちらが好きですか) [or に注意]
Which is taller, John or Tom?
(ジョンとトムとどちらが背が高いですか)
Which of these books do you like best?
(これらの本のうちどれがいちばん好きですか)

N.B. what を限定詞として用いる形で感嘆文 [→§188] を作ることができる. その場合は, 後続の名詞が普通名詞であれば不定冠詞が必要である.

What a *nice paper* (it is)! (なんというすばらしい論文だろう)
Cf. **What** *paper?* (どんな論文?)
What an *honest man* (he is)! (なんという正直な人だろう)
Cf. **What** *man?* (どんな人物?)

§85 where, when

where は「どこに, どこで, どこへ」の意味, when は「いつ」の意味である. ここでも, これらの疑問副詞を用いた〈X 疑問文〉と, any の系列語を用いた〈不定疑問文〉すなわち〈Yes-No 疑問文〉とを対照することができる.

Where did he go? [X 疑問文] (彼はどこへ行きましたか)
Did he go **anywhere**? [Yes-No 疑問文]
(彼はどこかへ行きましたか)

When did you see *the* panda? [X 疑問文]
(いつパンダを見ましたか)
Did you **ever** see *a* panda? [=Have you ever seen a panda?]
[Yes-No 疑問文]
(パンダを見たことがありますか)

Where can I wash my hands? (トイレはどこですか)
When and **where** was Muhammad born?
(マホメットはいつどこで生まれたのか)

〈時刻〉をとくに精密に問うときは when の代りに what time

という.

What time is it now?—It is five-twenty now.
(いま何時ですか?——いま5時20分です)

What time do you get up every day?
(あなたは毎日何時に起きますか)

What time shall I come? (何時に参りましょうか)

§86 how

how は〈方法〉〈程度〉などをたずねる疑問副詞である.

How do you do? (はじめまして) [本来の意味は, 〈あなたはどのようにしてお暮らしですか〉]

How did you do it? (どのようにしてそれをやったのですか). [how=in what way]

そのほか〈how+形容詞〉〈how+副詞〉の形で〈大きさ〉〈年齢〉〈速度〉などを問う用法がある. 以下の例文のようになるが, これについてはさらに §101 参照.

How *fast* does the "Hikari" go?
(「ひかり」の速度はどのくらいですか)
Cf. **How** *fast* the "Hikari" goes!
(「ひかり」はなんと早く走るのだろう)

How *far* is it from here to Kyoto?
(ここから京都までどのくらいありますか)

How *old* is he? (彼は何歳ですか)
Cf. **How** *old* he is! [=What an old man he is!]
(彼はなんというとしよりだろう)

How *many* days are there in a year? (1年には何日ありますか)

How *much* money do you want? (金はいくらほしいのか)

§87 why

why は「なぜ」と理由をたずねるのに用いる.

Why are you so late? (なぜ, このようにおそいのか) [遅刻]

Why were you absent yesterday? (なぜ君はきのう欠席したのか)

Why did you shut the window? (なぜ窓をしめたのですか)

N.B. Who is he? (彼はだれですか) に対して I want to know **who he is**. (彼がだれであるかを私は知りたい) などの形を従属疑問文という. これについては §95, §180.3 で扱う.

F. 関　係　詞

§88　関係代名詞・関係副詞

関係代名詞とは, 前に出た名詞・代名詞の代りとなり, それによって, もと2つの文であったものを1つの文に結合するはたらきを持った代名詞である. ここでは〈関係代名詞およびその系列語〉の研究をするが, これらをまとめて〈関係詞〉という.

関係代名詞の〈形〉ならびに〈格〉についてはだいたい, 疑問代名詞と同様で, そこへあらたに that が加わる. そして, what は, 関係代名詞としては, ほかのものとちがった用法を持っているから, 順序としては what を最後にまわす.

主　格	who	which	that	what
所有格	whose	{whose of which	なし	なし
目的格	whom	which	that	what

また, 関係副詞は, 従属節 [→§174] において副詞のはたらきをするもので where と when が重要である.

§89　結合の実態・先行詞

いま「これが, 私がきのう買ったレコードです」といおうとする. すると①「これがレコードです」②「私はそれをきのう買いました」の2つの文が基底にある. これらを〈基底文〉という. これをつぎのように結合するのが〈関係代名詞〉の役目である.

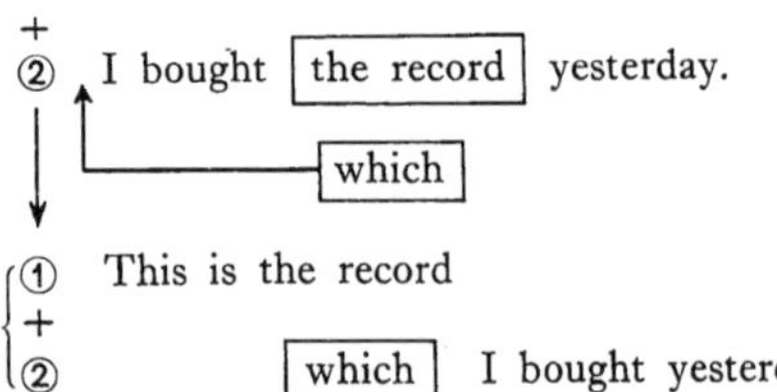

③ This is *the record* **which** I bought yesterday.

この③の文の中で record を which の**先行詞** (Antecedent) という．そして③の中では which は目的格である [「レコードを買った」のであるから]．同様につぎのも理解されよう．

「私は，数学ぎらいの何人かの少年を知っている」

基底文 ① 私は何人かの少年を知っている．
　　　 ② その少年たちは数学をきらう．

① I know some boys.
\+

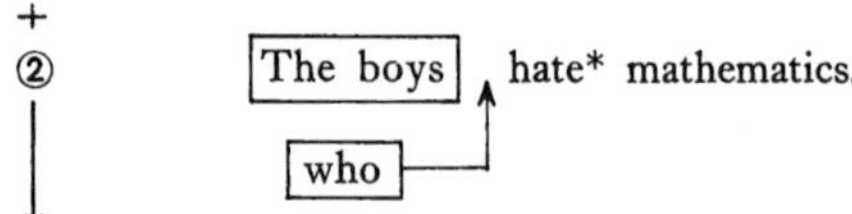

③ I know *some boys* **who** hate mathematics.

この③の文の中では boys が who の先行詞であり，この who は主格である [「その少年たちがきらう」のであるから].

N.B. 関係代名詞で結合された文を〈基底文〉①，② に分解する場合，先行詞につける限定詞が見方によってちがうこともありうる．たとえば，はじめの例では

① I bought **a** record yesterday.
② This is **the** record.

のようにも考えられるし，あとの例では

① **Some** boys hate mathematics.
② I know **those** boys.

* hate は〈もの〉を目的語とするときは don't like の意味である．〈人〉を目的語とすれば「憎悪する」という強い意味となる．

のようにも考えられる.

要するに,〈関係代名詞〉で結合するということは,基底文の段階で考えられた名詞の限定のしかたに影響を及ぼすのである.この点は,言語学的にはむずかしい理論を要することであるが,ここでは,深入りせず,常識的に処理しておきたい.

また,〈関係副詞〉による結合はつぎのようになる.

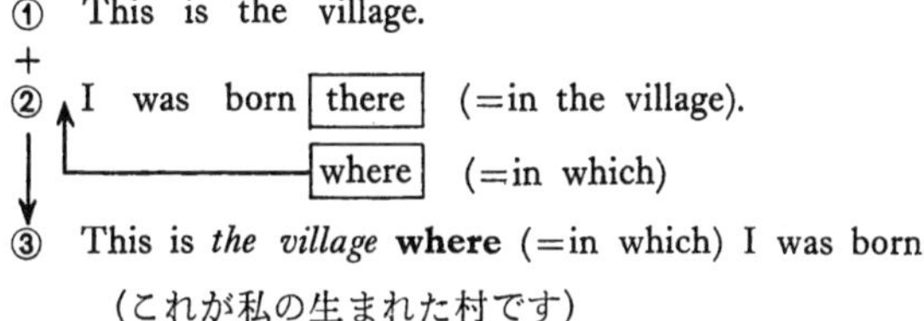

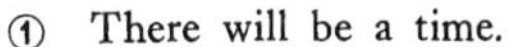

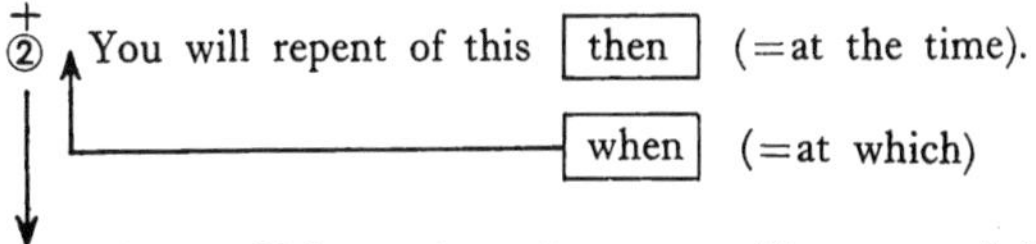

(あなたがこれを後悔する時がくるだろう)

§90　制限用法と非制限用法

つぎのような場面を考えてみよう.「こんど本校へ数人のアメリカ人が見学にくる,みんなで接待しなくてはならないが,英語を話せない人は困るだろう.しかし,英語を話せる田中さんはたいへんなハリキリようだ」——このようにいうとき,〈英語の話せない人〉というのは多くの人の中から,とくに〈英語を話せない〉という条件に合う人をとりだすために制限をつけたのである.これに反し〈英語を話せる田中さん〉というのは,〈たくさんの田中さんの中から,英語を話せるという条件に合う田中さんをえらび出すこと〉を意味しない.〈田中さん〉ははじめから〈特定の人〉である.ただ,〈その人が英語が話せるということを,付随的にいった〉までである．関係詞にもこの2とおりの用法がある．

① ⓐ I want a man **who** understands English.
(私は英語のわかる人がほしい)
ⓑ I will take Mr. Tanaka, **who** understands English.
(私は田中さんを連れていこう．あの人は英語がわかるから) [who の前にコンマをおく]

② ⓐ He showed me a new camera **which** he had bought that morning.
(彼はその朝買った新しいカメラを見せてくれた)
ⓑ He took out a sheet of paper, **which** he cut into two.
(彼は1枚の紙をとり出し，それを2つに切った) [which の前にコンマをおく]

③ ⓐ This is the village **where** I was born.
(これが私の生まれた村です)
ⓑ Then I went to Kyoto, **where** I stayed for a week.
(それから私は京都へ行った，そしてそこで私は1週間滞在した) [where の前にコンマをおく]

このうち，①ⓐ，②ⓐ，③ⓐ の用法を〈制限用法〉といい，①ⓑ，②ⓑ，③ⓑ の用法を〈非制限用法〉という．

N.B. 1. 〈非制限用法〉の関係代名詞は〈接続詞＋代名詞(系列語)〉に分解できる．すなわち ①ⓑ は . . . Mr. Tanaka, **because he** . . . に，②ⓑ は . . . a sheet of paper, **and** he cut **it** . . . に，③ⓑ は . . . Kyoto, **and there** . . . に書きかえられる．

N.B. 2. 〈非制限用法〉の関係代名詞は，前文全体を代表することがある．そのときは〈文の前半部〉が〈先行詞の代り〉となるのであって特定の先行詞を持たない．

They announced their engagement quite suddenly, **which** was a great surprise to us all.
(彼らはまったく突然に婚約を発表した．そのことは，われわれすべてにとって大きなおどろきであった)

§91 who, which

who は〈人〉にのみ用いられる．

主　格——That is the man **who** teaches me.
[あの人が私を教える——という関係]

所有格——That is the man **whose** son I teach.
　[あの人のむすこを私が教える——という関係]

目的格——That is the man **whom** I teach.
　[あの人を私が教える——という関係]

which は人以外の〈動物〉,〈無生物〉にのみ用いられる.

主　格——the river **which** flows through the city
　(市を貫流する川——川が流れる)

所有格——a river {**whose** banks / the banks **of which** / **of which** the banks} are covered with trees
　(両岸に木がはえている川——川の両岸)

目的格——the river **which** we crossed
　(われわれが渡った川——川を渡る)

限定詞——He spoke to me in French, **which** *language* I do not understand.
　(彼は私にフランス語で話した,その言語は私にはわからないのだが)

N.B. 所有格の関係代名詞にはつぎのような種々の〈語順〉がある.

a proverb **whose meaning** I do not understand
a proverb **of which** I do not understand **the meaning**
a proverb **the meaning of which** I do not understand
a proverb **which** I do not understand **the meaning of**
(私に意味のわからぬことわざ)

who, which は〈制限〉,〈非制限〉の両方に用いられる.〈非制限用法〉のときは who, which の前にコンマをおく.

制　限	非 制 限
Mr. A is the man **who** taught me English. (A さんが私に英語を教えた人です)	I lived with Mr. A, **who** taught me English. (私は A さんの家に同居して,同氏に英語を教わりました)
I want a book **which** is both easy and interesting. (私はやさしくておもしろい本がほしい)	I will lend you this book, **which** is both easy and interesting. (君にこの本を貸そう,やさしくておもしろいよ)

There I met a gentleman **whose** name was William.（そこで私はウィリアムという名前の紳士に会った）

There I met Mr. Richard, **whose** recent book is now a best-seller.（そこで私はリチャードさんに会った，彼の最近の本はいまベストセラーだ）

That is the man **whom** I met in the train.（あれが私が列車で会った人です）

The maid announced a visitor, **whom** I had shown in*.（メイドが客を取りついだから，へやに通させた）

N.B.　前置詞は whom, which のすぐ前につくのがふつうであるが，また離してうしろのほうへまわすこともある．ただし all of, both of, some of, many of, one of などは必ず whom, which の前に出る．

Is this the man {**of whom** you spoke / [**whom**] you spoke **of**} the other day?
（これが先日お話しの方ですか）

This is the house {**in which** I live. / [**which**] I live **in**.}（これが私の家です）

He has three daughters, **all of whom** are married.
（あの人は娘が 3 人あるが，みな結婚している）

§92　that

that は〈人〉〈動物〉〈無生物〉のいずれにも用いられる．that は〈制限的用法〉のみを持つ．ゆえに that は，〈制限的用法〉の who, which に代用することができる．

I want a man **who** (*or* **that**) understands English.
（英語のできる人がほしい）

This is the man **whom** (*or* **that**) I met at my uncle's.
（これがおじさんの家で会った人です）

I wish to read a book **which** (*or* **that**) is both easy and interesting.
（私はやさしくておもしろい本が読みたい）

N.B.　that は whose の代りには用いられない．また that の前に前置詞を置くことはできない．たとえば of that のような形が必要になったとき，必ずこれを of which (*or* whom)とする．つぎの文を比較せよ．

---

* have. . . shown in = 取りつぎの人に. . . を案内させる．

the man {**of whom** you spoke / **whom** you spoke **of**} / the man you spoke **of** }（あなたのお話しになった方）

the man **that** you spoke of とか the man **of that** you spoke とかいう形はない．

that は who, whom, which の代りに用いられることは上述のとおりであるが，つぎのような場合には that のほうを用いるのが通例である．

(1) 先行詞が形容詞の最上級を伴う場合

He is *the greatest poet* **that** Japan has ever produced.
（彼は日本の生んだ最大の詩人だ）

This is *the most* interesting *story* **that** I have ever heard.
（これは私がいままで聞いたうちでもっともおもしろい話です）[こんなおもしろい話をきいたことがない]

(2) 先行詞が，最上級に準ずるような〈強い特定〉をあらわす語句を含む場合

He was the *first* man **that** arrived.
（彼が第1着であった）[着いた，最初の人]

You are the *only* person **that** can do it.
（あなたは，それをやれる，ただひとりの人です）

This is the *same* watch **that** I was shown yesterday.
（これは私がきのう見せてもらった，その時計です）[同一]

Cf. This is the *same* watch *as* I was shown yesterday.
（これは私がきのう見せてもらったのと同じ(型の)時計です）[同種]

All **that** glitters is not gold.
（かがやくもののすべてが金とは限らない）[部分否定]

No man **that** has common sense can believe such a thing.
（常識を持つ人はだれもそのようなことを信ずることはできない）

N.B. 1. §58 で述べた〈強調構文〉〈It is . . . that . . .〉の中の that も関係代名詞であって，その先行詞は it であるが，この場合に限り関係代名詞の人称・数は〈先行詞〉と一致せず，〈It is . . . の〈. . .〉の所にくる語〉と一致する[もちろん〈. . .〉の所へ副詞句等がくる場合は問題とならない]．

It is *I* **that** *am* to blame.

N.B. 2. 先行詞が〈人＋もの〉であるときは that を用いる.

The train ran over *a boy* and *his dog* **that** were just crossing the track.

(列車はちょうど線路をわたっていた少年とその犬とをひいた)

§93 関係代名詞の省略

制限的用法の関係代名詞が目的格であるときこれを省略することができる. 口語体では, 省略するほうがむしろふつうである.

Is this the book ∧ you want to read?

(これが, あなたの読みたい本ですか)

Is this the lady ∧ you spoke of the other day?

(この方が, あなたが先日お話しになったご婦人ですか)

§94 what

what は「[. . . である] ところのもの」の意味の代名詞であるから, それ自身で〈先行詞＋関係代名詞〉のはたらきをする. すなわち,

what＝*that* **which**, or *the thing(s)* **which**, or *all* **which**

と書きかえることができる.

Can you deny **what** they are saying?

(あなたは彼らがいっていることを否定できますか)

He saves **what** he earns.

(彼はもうけるだけのものを[すべて]貯めておく)

I gave him **what little money** (＝the little money which) I had.

(私はなけなしの金を彼にやった) [関係代名詞としての what が限定詞になることはきわめて少なく, この文のような場合に限られる]

§95 関係代名詞 対 疑問代名詞

つぎのような2文があるとする.

① I know the man **who did it**. (それをした男を知っている)

② I know **who did it**. (だれがそれをしたかを知っている)

この①では who は関係代名詞であり, その先行詞は the man である. ところが②は先行詞にあたるものがないことでわかるよ

うに，これは Who did it? という文を know の目的語の位置に入れた〈従属疑問文〉である [→§87 N.B., §180.3 (2)]．ゆえに②の who は疑問代名詞である．

ここまではわかりよいが，what となると，それ自身が〈先行詞を含んだ関係代名詞〉であるから，これと，〈疑問詞の what (なに?)〉と見分けがつけにくいこともある．この場合は，日本語で，ともかく「なに...?」と訳せる場合は疑問代名詞ととり，どうしても「なに...?」と訳せない場合は関係代名詞であると，とればよい．

Tell me **what you have** in your hand.
(手に何を持っているかを教えてください) [疑問代名詞]
Give me **what you have** in your hand.
(手に持っていらっしゃるものを私にください) [関係代名詞]

I will ask him **what has happened**.
(何が起こったのかを彼にきいてみよう) [疑問代名詞]
What has happened, has happened.
(起こったことは，起こったことなのだ――いまさら，どうしようもない) [関係代名詞]

§94 にあげてある例文中の what はどうしても「なに...?」と訳せないことは明らかであろう．

Exercise 6

(1) 例にならってつぎの〈X 疑問〉を〈Yes–No 疑問〉に転換せよ．

《例》 **Who** said so? → **Did anyone say** so?

1. **Where** did he go?
2. **What** happened?
3. **Who** did you send it to?
4. **What** did he say?
5. **What** book did you read?
6. **Where** did you see him?

7. **Who** was absent yesterday?

(2) つぎの各文が〈答え〉になるような〈X 疑問〉の文を作れ．ただし，斜体字の語を疑問詞でおきかえよ．

1. Tom left his bags *at the door of my house.*
2. *Tom* left his bags at the door of that house.
3. Tom was absent yesterday *because he was ill.*
4. Tom wanted *to study French.*
5. They opened the door *with the master-key.*

(3) つぎの各文には，それぞれ 2 つの基底文がある．これを関係詞で結合して，それぞれ 1 文とせよ．ただし，斜体字の語句を〈先行詞〉としてえらぶこと．

1. *My brother Tom* will return to England next month. He has been living in India for the last three years.
2. *The film* was very interesting. We saw it at the ABC Hall yesterday.
3. The *man* is my brother. You borrowed his umbrella yesterday.
4. *Mr. and Mrs. Smith* have a daughter named Mary. They live in Baker Street.
5. This is a picture of *the town.* We have a branch-office in the town.
6. *My office* is very large. It is in a new building.
7. The ladies went to the theater in a car. This is *the car.*
8. *The church* is the most beautiful building in the village. It was built in the fifteenth century.
9. *These photographs* will show you what Kurashiki looks like. I took them last summer.
10. *This dictionary* is very useful. I bought it in London last year.
11. *These LP records* play for 25 minutes. You heard one of them just now.
12. I walked to *Ginza.* I had an appointment to meet her there at six.

3. 形 容 詞

A. 総　　論

§96 形容詞

形容詞とは，名詞・代名詞であらわされたものについて，それが〈どんなふうであるか〉を示す．すなわち，ものの性質・数量などを示す語である．

① a **good** pen (よいペン)
　 a **large** city (大きい都市)

② This pen is **good**. (このペンはよい)
　 This city is **large**. (この都市は大きい)

この①のように「どんな...」の〈どんな〉という位置にきて，直接〈名詞〉につく用法を**付加的用法** (Attributive use) といい，②のように「...は〈どんなふうで〉ある」の〈どんなふう〉という位置にくる用法を**述語的用法** (Predicative use) という．

形容詞をつぎの3種類にわける．

(1) 代名形容詞＝限定詞 [本書では以下〈限定詞〉という]

(2) 数量形容詞

(3) 性質形容詞

このうち (1) については §24, §50, §64～§79 で述べた．この章では (2) と (3) について研究する．

B. 数 量 形 容 詞

§97 many, much, few, little

ばくぜんと「多い」「少ない」をいうには，数については many,

few を用い，量については much, little を用いる．ただし，口語で「たくさんある」という〈肯定文〉を作るときは many の代りに a lot of ということが多い．

Many books have been written on the subject.
（その問題については多くの本が書かれている）

John has **a lot of** toys, but Mary does not have **many** (toys).
（ジョンはおもちゃをたくさん持っているが，メアリは多くを持っていない）

We have had **much** snow here this winter.
（ことしの冬はここでは雪が多かった）

「少し」を意味する few, little については，**a** のあるなしによって，つぎのように区別する．

a few, **a** little——少しはある［＋の気持ち］
(very) few, (very) little——少ししかない［－の気持ち］

プラスの意味	**マイナスの意味**
He has made **a few** mistakes in his composition.（彼は作文の中に少々まちがいをした）	He has made (**very**) **few** mistakes in his composition.（彼は作文の中に，ごく少ししかまちがいをしなかった）
There is **a little** wine left in the bottle.（ビンの中にぶどう酒が少々残っている）	There is (**very**) **little** wine left in the bottle.（ビンの中にぶどう酒はごく少ししか残っていない）

これから考えて not a little は「少なからず → たくさん」の意味であり，only a little, just a little は「ほんの少しだけある」の意味であることがわかる．

I was **not a little** surprised.（私は少なからずおどろいた）

He got a large sum of money, but he is going to spend **only a little.**
（彼は巨額の金を得たが，ほんのわずかだけを使うつもりのようだ）

How much water shall I put in?—**Just a little**, please?
（水をどのくらい入れましょうか?——ほんの少しだけください）

§98.0　数詞

数をあらわす語を**数詞** (Numeral) という．これをつぎの2種類に分ける．

(1)　基数詞——1, 2, 3,. . .10,. . .100 など

(2)　序数詞——1番目，2番目，3番目など

§98.1　基数詞

〈1から15まで〉の数詞は，あげるまでもないが，念のため書き出してみよう．

1＝one	6＝six	11＝eleven
2＝two	7＝seven	12＝twelve
3＝three	8＝eight	13＝thirteen
4＝four	9＝nine	14＝fourteen
5＝five	10＝ten	15＝fifteen

さて，twenty (20) から ninety (90) までの10位の数に1位の数を加えるには**ハイフン** (hyphen) を用いて，たとえば twenty-one (21), twenty-two (22), thirty-four (34), forty-one (41), ninety-nine (99) のように記す．

また，hundred のつぎには and を入れ，hundred の位を欠く数のときは，thousand のつぎに and を入れて読む．

139—one hundred **and** thirty-nine
205—two hundred **and** five
1,028—one thousand **and** twenty-eight
3,005—three thousand **and** five

N.B.　とくに正確を要しない場合は **one** hundred の代りに **a** hundred というのが通例である．前者は，たとえば銀行などでいう「一百」にあたり，後者はただ「百」というのにあたる．しかし **one** thousand が通例で **a** thousand は少ない．ただし，ばくぜんと **a** thousand pities (たいへん残念) などということはある．million (100万) には **one, a** のどちらをつけてもよい．

§98.2　位どり

大きな数を読むときに，日本語では，4ケタ単位で読んで，「万」

「億」などを区切りの単位におくが，英語では3ケタ単位で読んで，thousand (1000), million (100万) が区切りの単位であるから，注意を要する．いまここに9ケタの

1 2 3 4 5 6 7 8 9

という数があるとする．すると，日本語では

1 ↓ 2 3 4 5 ↓ 6 7 8 9
億　　　　　万

となるが，これが英語では

1 2 3 ↓ 4 5 6 ↓ 7 8 9
million **thousand**

であるから，〈one hundred and twenty-three〉**million,**〈four hundred and fifty-six〉**thousand,**〈seven hundred and eighty-nine〉となる．

ゆえに〈123, 456, 789〉と3ケタごとに**コンマ** (comma) を打つのは英語のスタイルにあわせたもので，日本人むきではない．

§98.3 年号などの読み方

年号は通例，〈2ケタ〉ごとに区切って読む．たとえば〈**1752**〉は〈17|52〉，すなわち〈seventeen fifty-two〉となる．ただし〈3ケタ〉のときは正規に読む——**821** を〈eight hundred and twenty-one〉と読む——ことが多い．「紀元前」は〈**44** B.C.〉のようにして示す．この B.C. は Before Christ の略で「キリスト以前」を意味する．これに対し，とくに紀元後を示したいときは，数字の前に A.D. をおく．この A.D. は Anno Domini というラテン語の略である．すなわち A.D. **531** のようになる [B.C. は数字のあとに記す．A.D. は数字の前でも，あとでもよい]．

電話番号の場合は数字を棒読みにする．ただし，0 は [ou] と読む．

2703 two seven 0 [ou] three　　5023 five 0 [ou] two three

小数の場合は小数点を point と読み，そのあとを棒読みにする．

2.56 two point five six　　14.2 fourteen point two

§98.4　序数詞

序数詞とは first (第1, 1番目), second (第2, 2番目) のように順序を示す語である. 以下主要なものをその略字体とともに示す. この略字体は〈日付〉などに用いられるものであるが, 〈なんでも -th をつける〉というわけにはいかないから, 細部によく注意してほしい.

1	first	**1st**	12	twelfth	12th
2	second	**2nd**	13	thirteenth	13th
3	third	**3rd**	20	twentieth	20th
4	fourth	4th	21	twenty-first	**21st**
5	fifth	5th	22	twenty-second	**22nd**
6	sixth	6th	23	twenty-third	**23rd**
7	seventh	7th	30	thirtieth	30th
8	eighth	8th	50	fiftieth	50th
9	ninth	9th	60	sixtieth	60th
10	tenth	10th	90	ninetieth	90th
11	eleventh	11th	101	one hundred and first	**101st**

序数詞は, the をつけて, つぎのように用いられる.

the **second** page=page two ([第] 2 ページ)
the **fifth** chapter=chapter five (第5章)
[Queen] Elizabeth II ([Queen] Elizabeth **the Second**)
(エリザベス2世)
the **first** Prize (1等賞)
the **first** and the last (最初と最後)
the **third** semester* (第3セメスター) [2年目の第1学期]
the **fiftieth** year of Showa (昭和50年)

N.B. 1.　**a** third, **a** fourth . . . については §70 参照.

N.B. 2.　「何番目」という疑問の序数詞は英語にない. したがってつぎのようにいう.

What number President was Lincoln?
(リンカーンは何番目の大統領か)

---

* semester とは1学年を2学期に分けたときのひとつをいう.

序数詞はまた分数をあらわすのにも用いる.

$\frac{1}{3}$ = one-third　　$\frac{2}{3}$ = two-thirds

$\frac{4}{5}$ = four-fifths　　$\frac{5}{7}$ = five-sevenths

$2\frac{1}{5}$ = two and one-fifth　　$\frac{3}{8}$ = three-eighths

ただし, $\frac{1}{2}$ は常に half といい, $\frac{1}{4}$ は通例 a quarter という.

〈時間〉についてこれらを用いるとつぎのようになる.

It is **half** past eight.=It is eight thirty. (8時30分です)

It is **a quarter** to eight.=It is seven forty-five.
(7時45分です) [8時15分前]

また,〈分母の大きい分数〉や,〈文字による分数〉はつぎのように〈分子 over 分母〉と読む.

$\frac{13}{15}$ = thirteen over fifteen　　$\frac{2a}{y}$ = twice *a* over *y*.

N.B. この twice は「2倍」の意味. つぎを比較せよ.

	twice	three times	four times
倍数	2 倍	3 倍	4 倍
頻度	2 度 (2 回)	3 度 (3 回)	4 度 (4 回)

C. 性質形容詞

§99　性質形容詞を作る接尾辞

性質形容詞は, little, big, old, young, good, bad などであるが, こういう本来の形容詞のほかに, 名詞から派生した形容詞がある. それらは -ful, -less, -y, -ic, -ical, -al, -ive, -able, -ible, -ish などの接尾辞を持つ. このうち -ful と -less とは反意語[意味が反対になる語]の組を作る.

use**ful**（有用な）	use**less**（無益な）
help**ful**（協力的な）	help**less**（どうにもならない）
faith**ful**（忠実な）	faith**less**（不忠実な）

以下若干の語を例示する.

cloud**y**（くもりの）	rain**y**（雨の）	storm**y**（あらしの）
nation**al**（国民の）	internation**al**（国際的）	voc**al**（声の）
graph**ic**（グラフの）	democrat**ic**（民主的）	scientif**ic**（科学的）
dynam**ic**（力づよい）	romant**ic**（ロマンティックな）	atom**ic**（原子の）
comic**al**（喜劇の）	practic**al**（実用的）	historic**al**（歴史的）
physic**al**（物理的）	music**al**（音楽の）	chemic**al**（化学の）
act**ive**（能動の）	pass**ive**（受動の）	decis**ive**（決定的な）
nat**ive**（土着の）	progress**ive**（進歩的）	dat**ive**（授与の）
suit**able**（適した）	port**able**（ポータブルの）	remark**able**（いちじるしい）
child**ish**（こどもっぽい）	book**ish**（学者ぶった）	redd**ish**（赤味がかった）

N.B. 1.　固有名詞から派生した形容詞については p. 12 の〈一覧表〉を見よ.

N.B. 2.　学問の名前には -ics また -ic で終わるものが多いが，これらはすべて〈名詞〉である.

physics（物理学）	mathematics（数学）
electronics（電子工学）	logic（論理学）
rhetoric（修辞学）	

§100　形容詞と名詞

形容詞と名詞とはその用法が非常に接近する. 日本語でも「その本の表紙は黒だ」というとき,「表紙は黒い」という形容詞なのか「表紙の色は黒色だ」という名詞なのか判別しにくいであろう. したがって〈名詞↔形容詞〉の間に用法の交流が起こるのは自然である. いろいろな場合を列挙しておく.

(1)　物質の名

gold, silver, copper は形容詞としても用いられる.

silver spoon（銀のサジ）	gold watch（金時計）

(2) 〈名詞＋名詞〉

日本語で〈夏休み〉とは〈夏の→休み〉であり，〈自動車運転免許証〉とは〈自動車の→運転の→免許の→証明書〉である．これと同様に前の名詞がつぎの名詞に対して形容詞としてはたらく．

station master (駅長)　　evening paper (夕刊新聞)
Sunday school (日曜学校)　　police station (警察署)
radio program (ラジオ番組)　　picture book (絵本)
fan letter (ファン・レター)　　night watch (夜警)

N.B. 前半の名詞が動名詞である例は §285 参照.

(3) 〈the＋形容詞〉

(a) 複数の〈人々〉の意味.

the **rich** (金持ち [の人々])　　the **old** (老人たち)

(b) 抽象名詞となる.

the **beautiful** (美)　　the **good** (善)

(c) ものの部分.

the **white** of the eye (目の白いところ)
the **yellow** of an egg (たまごの黄味)
the **middle** of a river (川の中流)

§101 計量用法の性質形容詞

すでに How old? (何歳?) How long? (どれだけの長さ，または距離?) などの用法を説明した [→§86]．その答えはつぎのようになるであろう．

① **How old** are you?　　I **am fifteen years old.**
(君はいくつですか——15 歳です)

② **How long** is that stick?　　It **is two meters long.**
(その棒の長さはどのくらいか——2 メートルだ)

この問答で問題になっている性質とは，それぞれ〈年齢〉〈長さ〉である．したがってここの old, long は「としより」「長い」という意味を持っていない．このことは

①′ Tom is now old.　　　Tom is an old man.
(トムはいまやとしよりだ——トムは老人だ)

②′ It is a long letter.　His speech was very long.
(それは長い手紙だ)(彼のスピーチはたいへん長かった)

などとくらべてもわかる.

便宜上，old にしぼって ① と ①′ とを比較説明しよう．人の一生をかりに 100 年として，これを〈ものさし〉の形にあらわし，〈ものさし〉のように，各年ごとに〈目もり〉をつけたとしよう．さらに〈30 歳以下〉は young (若い)，〈70 歳以上〉は old (老齢) としよう．するとつぎの図のようになる．

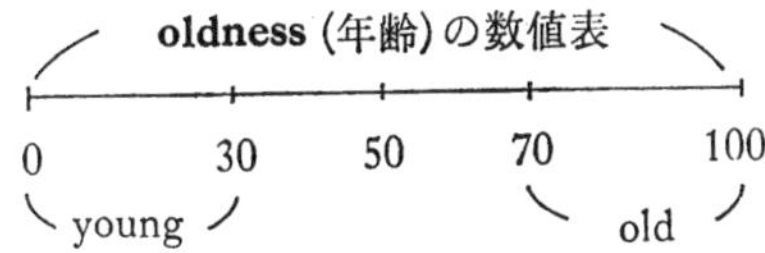

こうしてみると，① の old は上の **oldness** (年齢) に対応するものであり，人は生きている以上，〈何ほどかの oldness〉を持っていると考える．すなわち，生後 1 日の赤ちゃんは He is one day **old**. (生まれて 1 日) といえるし，読者がいま 15 歳であるなら，読者は自分で自分のことを I am fifteen years **old**. (私は 15 歳です) というであろう．この old が下の〈70～100〉の間に記した old (老齢) という意味でないことは明らかである．このように〈数値とともに〉，〈**年齢，長さ，大きさなどがどの目もりまで進んでいるか**〉を示す形容詞は，単独でその語を用いた場合とは，ちがった意味に用いられる．このような，つまり上の太字のような用法を〈計量用法〉という．つぎの各例の形容詞は〈計量用法〉である．

My little brother is **five years old**. (私の弟は 5 歳です)

This map is **three feet long,** and **two feet wide**.
(この地図はたて 3 フィート，よこ 2 フィートです)

My watch is **five minutes fast.** (私の時計は 5 分進んでいます)

You are **two minutes late**. (あなたは 2 分間の遅刻ですよ)

このようにしてみると〈計量用法〉というのはあまり多くの例がないように見えるかもしれない．ところが，これは §102 以下で述べる，〈比較〉の話と深い関係があるのである．すなわち，上で〈計量用法〉は〈数値とともに〉あらわれるといったが，〈比較をあらわす文〉においては，〈数値にあたるもの〉として〈ほかのものの程度〉を用いるのであって，これは実質的に〈数値を与えるのと同等〉であるからである．たとえば「私は彼と同じ年だ」，「私は彼よりも年が上だ」などの文を英訳すると I am as **old** as he. とか I am **older** than he. とかいうように形容詞を用いるが，このときの old は，〈彼が 10 歳とすれば，私も 10 歳だ〉〈私は 10 歳を越えている〉などをあらわすのであるから，実質的には数値を与えたことになり，また意味からいってもこの old が〈計量用法〉であることは明らかである［「私はとしよりだ」とはいっていないのであるから］.

したがって，これからあと，形容詞・副詞の〈比較〉を研究するとき，〈計量用法〉のことを念頭におく必要がある．

§102　比較の 3 級

形容詞は性質の程度をあらわすために形を変える．これを形容詞の**比較** (Comparison) という．

比較は 3 級にわける．

(1)　**原級** (Positive degree)

他のものと比較せずに性質・数量をあらわす．

The lion is **strong**. (ライオンは強い)
This flower is **beautiful**. (この花は美しい)

(2)　**比較級** (Comparative degree)

2 個のものについて〈一方が他方よりも程度が上〉ということをあらわす．この「より(も)」は than であらわす．

The lion is **stronger** than the tiger. (ライオンはとらよりも強い)
This flower is **more beautiful** than that (flower).
(この花はあの花よりも美しい)

(3) **最上級** (Superlative degree)

3個以上のもののうち〈それが最大の度合いを持つ〉ことをあらわす．

The lion is **the strongest** *of* all animals.

(ライオンはすべての動物の中でいちばん強い)

This is **the most beautiful** flower I ever saw.

(こんな美しい花ははじめて見た) [今までに見た花のうちでもっとも美しい]

N.B. 上の (2), (3) は相対的に見た優劣をいうのであるから，必ずしも，その性質の程度が〈絶対的に〉すぐれていることをいうわけではない．たとえば John is **older than Mary.** は，「ジョンはメアリよりも年が上だ」ということをあらわすだけであって，〈ジョンが12歳，メアリが10歳〉という場合もありうる．そして，〈ジョンが12歳〉の場合に，John is old. (ジョンはとしよりだ)とはいえない．つまり，older とはいえても，old とはいえない場合があるのだから，〈比較級は原級よりも程度が上だ〉ということにはならない．

この点をよく考えるならば，形容詞の〈原級〉と〈比較級・最上級〉とは異質の概念であることがわかる．すなわち，〈原級〉は，その形容詞の一般用法であり，〈比較級・最上級〉はその〈計量用法〉である．したがって long についていうと下図の左側は誤りであり，正しくは下図右側のように理解すべきである．

[誤]

long ______

longer __________

longest ______________

[正]

long { ______________

short { _______

{A is longer. / B is shorter.}　A ______________　B _______

{A is the shortest. / C is the longest.}　A _______　B __________　C ______________

§ 103　-er, -est による比較級・最上級

(1) 1音節の形容詞および少数の2音節形容詞は語尾に **-er, -est** をつけて比較級・最上級を作る．

原 級	比較級	最上級
tall (高い)	tall**er**	tall**est**
great (大きい)	great**er**	great**est**
narrow (狭い)	narrow**er**	narrow**est**
pleasant (愉快な)	pleasant**er**	pleasant**est**
profound (深遠な)	profound**er**	profound**est**

(2) 語尾に発音されない **e** がある場合は，それを除いて **-er, -est** をつける.

larg**e** (大きい)	larg**er**	larg**est**
fin**e** (美しい)	fin**er**	fin**est**
wis**e** (賢い)	wis**er**	wis**est**
nobl**e** (貴い)	nobl**er**	nobl**est**

(3) 語尾が1個の子音字で終わり，その前に短母音があるときは，その子音字を重ねてから **-er, -est** をつける.

big (大きい)	big**ger**	big**gest**
hot (熱い)	hot**ter**	hot**test**
thin (薄い)	thin**ner**	thin**nest**

(4) 語尾が **y** でその前に子音があるときは **y** を **i** に変えてから **-er, -est** をつける.

easy (容易な)	eas**ier**	eas**iest**
happy (幸福な)	happ**ier**	happ**iest**
merry (陽気な)	merr**ier**	merr**iest**

§104 more, most によるもの

-ful, -less, -able, -ous, -ive, -ing などの語尾をもつ2音節形容詞および3音節以上の形容詞は **more, most** をつけて比較級，最上級を作る.

skillful (熟練した)	**more** skillful	**most** skillful
useless (無用な)	**more** useless	**most** useless
famous (有名な)	**more** famous	**most** famous
active (活ぱつな)	**more** active	**most** active
interesting (おもしろい)	**more** interesting	**most** interesting
diligent (勤勉な)	**more** diligent	**most** diligent

§105 不規則な比較級・最上級

原　級	比較級	最上級
good (よい) / well (健全な)	**better**	**best**
bad (悪い) / ill (病気の)	**worse**	**worst**
many (数の多い) / much (量の多い)	**more**	**most**
little (量の少ない)	**less**	**least**
old (老いた)	older	oldest
	elder	**eldest**
late (おそい)	later	latest
	latter	**last**
far (遠い)	farther	farthest [距離]
	further	**furthest** [程度]

形容詞としての **well** は，〈述語的用法〉のときのみ比較級があって，〈付加的用法〉のときは比較級はない．

Is he in **good** health? (彼は健康ですか)
He was never in **better** health. (いままでにないほど健康です)

Is he **well**? (彼は元気ですか).
He has been ill since a few days ago, but he is a little **better** today.
(彼は 2, 3 日前から病気だが，きょうは少しよい)

a **well** man (健康な人) [**well** の〈付加的用法〉は少ない]

elder, eldest は家族関係で長幼を示す場合〈付加的用法〉にのみ用いられる．

My **elder** brother is three years **older** than your younger sister.
(私の兄は君の妹さんより 3 つ年上です)
His **eldest** son is the **oldest** student in our school.
(あの人の長男は，私たちの学校でいちばん年長の生徒です)

later, latest は〈時〉を示し，**latter** (後者の), **last** (最後の) は〈順序〉を示す．later, latest はつぎのように用いる．

He arrived a day **later.** (彼は1日おくれて着いた)
This is the **latest** fashion in Paris.
(これがパリの最新のファッションです)

N.B. 1. 比較級の「...よりも」は一般に than であるが，つぎに記すような語は，ラテン語からきた語で，比較の意味がその語義の中に含まれており，この場合は than の代りに to を用いる．

A is **superior to** B. (A は B よりすぐれている)
A is **inferior to** B. (A は B より劣っている)
I **prefer** A **to** B. (私は B よりも A が好きだ)

N.B. 2. 複合形容詞の比較はつぎのようになる．

well-known (有名な)	**better**-known	**best**-known
fine-looking (顔の美しい)	**finer**-looking	**finest**-looking
kind-hearted (親切な)	**more** kind-hearted	**most** kind-hearted

§106.1 as...as 型比較

〈A is as...as B〉(A は B と同程度に...である)という型の〈比較〉を〈同等比較〉という．このとき as...as の部分のはたらきは，思ったよりも複雑である．なぜかというと〈...〉のところの形容詞は〈原級〉であるから，これは形容詞の一般用法 [大きい，としより，など] に通ずる．しかし，as というのは〈比較〉をあらわすから，比較級や最上級と同じように，形容詞の〈計量用法〉[大きさ，年齢，など]にも通ずる．したがって

This is **as big as** that.

というだけでは

① これは，**あれと同じ大きさ**だ．　[計量]
② これは，**あれと同じように大きい**．[一般]

のどちらであるか，決めることはできない．これを決めるためには，この場合，this, that のさすものが何であるかを知り，その文の前後の関係を知らなければならない．ただ，原則的にいえば〈大きさ〉〈長さ〉〈はば〉〈年齢〉など，数値で示せるような——つまり，ものさしで計れるような——性質をあらわす形容詞は〈計量用法〉が多く，そのほかの，happy とか good とかい

うような，数値で示せないような性質の形容詞は〈一般用法〉が多い．したがって，一般的にはつぎのように訳す．

① John is **as tall as** Tom.
　（ジョンはトムと同じ身長だ）[計量]
② John is **as diligent as** Tom.
　（ジョンはトムと同じように勤勉です）[一般]

① I am just **as old as** your little sister.
　（私はあなたの妹さんとちょうど同じ年齢です）[計量]
② I am **as willing as** your little sister.
　（私はあなたの妹さんにおとらず意欲的です）[一般]

§106.2 not so...as と not as...as

つぎに〈as...as 型比較〉の否定，すなわち「A は B と同程度に...でない」の表現を考えてみよう．この場合も複雑なルールがあり，また not や as や〈...〉のなかにはいることばの持つアクセントにも関係するのであるが，ここではごく大まかな原則だけを述べておく．それは

(1) 計量用法の場合は **not so...as**

となり

(2) 一般用法の場合は **not as...as**

となることが多いということである．したがってつぎのように訳す．

① John is **not so tall as** Tom.
　（ジョンにはトムだけの身長はない）[計量]
② John is **not as diligent as** Tom.
　（ジョンはトムのように勤勉でない）[一般]

① I am **not so old as** your little sister.
　（私はあなたの妹さんより年下です）[計量]
② I am **not as willing as** your little sister.
　（私はあなたの妹さんのように意欲的ではない）[一般]

N.B. 1. 〈大きさ〉〈年令〉をあらわす語であっても，〈たとえ〉の中に持ち出されたときは〈一般用法〉である[〈たとえ〉は〈比

較〉ではない].

He is **as old as Methuselah.**

において Methuselah というのは聖書中に出てくる長命の人物で，この文は，多少ふざけてたとえたので，この意味は「彼はメスーゼラのようなとしよりだ」である．したがって否定も He is not as old as Methuselah. (彼は，メスーゼラのような，としよりではない)となる[「彼はメスーゼラより年が若い」とはならない]．同様に

He is **as busy as a bee.** (彼はとっても忙がしい)

も，彼をミツバチにたとえたのであって，むろん busy は一般用法である．

N.B. 2. such a large country as the U.S.A., a large country such as the U.S.A. は「アメリカのような大きい国」であって，これは「大きい国」の例としてアメリカを出したのである．このときの large は〈一般用法〉である．これを so を用いていうと，

so large a country **as** the U.S.A.＝a country **so large as** the U.S.A.

となる．たとえば

It is difficult to find out a person in **a country so large as** the U.S.A.

(アメリカのような大きい国で人ひとり探しあてるのは困難だ)

を見ればよくわかるとおり，これは〈アメリカと同じ大きさの別の国〉のことをいっているのではなくて，〈アメリカは大きい国だからアメリカでは...〉ということをいっている．つまり，これは〈比較〉でなくて〈例示〉である．このような〈例示〉の場合，肯定文で **so . . . as** となる．そしてこのときの〈. . .〉にはいる形容詞は一般用法である．そこで一般用法であってもつぎのちがいがある．

{ⓐ a lady **so beautiful as** Cleopatra [例示]
 ⓑ a lady **as beautiful as** Cleopatra [比較]

ⓐは「クレオパトラのような美人[は，人気がある，など]」の意味，ⓑはだれか Mary のような〈別の人〉について，〈それがクレオパトラと同じように美しい〉といっているのである．

§107 比較の種々相

比較級・最上級・同等比較の典型的な例をあげておく．なお，〈形容詞の最上級には **the** をつけて〉用いる．

Mt. Fuji is **higher than** Mt. Tsukuba.

(富士山は筑波山よりも高い)

Mary is **more beautiful than** her elder sister.
　(メアリは姉よりも美しい)
The day is getting **longer and longer**.
　(日がだんだん長くなっていきます)
Which is taller, John or Tom?—John is **the taller of the two**.
　(ジョンとトムと，どちらが背が高いか?——ジョンのほうが，2人のうちで背が高い) [the taller=the taller one]
This is **the best story that** he has ever written.
　(これは彼がいままで書いたうちでいちばんよい物語です)
Newton was **one of the greatest men that** ever lived.
　(ニュートンは古今東西の人物の中でもっともえらい人のひとりだ)
John is **the tallest of** all.
　(ジョンはみんなのうちでいちばん背が高い)
the **best seller** (ベスト・セラー)
the **best ten** (ベスト・テン) [最上位の10人]
Is he getting **better**?—No, I'm afraid he is getting **worse**.
　(ジョンはよくなりつつありますか?——いいえ，どうも悪くなっていくようです) [病気について]
The business is in **the worst condition.**
　(商売は最悪の状態だ)

N.B. 1.

① Mt. Fuji is **the highest mountain** in Japan.
② Mt. Fuji is **higher than any other mountain** in Japan.
③ **No mountain** in Japan **is higher than** Mt. Fuji.
④ **No (other) mountain** in Japan is **so high as** Mt. Fuji.
　(富士山は日本でもっとも高い山です)

上の ①, ②, ③, ④ を比較すれば，〈最上級〉の意味をあらわすのには最上級による方法だけでなく，〈比較級〉，または〈原級[同等比較の否定]〉による文でも可能なことがわかる．これは，日本語でも〈「彼がいちばん強い」=「彼はほかのだれよりも強い」=「彼より強いものはない」=「彼ほど強いものはない」〉となるのであるから，きわめて当然である．ただ，この種の書きかえの中の other の有無について一言する．② のような文では than のつぎにくる名詞に other がつくのは，りくつからいって当然である．else がつくこともある．

This is better than **anything else**.

(これはほかのどれよりもよい)

しかし, ③ のような構文 [比較級] では「〈富士山より高い山〉はない」といっているのであって, 〈富士山自身だって富士山よりも高くなれない〉のが自明であるから, 主語に No **other** mountain. . . とする必要はない. もし「富士山より高い, ほかの山はない」というと,「では富士山自身は富士山より高くなるのか」というりくつになる. したがって ③ のような構文で主語となる語には other がつかない.

④ も ③ と同様であるが, ④ [同等比較] はほかのものを持ってきて富士山と比較する気持ちであるから, このときは other がはいることもある [さらにりくつをいえば, 富士山自身は富士山と同じ高さにはちがいない].

従来, 文法書などでは, この ③, ④ において, 〈主語に必ず other をつける〉という説明が多く見られたが, それは英語の実情に即していない.

N.B. 2. 〈比較〉の問題に関しては, なお, §290, §296, §300 を参照.

Exercise 7

(1) つぎの〈数〉〈式〉などを読み, ふつうのつづりで書け.

1. 〈237,614〉 2. 〈10,356〉 3. 〈22,309,511〉

4. $\left\langle \frac{3}{15} \right\rangle$ 5. $\left\langle 3\frac{1}{2} \right\rangle$ 6. $\left\langle \frac{2a}{xyz} \right\rangle$

7. 〈3.1416〉 8. 〈1782〉[年号]

9. 〈0309〉[電話番号] 10. 〈7: 30 train〉

11. 〈cos 35°+sin 15°〉

(2) つぎの斜体字を very few, a few, very little, a little のいずれかでおきかえ, もとの文と同じ意味の新しい文を, それぞれ, 1つ作れ.

1. *Not many* women went out for work in the Meiji period.
2. We do *not* eat *much meat* in summer.
3. He has *a small number of* books on English grammar.
4. There are *not many* young men in the village.
5. I saw John *three or four* days ago.
6. I want *some* more sugar in my tea.

(3)　つぎの各文を〈比較級〉を用いる構文に書きかえよ．ただし，文頭を指定の形にして書きはじめること．

1. This ring is the most valuable thing to me.
   [① Nothing is . . .　② This ring is more . . .]
2. Tom is the handsomest boy in this class.
   [Tom is handsomer . . .]

(4)　つぎの文を英訳せよ．

1. このアンテナはあのアンテナほどの長さはない．
2. われわれは17世紀の人々のように幸福ではない．
3. もっといいのをください．
4. あなたの妹はルーシーよりもチャーミングですか．
5. だれよりも君を愛す．

(5)　つぎの文中の誤りを正せ．

1. I have money more than him.
   (私は彼よりも，かねをたくさん持っている)
2. What is highest mountain in Japan?
   (日本でもっとも高い山は何ですか)
3. I am just so old as John is old.
   (私はジョンとちょうど同じとしです)
4. What is the name of Mr. Smith's the oldest son?
   (スミスさんのいちばん上のむすこさんは何というのですか)
5. His wife is more well-known than he.
   (彼の妻は彼より有名です)

4. 冠　　詞

§108 冠詞とは

冠詞 (Article) とは，限定詞の一種であって，**a** book, **an** Englishman, **the** book, **the** Englishman などにおける **a, an, the** のことである．冠詞はそれ自身が限定詞であるから，ほかの限定詞と重複して用いることはできない．すなわち，*a this* book, *a my* friend などとはいえない．これらはつぎのように改める．

① a this book → this book (この本)

② a my friend → a friend of mine (私の友人のひとり)

この a friend of mine については §56 N.B. で説明した．

§109 不定冠詞の用法

冠詞のうち **a, an** を**不定冠詞** (Indefinite article) という．一般には a を用い，母音の前では an を用いる．

a book (本)　　**a** child (こども)

an arm (腕)　　**an** Indian (インド人)

不定冠詞については，だいたいのことは §25 ですでに述べた．以下にまとめてみる．

(1) 記述用法

あるものを分類する気持ちで記述する．

This is **a** pen. (これはペンです)

Mr. Smith is **a** teacher. (スミスさんは先生です)

(2) 導入用法

あるものをはじめて話題にするために導入する．

I saw **a** pretty girl on the way. (道できれいな女の子に会った)

There was **a** telephone call for you. (君に電話があったよ)

Once there lived **an** old man in this village.

(むかし，この村におじいさんがいました)

N.B. a **Mr.** Richard の用法は §11 で述べた．このときの a は a certain（あるひとつの）の意味である．そして，a certain を普通名詞につけると〈名前はいいたくない——秘密だが〉の気持ちを含む．

I heard it from **a certain** friend of mine.
（私はそれを私のある友人からきいたのだ）

(3) 総称用法

その種類のもの全体をあらわす［→ §25 (2), §26 (2), §27 N.B., §29 N.B. 1］．

A dog is a faithful animal.（犬は忠実な動物である）

§110 不定冠詞の特別用法

a, an には上記の一般的用法のほかに，以下の特別用法がある．

(1) 〈a＝one（数字の 1）〉の場合

a dozen（1 ダース）	half **a** dozen（半ダース）
an hour（1 時間）	half **an** hour（半時間）
a hundred (100)	**a** thousand (1000)

N.B. a hundred と one hundred については §98.1 N.B. 参照．

I shall finish it in **a** day **or two**.（一両日中にやってしまいます）

The distance is only **a** mile **or so**.
（距離は 1 マイルかそこいらしかありません）

A bird in the hand is worth **two** in the bush.
（手の中の 1 羽の鳥はやぶの中の 2 羽の値打ちがある）［ことわざ］

Do not try to do two things **at a time**.
（一度にふたつのことをするな）

In a word, he tried to be rich without working.
（一言でいえば彼は働かないで金持ちになろうとしたのだ）

The students went **in a body** to the principal.
（生徒は一団となって校長のところへ押しかけた）

(2) 〈a＝the same〉の場合

They were nearly of **an age**.（彼らはほとんど同年輩であった）

No two men are of **a mind**.
（同じ心を持つふたりの人はない）

Birds of **a feather** flock together.

(同じ羽の鳥はいっしょに集まる――友は類をもって集まる) [ことわざ]

Two of **a trade** seldom agree.

(同業のふたりが一致することはまれだ――商売がたきは仲が悪い) [ことわざ]

(3) 〈a=some〉の場合

これは §97 で〈プラスの意味〉であるとした a few, a little の中の a の意味が some の意味であるということである.

He has **a few** friends. (彼には少しは友だちがある)

He has **a little** money. (彼は少しは金を持っている)

N.B. **a** と **some** とで意味の区別を立てることがある.

Oil paintings appear to advantage **at a distance.**

(油絵は距離をおいて見ると引き立つ)

He lives **at some distance** from the school.

(彼は学校からちょっと遠い所に住んでいる)

for a time (一時) [永久 (forever) に対する]

for some time

(しばらくは) [長い間 (for a long time) に対する]

(4) 〈a=per (. . .について)〉の場合

これは〈three miles **a** second=three miles **per** second (1秒について3マイル――秒速3マイル)〉のように, 割合を示す場合である.

He gets eighty thousand yen **a** month.

(彼は, ひと月, 8万円を得る)

This wine costs eight hundred yen **a** bottle.

(このぶどう酒は1本800円する)

The train was going at the rate of 60 miles **an** hour.

(汽車は時速60マイルで走っていた)

once **a** week (1週1度)　twice **a** day (1日2回)

three times **a** year (1年3回)

sixpence **a** dozen
(=sixpence **the** dozen)　(1ダース[につき]6ペンス)

How many times **a** day do you have to take the medicine?
(1日に何回，あなたはその薬をのまなければなりませんか)

§111　定冠詞

定冠詞は常に **the** であるが，一般には，[ðə] と弱く発音し，母音の前では [ði] と [i] をひびかせて発音する．ただし，この場合も [ð] を正しく発音し，けっして，日本語の [ジー] という音になってはならない．

§112　定冠詞の用法

定冠詞の用法は §9, §26, §29 でだいたい述べた．以下これをまとめておく．

(1)　特定用法

(a)　はっきり限定されたただひとつのもの

the right (右)　the left (左)　the center (中心)
the origin (原点)　the earth (地球)　the moon (月)
the sun (太陽)　the universe (宇宙)

(b)　文脈によって，どのものかわかるようなもの

Open **the** window, please. (どうか窓をあけてください)
But **the** stove is out of order now.
(でも，いまストーブは調子が悪いんです)

N.B. 日本語で「**その**窓」「**その**ストーブ」というときは，**that** window, **that** stove のほうが適当である場合が多い．つまり，〈指示する〉気持ちを伴うときは the よりも that を用いるほうがよい．

(c)　限定語句を伴って特定されたもの

the door *of my office* (私の事務所の戸)
the branches *of that tree* (あの木の枝)
the program *of Miss Smith's rehearsal*
(スミスさんのリハーサルのプログラム)

(2)　集合用法

これは〈the+複数名詞〉の形で，その名詞のあらわすもの全

部をあらわす.

the Johnsons. (ジョンソン家の人々) [→§11 (3), (4)]

I want to see (all) the teachers of this school.

(私は本校の先生がたに会いたい) [→§29; Cf. §77]

§113.0 定冠詞の特別用法

定冠詞には上記の一般用法のほかに, つぎのような特別用法がある. それはおもに〈前置詞+**the**+名詞〉という形の副詞句を作る場合である.

§113.1 時間帯を示す句

Most beasts of prey sleep **in the daytime.**

(たいていの肉食獣は昼間眠る)

He generally goes out **in the morning** and comes home **in the evening.**

(彼はたいてい朝出て晩帰る)

Cf. I like to study **at night,** when all is quiet.

(私は夜, あたりが静かなとき, 勉強するのが好きです) [この when は関係副詞の非制限用法→§90]

§113.2 場所を示す句

The towel is drying **in the sun**. (タオルはひなたに干してある)

We rested ourselves **in the shade**. (私たちは日陰で休んだ)

I have been walking **in the rain.**

(私は雨のふる中をずっと歩いてきた)

Owls can see better **in the dark** than **in the light**.

(ふくろうは明るい所よりも暗がりでよく物が見える)

I saw a light **in the distance.** (はるか遠方にあかりが見えた)

§113.3 基準を示す句

In England meat is sold **by the pound**.

(イギリスでは肉は1ポンドいくらで売られる) [1ポンド単位で]

I have hired the car **by the hour**.

(私はくるまを1時間いくらで借りたのだ) [時間ぎめで]

これらの句はまた大きな数量をあらわすにも用いられる. つぎの文を比較せよ.

Beer is sold **by the gallon**. (ビールはガロンいくらで売買する)
He drinks beer **by the gallon**.
(彼はガロンで数えるほどたくさんビールを飲む)

We used to talk philosophy together **by the hour**.
(私たちは何時間というほど，むずかしいことを論じ合ったものだ)

§113.4　ことわざの中の語句

One apple a day keeps **the doctor** away.
(1日1個のりんごは医者を近づけない) [健康のもと]

A bird in **the hand** is worth two in **the bush**.
(手の中の1羽の鳥はやぶの中の2羽の値打ちがある) [既出]

§114.0　冠詞の省略

いままでに述べた説明に従えば当然冠詞を用いるべき場合に，無冠詞で名詞をあげることがある．これを〈冠詞の省略〉という．冠詞の省略はつぎの3つの場合に起こる．

§114.1　〈go to school〉の型

つぎにあげるような名詞が具体物をあらわさず，〈前置詞と結合して〉抽象概念をあらわす場合には冠詞をはぶく．

Is your father **at home**? (おとうさんはご在宅ですか)
He is **away from home**. (不在です)

The students are now **at school**. (生徒はただいま授業中です)
The boy has **gone to school**. (子供は学校へ勉強に行きました)

Some people sleep **at church**. (説教中眠る人がある)
He **goes to church** every Sunday.
(彼は毎日曜，教会へ礼拝に行く)

Foreigners like to talk **at table**.
(外国人は食事中に話をすることがすきだ)
I found them **at breakfast**.
(行ってみたら彼らは朝食中であった)

We sell and buy **in market**. (われわれは市場で売買する)
My mother has **gone to market**. (母は買物に行きました)

The gangsters are now **in prison**.
(ギャングの連中はいま，服刑中だ)
He was **thrown into prison**. (彼は刑務所に入れられた)

Smoking **in bed** is a bad habit.
(寝てタバコをすうのは悪い習慣だ)
It is time to **go to bed.** (もう寝る時間だ)

Are you going **on foot**? (君は徒歩で行きますか)
I am going **on horseback**. (馬で行くつもりです)

Are you going **by train** (*or* **by railway**)?
(君は汽車で行きますか)
I am going **by sea** (*or* **by water**), not **by land**.
(私は陸路を行かないで海路を行くつもりです)

Let me know **by letter**. (手紙で知らせてください)
Send the book **by mail** (*or* **by post**). (本を郵便で送ってください)

N.B. これらの例における名詞はいずれも抽象概念, すなわち, そのものの〈本来の目的〉をあらわすものといえる. たとえば at school, go to school の school はけっして「学校という建物」をさすのではない.「授業中」とか「勉強に行く」とかの抽象概念をあらわしている. したがって,〈建物〉をさすときは, 次例のように冠詞をつけねばならない.

He lives near **the school.** (彼は学校の近所に住んでいる)
I went to **the school** to see the principal.
(校長に面会のため学校へ行った)

同様に教会, 刑務所の〈建物〉をいう場合には冠詞をつける.

Do you pass **the church** on your way to school?
(君は学校へ行く途中に教会の前を通りますか)

§ 114.2 〈man and wife〉の型

2個の名詞が接続詞あるいは前置詞で密接に結合されて,〈共同〉,〈組み合わせ〉,〈対照〉,〈連続〉などの意味をあらわすときには冠詞をはぶく.

I hear they are **man and wife.** (彼らは夫婦だときいている)
Mother and child are doing well. (母子ともに健全です)
They are related as **master and pupil.** (彼らは師弟の関係にある)

Rich and poor celebrate the New Year's Day.
(富めるも貧しきも元日を祝う)
Young and old were making merry on the grass.
(老いも若きも芝生で陽気に騒いでいた) [語順の相違に注意]

Write with **pen and ink**.（ペンとインクで書け）
Can you eat with **knife and fork**?
（君はナイフとフォークで食事ができるか）

We worked **night and day**.（私たちは昼夜働いた）
He was bound **hand and foot**, and thrown overboard.
（彼は手足を縛られて船から投げ落とされた）

Husband and wife are seen walking **arm in arm**.
（夫婦が腕を組んで歩いているのを見ることがある）
Friend and foe lay down **side by side**.
（敵も味方もまくらを並べて倒れていた）
Learn **little by little** every day.（毎日少しずつ覚えなさい）
He sits up* till late **night after night**.
（彼はいく夜もつづけて夜ふかしをする）
They saw each other **face to face**.
（彼らはたがいに顔と顔を見あわせた）

He went begging **from door to door**.
（彼は家ごとに物を乞うて歩いた）
The ship rolled **from side to side**.（船は横に揺れた）

§114.3　〈make haste〉〈take care of〉の型

このような型は，これ全体がひとつの動詞と同等であって，これを〈動詞句〉というが，この中の名詞は冠詞がはぶかれることが多い．

Make haste, and you will be in time.
（急ぎなさい，そうすれば間に合うよ）
When will the examination **take place**?
（試験はいつ行なわれるのか）
I have **caught cold**.（私はかぜをひいた）
Who will **take care of** Mary?（だれがメアリの世話をするのか）
She **gave birth to** twins.（彼女はふたごを生んだ）

N.B. 1.　上例では cold に catch を用いているが，have を用いれば a をつける．cold に形容詞がつけばいずれの場合も a がつく．

---

* sit up は「寝ないで起きている」の意味．ただし，横になっていたものが「身を起こす」ことにも用いる．

I *have* **a** cold. (私はかぜをひいている)

I *have* **a** *nasty* cold. (私はひどいかぜをひいている)

I have *caught* **a** *nasty* cold. (私はひどいかぜをひいた)

N.B. 2. あるものの〈身分〉をひとつの状態として記述するときには冠詞をはぶく.

He is ∧ **secretary** to the President.

(彼は社長秘書です) [社長との関係]

I saw Richard II, ∧ **King** of England.

(私はイギリス王, リチャード2世に会った) [前の名詞と同格]

なお **Child** as he was, . . . については §176 (4) N.B. 1 参照.

§115 冠詞のかかり方

ここにひとりの poet (詩人)とひとりの novelist (小説家)がいるとき, それぞれを **a** poet, **a** novelist というのは当然である. さて, Walter Scott という人は〈詩人でもあり小説家でもあった〉人である. つまり〈詩人兼小説家〉であったわけである. このときは, ひとりの人を意味するわけであるから, '**a** →〈poet and novelist〉' という気持ちで冠詞は1個でよい. つぎの文は, 冠詞がこのようなかかり方をする場合である.

Scott was **a** novelist and poet.

(スコットは小説家であり, また詩人であった) [〈a+|novelist & poet|〉という関係]

Descartes, **the** great philosopher and mathematician

(大哲学者・大数学者であったデカルト)

The editor and publisher of this magazine *is* **a** very able man.

(この雑誌の編集兼発行人はたいそう敏腕家だ) [ひとり]

The editor and **the** publisher of this magazine *are* very able men.

(この雑誌の編集人も発行人もともにたいそう敏腕家だ) [ふたり]

ひとつの物が他の物に付属して全体でひとつの物と考えられる場合には冠詞は1個でよい.

a watch and chain (鎖つきの時計)

a cup and saucer (受皿にのった茶わん)

a rod and line (糸のついたつりざお)

Cf. bread and butter (バタつきのパン) [物質名詞]

1個の名詞に対して，形容詞がいくつもかかっていく場合は，意味がちがってくることがあるから注意を要する.

The carriage was drawn by **a** black and white horse.
(その馬車は白黒ぶちの馬にひかれていた) [馬は1頭]
The carriage was drawn by **a** black [horse] and **a** white horse.
(その馬車は黒馬と白馬とにひかれていた) [2頭]

The black and white horse *was* Arabian breed.
(その白黒ぶちの馬はアラビア種だった) [馬は1頭]
The black and **the** white horse / **The** black and white horse**s** } *were* both Arabian breed.
(その黒馬も白馬も両方アラビア種だった) [2頭]

the 15th and 16th centur**ies** (15, 16 両世紀)
the East and West coast**s** of Africa (アフリカの東西両岸)

Exercise 8

(1) つぎの文中の ( ) の中に冠詞を入れよ. 冠詞が必要でない場合には × と記せ.

At (ア) corner of Broad and Wall Streets you come to (イ) Federal Hall National Memorial, which stands where (ウ) old colonial City Hall used to be. (エ) statue of George Washington marks the spot where he took (オ) oath as (カ) first President of (キ) United States in 1789. Here, too, Congress used to meet while New York was (ク) nation's first capital.

Just across (ケ) street from the Federal Hall stands (コ) New York Stock Exchange. It began in 1792 under (サ) tree on (シ) Wall Street, and continued outdoors until 1827. It has since become the nation's market for selling (ス) shares in American business to the public. It is interesting to stand in (セ) balcony and watch the trading on the floor below. It is indeed (ソ) grand sight!

(2) 〈はぶくべき冠詞〉を含む文があれば，その文の番号を指摘せよ.

1. He went to the bed early last night.
2. I am going to the church to call Mary out.
3. I knew that he was a king.
4. I knew that he was William, the King of France.
5. I had some bread and the butter for breakfast.
6. He was injured, and carried to the hospital.
7. Do you study the English?
8. I want to study the Spanish language.
9. You can see the Japanese Alps over there.
10. I am tired, and I want to have a rest here.

(3) つぎの文を英訳せよ.

1. この語の意味は何ですか.
2. 犬は，ときどき，人間の友と呼ばれる.
3. 彼はなんという悪い少年だろう！
4. 彼は 11 世紀，12 世紀の文学を研究しています.
5. 私は看護婦になりたい.
6. 電報で知らせてください.
7. 私はそこへ徒歩で行かなければならない.
8. 彼は私たちに週 3 回教えます.
9. ジョンはそこで，1, 2 時間待った.
10. ある有名な哲学者がそういった.

5. 動　　詞

A. 動詞の分類

§116　動詞とは

動詞は〈人〉や〈もの〉について，それが〈...である〉〈...する〉のように動作や状態を直接的に表現する語であり，英語の文には，原則として少なくとも1つの動詞が必要であるから，動詞は文法の根幹である．さらに〈...する〉と〈...した〉というような〈時制〉のちがい，〈...する〉と〈...するかもしれない〉のような〈法〉のちがいを示すのも動詞の任務である．したがって，動詞に関する話の主要部分は〈統語論〉に属する．そこで本章では，動詞に関する話のうち〈形態論〉に属する部分だけについて述べる．実質的には，それは〈活用形〉の話である．

N.B.　日本語では「これは赤い」，「彼女は美しい」のように動詞のない文もあるが，これらも英語でいえば This **is** red. / She **is** beautiful. となって is すなわち be がいる．

§117　動詞の分類

〈動詞〉とよばれる語はきわめて多いが，文中でのはたらきによって，いろいろな観点からつぎのように分類される．個々の項目についてはそれぞれ〈→〉のついた所で解説することとし，ここでは分類そのものだけをあげておく．

(1)　本動詞と助動詞

{① He **swims.**
{② He **can** *swim.*

この①の中の swim は動詞であって「泳ぐ」という意味であるが，②の can swim は「泳ぐことができる」という意味であって，この can は動詞 swim に付加されて，〈能力〉の意味を表現している．このように動詞に付加される補助的動詞を**助動詞** (Auxiliary verb) という．これに対し一般の動詞を**本動詞** (Principal verb) という．たんに「動詞」といって，とくにことわりがないときは〈本動詞〉の意味である．

- **本動詞**　be, have, do, go, take, eat, run, sleep, etc.
- **助動詞**
  - be, have, do →〈進行形〉〈完了形〉〈態〉および §180～§183
  - shall, will →〈未来〉
  - can, may, must, etc. →〈法の助動詞〉
  - should, would, could, might, ought, etc. →〈仮定法〉〈法の助動詞〉

(2)　自動詞と他動詞・完全動詞と不完全動詞

目的語を持つ動詞を〈他動詞〉, 持たない動詞を〈自動詞〉といい，補語を持つ動詞を〈不完全動詞〉, 持たない動詞を〈完全動詞〉という．これについては §166～§168 で述べる．

(3)　意味による動詞の分類

これは本動詞を意味によって分類するもので，進行形や完了形の説明をするときに必要なものである．これは〈一覧表〉として §192 に掲げることにする．

(4)　規則動詞と不規則動詞

動詞の活用形のうちもっとも重要な〈3要形〉――すなわち，現在形，過去形，過去分詞――を作るときに，〈現在形のあとに -(e)d をつけて過去形，過去分詞を作る動詞〉を**規則動詞** (Regular verb) といい，それ以外のものを**不規則動詞** (Irregular verb) という．規則動詞で〈-(e)d をつける〉というとき，つづりが多少変化するものがあるが，それは，〈名詞の複数形を作るさいに -(e)s をつける〉という説明のときに見られたのと同種のことであって，とくに問題にならないと思う．ここに規則動詞，不規則動詞をそれぞれ3個ずつ例示する．

		現在形	過去形	過去分詞
規則動詞		walk	walked	walked
		bake	baked	baked
		study	studied	studied
不規則動詞		go	went	gone
		take	took	taken
		put	put	put

N.B. 1. 以下〈現在形〉を一般的に表示するとき，主語が三人称単数のとき -s または -es をつけるということは自明のこととして，いちいちことわらない．

N.B. 2. 活用語尾 -(e)d の発音は，無声音のあとでは [t]，有声音のあとでは [d] である．

walked [wɔːkt], baked [beikt], touched [tʌtʃt], washed [wɔʃt], studied [stʌ́did], moved [muːvd], killed [kild].

この分類は主として語形のことであるから，本章の §119～§135 で，不規則動詞の主要なものの活用表を全部掲げることにする．

(5)　定形と非定形

以上の分類は〈すべての動詞の集合〉をとり，これを〈部分集合〉に分けるのであったが，今度は，それぞれの動詞の活用形――つまり変化形――を分類するのである．それぞれの動詞は，前記〈3要形〉を含め，つぎのような活用形を持つ．

なお，〈定形〉〈非定形〉については次節で説明する．

定形	3要形	現在形	look	study	see	go	come
		過去形	looked	studied	saw	went	came
		過去分詞 [p.p.]	looked	studied	seen	gone	come
非定形		原形	look	study	see	go	come
		不定詞	to look	to study	to see	to go	to come
		現在分詞	looking	studying	seeing	going	coming
		動名詞	looking	studying	seeing	going	coming

§118 動詞の〈形〉の説明

現在形 (Present) と**過去形** (Past) とは，文中で直接主語につづく形である．つまり主語に応ずる形であるから，この2つを**定形** (Finite form) という．また，〈定形〉で用いられている動詞を**定形動詞** (Finite verb) という．ただし〈主語に応ずる〉といっても英語では，それが形にあらわれるのは〈主語が三人称単数のときに，現在形に -(e)s をつける〉ということぐらいであって，主語によってそれぞれちがった活用形を持つことは [be と have を除いては] ないのであるが，動詞の実際のはたらきを知るためには〈定形〉と，それ以外の形，すなわち〈非定形〉との区別を理解しておく必要がある．

以下は〈非定形〉である．

(1) **過去分詞** (Past participle) [略して **p.p.**] は，

(a) 〈be+p.p.〉で〈受動態〉を作り，

(b) 〈have+p.p.〉で〈完了形〉を作る．

(2) **原形** (Root) は，動詞のもとの形——すなわち辞書に見出し語としてのせる形——である．あるいは登録用の形といってもよい．英語では〈原形〉は〈現在形〉とまったく同じである [be, have を除く] が，その用法は，たいへんちがうものである．

(3) **不定詞** (Infinitive) は〈原形〉の前に to をつけた形をいう．

to be, to have, to go, to say, to take, etc.

〈不定詞〉は根本的には〈原形〉と同じものであるから，原形のことを Root infinitive とよぶ場合があるが，本書では，混乱をさけるため，〈to のある形〉に限り〈不定詞〉とよび，〈to のない形〉を〈原形〉とよんで区別する．

(4) **現在分詞** (Present participle) は〈原形+-ing〉の形であって，〈be+現在分詞〉で〈進行形〉を作る．

(5) **動名詞** (Gerund) は〈現在分詞〉と同じ形をしている．

このため，〈現在分詞〉と〈動名詞〉とをいっしょにして -ing form とよぶ場合もあるが，この両者のはたらきは，たいへんちがったものであるから，§285 で述べるような用法の相違にもとづき，〈現在分詞〉と〈動名詞〉とは別個に扱うことにする．

すなわち〈動名詞〉，たとえば swimming は「泳ぐこと」の意味で〈動詞〉と〈名詞〉との両性質をかねており，その動詞性は，たとえば **swimming here** (ここで泳ぐこと)のように副詞をつけうる点にあらわれ，またその名詞性は，動名詞が，一般の名詞と同様に，主語・目的語などになりうる点や，I am fond **of swimming**. (水泳が大好きだ)のように〈前置詞の目的語〉になりうる点にあらわれている．

(6)　非定形の完了形

各動詞の原形，不定詞，現在分詞，動名詞についてそれぞれ完了形がある．その形は have の原形，不定詞，現在分詞，動名詞のあとへ，〈その動詞の p.p.〉をつければよい．具体的に write でやってみると

	ふつうの形	**完了形**
原　形	write	have written
不定詞	to write	to have written
現在分詞	writing	having written
動名詞	writing	having written

この〈ふつうの形〉と〈完了形〉との使いわけについては §263, §278, §284 N.B. で述べる．また，その関連事項 [同時性と先行性] は §243.2, §244 で述べる．

B.　不規則動詞活用表

以下に不規則動詞の活用を分類して掲げる．この活用は，「現在形・過去形・過去分詞」の 3 形であるが，その 3 形の異同を，

A, B, C の符号で示すことにする．すなわち，3つとも異なる形のものを「ABC 型」とよび，過去形と過去分詞とが同形で原形だけは別の形のとき，これを「ABB 型」とよぶ，というふうにする．

§119 ABB 型——その1

現在形	過去形	過去分詞
keep (保つ)	**kept**	**kept**
sleep (眠る)	slept	slept
weep (すすり泣く)	wept	wept
sweep (そうじする)	swept	swept
meet (会う)	met	met
feel (感じる)	felt	felt
deal (扱う)	dealt [delt]	dealt [delt]
leave (去る)	left	left
shoot (射る)	shot	shot
lose (失う)	lost	lost
mean (意味する)	meant [ment]	meant [ment]

§120 ABB 型——その2

lend (貸す)	**lent**	**lent**
rend (裂く)	rent	rent
[ただし，rent (賃借りする)は規則動詞]		
send (送る)	sent	sent
spend (つかう，過ごす)	spent	spent
bend (曲げる)	bent	bent
build (建てる)	built	built

§121 ABB 型——その3

catch (つかまえる)	**caught**	**caught**
teach (教える)	taught	taught
buy (買う)	bought	bought
bring (もってくる)	brought	brought
think (考える)	thought	thought
seek (求める)	sought	sought
fight (戦う)	fought	fought

§122 ABB 型──その4

get（得る）	**got**	**got**
sit（すわる）	sat	sat
spit（つばを吐く）	spat	spat

§123 ABB 型──その5

feed（食物を与える）	**fed**	**fed**
lead（導く）	led	led
bleed（出血する）	bled	bled
breed（育てる）	bred	bred
read（読む）	read [red]	read [red]

§124 ABB 型──その6

have, has（持つ）	**had**	**had**
make（作る）	made	made
flee（逃げる）	fled	fled
hear（聞く）	heard [həːd]	heard [həːd]
sell（売る）	sold	sold
tell（語る）	told	told
hold（支える）	held	held
behold（見る）	beheld	beheld
stand（立つ）	stood	stood
lay（よこたえる）	laid	laid
pay（支払う）	paid	paid
say（言う）	said [sed]	said [sed]

§125 ABB 型──その7

find（見いだす）	**found**	**found**
［ただし，found（建設する）は規則動詞］		
bind（しばる）	bound	bound
［ただし，bound（ボールがバウンドする）は規則動詞］		
wind（巻く）	wound [waund]	wound [waund]
［ただし，wound [wuːnd]（傷つける）は規則動詞］		
grind（ひく，くだく）	ground	ground

§126 ABB 型——その8

spin（つむぐ）	**spun**	**spun**
sting（刺す）	stung	stung
swing（揺れる）	swung	swung
cling（すがりつく）	clung	clung
wring（しぼる，よじる）	wrung	wrung
hang（掛ける）	hung	hung
[ただし，hang（絞首刑にする）は規則動詞]		
stick（付着する）	stuck	stuck
strike（打つ）	struck	struck（*or* stricken）
dig（掘る）	dug	dug
shine（輝く）	shone	shone
win（勝つ）	won	won

§127 ABC 型——その1

begin（始める）	**began**	**begun**
sing（歌う）	sang	sung
ring（鳴る）	rang	rung
spring（とぶ）	sprang	sprung
drink（飲む）	drank	drunk（*or* drunken）
sink（沈む）	sank	sunk（*or* sunken）
swim（泳ぐ）	swam	swum

N.B. **drunken** および **sunken** は形容詞としての形である.

a **drunken** fellow（よっぱらい）

a **sunken** bell（沈んだ鐘）

§128 ABC 型——その2

tear（裂く）	**tore**	**torn**
{bear（生む）	bore	born
{bear（になう，堪える）	bore	borne
wear（着る）	wore	worn
swear（誓う）	swore	sworn
speak（言う）	spoke	spoken
steal（盗む）	stole	stolen
weave（織る）	wove	woven

freeze (凍る)	froze	frozen
break [breik] (破る)	broke	broken
tread [tred] (踏む)	trod	trodden (*or* trod)
get (得る)	got	got (*or* gotten)
forget (忘れる)	forgot	forgotten
choose (選ぶ)	chose	chosen
show (示す)	showed	shown
sow (まく)	sowed	sown

N.B. 1. born は I **was born** in 1960. (私は1960年に生まれた) のように用いるが，日本語の「生まれる」が〈母によって生まれる〉という受動態の意味を持たないのと同様に，英語でも受動態の意味を持たない．したがって be born (生まれる) はこれ全体がひとつの自動詞であるとして扱うことにする．

N.B. 2. get の過去分詞は一般には got である．gotten は ill-gotton などの形容詞を作る．

ill-gotten riches (不正によって得た富)

§129 ABC 型——その3

write (書く)	**wrote**	**written**
rise (あがる)	rose	risen
ride (乗る)	rode	ridden
drive (追う)	drove	driven
strive (努める)	strove	striven

§130 ABC 型——その4

bite (かむ)	**bit**	**bitten** (*or* bit)
hide (隠す)	hid	hidden (*or* hid)
slide (すべる)	slid	slidden (*or* slid)

§131 ABC 型——その5

know (知る)	**knew**	**known**
blow (吹く)	blew	blown
grow (生長する)	grew	grown
throw (投げる)	threw	thrown
fly (飛ぶ)	flew	flown
draw (引く，描く	drew	drawn

§132 ABC 型——その6

see (見る)	**saw**	**seen**
eat (食べる)	ate [et, eit]	eaten
give (与える)	gave	given
bid (乞う)	bade	bidden
fall (倒れる)	fell	fallen
[ただし fell (倒す) は規則動詞]		
take (取る)	took	taken
shake (にぎる)	shook	shaken

§133 ABC 型——その7

lie (横たわる)	**lay**	**lain**
Cf. lay (横たえる)	laid	laid
am, are, is (ある) [原形は be]	was, were	been [bin]
do (する)	did	done [dʌn]
go (行く)	went	gone

§134 AAA 型

let (貸す，許す)	**let**	**let**
set (おく，セットする)	set	set
bet (かける)	bet	bet
spread [spred] (拡げる)	spread	spread
sweat (汗を流す)	sweat	sweat
hit (打つ)	hit	hit
knit (編む)	knit	knit
split (裂く，割る)	split	split
cast (投げる)	cast	cast
cost (値いする)	cost	cost
cut (切る)	cut	cut
put (置く)	put	put
hurt (傷つける)	hurt	hurt
burst (破裂する)	burst	burst

N.B. いままでのどの型にも属さない動詞が少数ある．たとえば

ABA 型——come (くる)	came	come
AAB 型——beat (打つ)	beat	beaten (*or* beat)

§135　接頭辞を持つ動詞

動詞の前に a-, for- などの**接頭辞** (Prefix) をつけてできた不規則動詞の活用形はその〈語根〉の動詞の活用形に準ずる．ただし，welcome (歓迎する) は〈規則動詞〉であって，come (くる) の活用形とは無関係である．

rise (起きる，上る)	rose	risen
arise (起こる，あがる)	arose	arisen
bear (になう)	bore	borne
forbear (たえる)	forbore	forborne
give (与える)	gave	given
forgive (ゆるす)	forgave	forgiven
take (取る)	took	taken
mistake (誤る)	mistook	mistaken
partake (参加する)	partook	partaken
undertake (企てる)	undertook	undertaken
stand (立つ)	stood	stood
understand (理解する)	understood	understood
draw (引く)	drew	drawn
withdraw (退く)	withdrew	withdrawn
come (くる)	came	come
become (なる)	became	become
overcome (うち勝つ)	overcame	overcome

§136　-ing をつけるときのつづり方

現在分詞および動名詞は規則動詞，不規則動詞を通じて，一様に原形に **-ing** をつけて作るが，**-ing** をつけるさいにいくぶんつづりの変化を生ずるものがある．

①	get (得る)	gétting
	begin (始める)	begínning
	occur (起こる)	occúrring
	hop (とぶ)	hópping
②	hope (望む)	hoping
	take (取る)	taking

③ { lie（横たわる） lying
  die（死ぬ） dying }

N.B. 1. ① は語尾の子音字を重ねてから **-ing** をつけるもの. **occur** は第2音節にアクセントがあるから **r** を重ねて occúrring とするが, **offer** は第1音節にアクセントがあるから óffering でよい.

② は語尾の **e** を除いて **-ing** を加える.

③ は **ie** を **y** に変えて **-ing** を加える. **y** で終わる動詞に **-ed** を加えて過去を作る場合の逆である. つぎを比較せよ.

{ lie → lying
  carry → carried }

N.B. 2. **study** に **-ing** をつけた形は **studying** である. これを studiing などとすることはどのルールにもないことである.

Exercise 9

(1) つぎの文中の下線の語が現在分詞ならば **P**, 動名詞ならば **G** と記せ.

Half an hour later Tom was still (ア) playing trains in the dining room. (イ) Playing trains was surely one of Tom's hobbies. Little Jane was (ウ) looking at her new doll. It was a present from Aunt Maria (エ) living in Los Angeles. "Now you will have all the fun of (オ) arranging the dresses," Aunt Maria had said. Just then they could hear someone (カ) coming downstairs and going out. Tom said, "That's papa. He is (キ) going out to do some (ク) gardening, I suppose." And Jane said, "What's the use of (ケ) gardening in such bad weather?"

(30分後もトムはまだ, 食堂で列車あそびをしていた. 列車あそびはたしかにトムの趣味のひとつであった. 小さなジェーンは, 新しい人形をながめていた. それはロサンジェルスに住むマライアおばさんからのプレゼントであった. [それをくれたとき] マライアおばさんは, 「さあ, これで, [きせかえの] 服をいろいろならべて楽しむことができるよ」といったのだった. ちょうどそのとき, だれかがおりてきて外に出ていくのが聞こえた. トムは「あれはパパだよ, きっと庭いじりをしに出ていくんだと思うよ」といった. ジェーンは「こんな悪い天気に庭いじりなんかして何になるの?」といった)

(2)　つぎの文中の（　）に入れるのに適当な語句をあとの ▭ の中から選び，その番号を（　）に記入せよ．

A:　Has your father (　ア　) you to the Zoo*?

B:　Yes, he (　イ　) me there last Saturday.　We had a very good time.

A:　Next Sunday my uncle is going (　ウ　) me there, too.　Did you (　エ　) any pictures of the animals there?

B:　No.　But my father took some pictures.　He is very fond of (　オ　) pictures.

1. take　2. takes　3. took　4. taken　5. taking 6. to take

(3)　つぎの文の誤りを正せ．

1.　I was tired, so I lied down, and I have laid here for two hours.
（私は疲れていたので横になって，そしてここに2時間も横になっていたのです）

2.　Mr. Richard teached me English, and I studyed English for five years.
（リチャード先生が私に英語を教えてくれました，そして，私は5年間英語を勉強しました）

3.　It was five years ago that I heared from him** last.
（彼から最後にたよりがあったのは5年前です）

(4)　つぎの各語は動詞の過去形，または p.p. の形である．それぞれの現在形を示せ．

1.　shone　　2.　shown　　3.　struck
4.　threw　　5.　held　　6.　bought

---

* the Zoo は「ロンドンの動物園」をいう．一般の動物園は zoological garden である．

** hear from . . . = . . . からたよりがある．

6. 副　　詞

§137 副詞とは

〈付加的用法の形容詞が名詞に対して持っている関係〉を〈動詞・形容詞など〉に対して持つ語が副詞である.

形容詞	**名詞**	**動詞**	**副詞**
early	morning	get up	**early**
(早 →	朝)	(おきる ←	早く)
sudden	death	die	**suddenly**
(突然の →	死)	(死ぬ ←	突然に)

副詞は大別して

(1) 状況副詞

(2) 性質副詞

となる. すでに形容詞を3種類に分けたが, それとの対応はつぎのようである.

(1) 代名形容詞＝限定詞	} . . . (1) 状況副詞	
(2) 数量形容詞		
(3) 性質形容詞	. . . . (2) 性質副詞	

§138 状況副詞

状況副詞とは, すでに説明した代名詞系列語 now, here, when, why, etc. および, 数量形容詞の much, little などをそのまま副詞として用いるもの, さらに, これらと同種のものをいう. すなわち, 発話の情報内容について, 〈時間〉〈場所〉〈程度〉〈状況〉など, いわば, 話のわく組みを作る副詞のことである. これらの副詞は, その性質上, 統語論の所で問題になることが多い. そこで, ここでは主要なものを列挙し, 用例を1つずつあげるだけにとどめる [ただし, §66～§68, §85～§89 で説明ずみのものは除く].

soon　They will **soon** arrive.（彼らはじきにやってくるだろう）

just　I have **just** received the answer.

（いま，ちょうど返事を受けとったところです）［〈現在完了〉とともに］

just now　I received the answer **just now**.

（いまさっき返事を受けとりました）［〈過去〉とともに］

lately　He has come back from London **lately**.

（彼は最近ロンドンから帰ってきた）

again　May I come here **again**?

（またここへきてもいいですか）

forever　I shall remember it **forever**.

（私はそれを永久に忘れないであろう）［→§301］

often　He is **often** late for school.

（彼は，しばしば学校に遅刻する）［Cf. §267］

seldom　My father **seldom** goes up to Tokyo.

（父はめったに上京しません）［Cf. §267］

much　This is **much** better than that.

（これはあれよりもずっとよい）［比較級を強めるには much を用いる］

very　It is **very** fine today.（きょうはとてもよい天気です）

too　John is **too** old to work.

（ジョンは年をとりすぎて働けない）［→§280］

little　I **little** dreamed that it was you.

（それが君だとは夢にも思いませんでした）

hardly　I could **hardly** understand what they said.

（彼らのいったことは私にはほとんどわかりませんでした）

the..., **the...**,　**The** sooner, **the** better.

（早ければ，早いほどよろしい）

N.B. 1.　この the は冠詞でなく，程度をあらわす副詞である．

I like him all **the** better for his faults.

（彼に欠点があるからなおさら彼が好きだ）［欠点のある分だけ］

ago　He left school *three years* **ago**.

（彼は3年前に卒業した）

before I think we met **before**.
(以前，お目にかかったように思いますが)

already Mary has **already** got the tickets.
(メアリはもう切符を買いました)

yet Has the bell rung **yet**?—No, *not* **yet**.
(ベルはもう鳴りましたか？——いいえ，まだ鳴りません)

N.B. 2. この文で . . . already? とすると「ベルは鳴ったって？ それはほんとうですか」と，相手のいったことを確認する気持ちを含む.

still Spring had come, but Nell was **still** ill in bed.
(春がきた，しかし，ネルはやはり病床にあった)

§139 性質副詞

性質副詞の大部分は〈形容詞＋-ly〉の形を持っている．このとき，つづりを変えるものもある．

形容詞	副詞
sudden (突然の → ～に)	suddenly
slow (のろい → ゆっくりと)	slowly
happy (幸福な → ～に)	happily
noble (高貴な → りっぱに)	nobly
full (十分な → ～に)	fully
true (真の → ～に)	truly

いくつかの副詞は〈形容詞と同形〉である．

形容詞として	副詞として
Is he **well**? (彼は健康ですか)	Speak **well** of others. (他人のことをよくいえ)
He is **ill**. (彼は病気です)	Don't speak **ill** of others. (他人の悪口をいうな)
He is a **fast** runner. (彼は走るのが速い)	He runs *very* **fast**. (彼はたいへん速く走る)
I am an **early** riser. (私は早起きです)	I get up **early** every morning. (私は毎朝早く起きます)
Tom is a **hard** worker. (トムは勤勉な人です) [ただし，hard stone (固い石)]	Tom works *very* **hard**. (トムは一所けんめいに働きます)

§140 副詞の用法

副詞は，主として〈動詞〉〈形容詞〉を修飾し，ときには〈他の副詞〉を修飾し，まれには〈名詞〉を修飾する．また〈文全体〉を修飾することもある．ここでは，はじめの4つのケースを例示し，最後の場合は §141 で考察する．

N.B. 動詞・形容詞・副詞・名詞はそれらに相当する句や節も含む．

(1) 動詞を修飾

The old man *walked* **slowly** along the road.

(老人は道をゆっくりと歩いた)

When did I *treat* you **cruelly**? (いつ私が君を手荒く扱ったか)

(2) 形容詞を修飾

Her English is **remarkably** *good*. (彼女の英語は目立ってよい)

She is **sexually** *attractive*. (彼女は性的に魅力がある)

(3) 他の副詞を修飾

The train went **very** *fast* through the woods.

(列車は森の中を非常に速く走った)

He talked **almost** *incessantly*. (彼はほとんど間断なくしゃべった)

(4) 名詞を修飾

Even *a child* can do that. (こどもでさえもそれをやれるさ)

Only *Tom* can do that. (トムだけがそれをやれる)

I will take out *Tom* **only**. (トムだけを連れて行こう)

N.B. only の位置については §276 参照.

§141 文修飾副詞——情報についてのコメント

いまここに「彼は正直である」という情報があるとしよう．この内容を Ⓟ とおき，これを英語で書けば Ⓟ＝He is honest. である．さて，人がものをいうのに，この Ⓟ のような形で〈断定的に〉いうこともむろんあるが，ときにはこれに

① Ⓟ は〈たしか〉である．

② Ⓟ は〈たしからしいこと〉である．

③ Ⓟ は〈当然〉である．

④ Ⓟ は〈明らか〉である．

など，コメントをつけていう必要がある場合もある．このとき，コメントのつけ方に2種類あって，たとえば①であると

① ⓐ Ⓟ は〈たしか〉である．
Ⓟ is **certain.** → **It is certain** that he is honest.
ⓑ 〈たしかに〉Ⓟ である．
Certainly Ⓟ → **Certainly** he is honest.

となる．ⓐは形式主語の it を含む文で形容詞 certain を用い，またⓑは certainly という副詞を用いている．このⓑのような副詞を**文修飾副詞** (Sentence adverb) という．文修飾副詞はすべて〈Ⓟ全体を修飾〉しており，特定の一語を修飾するのではないから，その位置が比較的自由である．

Certainly he is honest.＝He is **certainly** honest.＝He is honest, **certainly**.

では上の②,③,④を文修飾副詞を用いて書いてみよう．

② **Probably** he is honest.

③ **Naturally** he is honest.

④ **Clearly** he is honest.

N.B. つぎのような場合，〈動詞修飾〉と〈文修飾〉とがまぎらわしいから注意を要する．

⑤ He did not die **happily**. [die を修飾]
(彼は幸福な死に方をしなかった)

⑥ **Happily** he did not die. / He did not die, **happily**. [文修飾]
(幸いなことに，彼は死ななかった)

この⑤では彼は〈不幸な死に方〉をしたのであって，〈彼は死んでいる〉のであり，⑥では〈彼は死んでいない〉のである．

さて，上記Ⓟの部分を，それに対する〈コメント〉の部分と区別してよぶとき，〈ナマの文〉という．〈コメント〉をつけるまえの〈正味の情報内容〉が〈ナマの文〉である．あとで〈法の助動詞〉のところで，must, can, may の〈第2次用法〉というのを説明するが [→§247]，それと比較すれば，〈法の助動詞〉とこの〈文修飾副詞〉とは，〈ナマの文〉に〈話者の判断〉を付

加するという点に関しては共通のはたらきがあることがわかる.

§ 142　副詞の〈比較〉

副詞にも形容詞と同じように比較級・最上級がある. また, 同等比較もできる. まず, 比較級・最上級の作り方を示そう.

(1)　1音節の副詞, および少数の2音節の副詞は, **-er, -est** をつけて比較級・最上級を作る.

原　級	比較級	最上級
fast (速く)	faster	fastest
soon (早く)	sooner	soonest
late (遅く)	later	latest
often (しばしば)	oftener	oftenest

(2)　**-ly** の接尾辞を持つ副詞は **more, most** をつけて比較級・最上級を作る.

kindly (親切に)	more kindly	most kindly
bravely (勇敢に)	more bravely	most bravely

N.B.　ただし, **early** は形容詞と副詞と同形で **earlier, earliest** と変化する. early の -ly は接尾辞ではないからである.

(3)　不規則な比較形を持つもの.

well (良く)	better	best
badly / ill } (悪く)	worse	worst
much (多く)	more	most
little (少し)	less	least
far (遠く)	{ farther	farthest [距離]
	{ further	furthest [程度]

§ 143　比較文の中の副詞

副詞を用いた〈比較文〉の典型的な例をつぎに示す.

He likes chess **best** of all games.

(彼はすべてのゲームのうちでチェスがいちばん好きだ)

The train goes **fastest** between Shizuoka and Hamamatsu.
（列車は静岡と浜松の間で最高速度を出す）［「もっとも速く走る*」——副詞の最上級には the をつけない］

He will **further** look into the matter.
（彼はさらにその事件の調査をするだろう）

He can do it **more skillfully** than you.
（彼はそれをあなたよりもじょうずにすることができる）

Explain it **more clearly**. （もっとはっきり説明してください）

Tom worked **as hard as** Mary.
（トムはメアリと同じぐらい一所けんめいに勉強した）
Tom worked **as hard as he could**.
（トムはできるかぎりがんばって勉強した）

N.B. 最後の文は実質的に〈最上級〉の意味になる.

Exercise 10

(1) つぎの形容詞に対応する副詞の形を示せ.

1. lucky（幸運な）　2. cool（つめたい）　3. better（もっとよい）
4. equal（等しい）　5. remarkable（著しい）

(2) つぎの各文中，斜体字部分を1語の副詞であらわすとすれば，どれが適当か，符号で答えよ.

1. He showed me the way *with much kindness*.
2. He looked at us *without speaking a word*.
3. The doctor goes around the sickrooms** *at equal intervals*.
4. He arrived *just at the exact time*.
5. Now the bus was going *with great speed*.
6. May I go out? *Yes, please*.
7. You had better do it *at once*.

ア. fast	イ. silently	ウ. regularly	エ. immediately
オ. kindly	カ. certainly	キ. punctually	

---

* 「列車が走る」の「走る」は run といわない. go または move という. なお，この文は §290 N.B. 1 でも考察する.

** sickroom＝病室

7. 前　置　詞

§144　常用の前置詞

日常ふつうの文においてしばしば用いられる前置詞はそう多くない．だいたい，つぎのようなものである．

about	before	down	through
above	behind	for	throughout
across	below	from	to
after	beneath	in	toward(s)
against	beside	into	under
along	besides	of	up
amidst	between	off	with
among	beyond	on	within
around	but	out of	without
at	by	over	

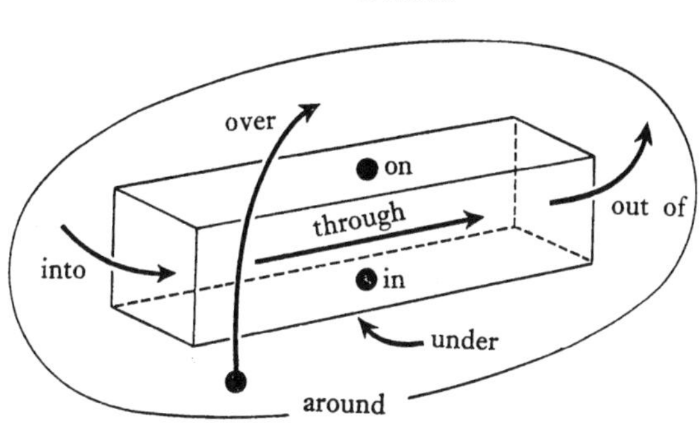

§145　前置詞の機能

これらの前置詞は〈前置詞＋名詞（相当語）〉の形において**句** (Phrase) を作り，文中では形容詞句または副詞句となって，文中の各部分の間の関係をあらわす.〈句〉についての説明は §171～§173 で詳しく述べる.

§146 前置詞の意味

前置詞の大部分は, もともと,〈場所をあらわす副詞〉であったものである. したがって元来は場所的意味(上, 下, 中, 外, など)をあらわすものであるが, 日常多用されるにつれて精神的意味(関心のまと, 原因, 理由, 目的, など)に転用され, 非常に複雑なものとなっている. 個々の前置詞の意味の研究は辞書の領域であり, 文法書がこれを解説する必要はないのであるが, 主要な前置詞のだいたいの用法を知っておくことは文法的にも重要なポイントであると思われるので, 以下, いくつかの前置詞について, その〈持ち味〉の考え方を例示しておく.

§147 on

〈**on** *x*〉の形で,「*x* の上」,「*x* に接触している」「*x* という状態にある」「*x* にささえられている」「*x* を根拠としている」「*x* に対する影響」「*x* を目標とする」「*x* がテーマである」などをあらわし, 時間的には **on** Sunday / **on** the 11th のように「日」について用いる.

Then Mr. Smith appeared **on** the stage.
(それからスミスさんが舞台にあらわれた) [上に密着]

The picture is **on** the wall.
(その絵はかべにかかっている——または, その絵はかべにはってある) [表面に密着]

I shall be **on** duty tonight.
(今晩は当直——勤務中——です) [状態: 反対語は **off**]

He was lying **on** his back.
(彼はあお向けに寝ていた) [せなかをささえにして]

The Japanese live **on** rice.
(日本人は米を常食とする) [米をたよりにする]

His words were based **on** facts.
(彼の発言は事実にもとづいていた) [基盤]

English influence **on** Japanese
(英語の日本語に対する影響) [影響のおよぶ方向]
The enemies began their attack **on** that island.
(敵軍はその島にむかって攻撃を開始した) [攻撃のまと]
You already spent a lot of money **on** your son.
(あなたは，ご子息のためにもうだいぶおかねを使った) [対象]
Miss Richard talked **on** school life in France.
(リチャードさんはフランスにおける学校生活について話した) [テーマ]

§148 in

〈**in** *x*〉の形で「*x* の中」「*x* という点において」「*x* の形で」「*x* という状態」「*x* を着用している」などをあらわし，時間的には **in** 1492 / **in** the morning などのように用いる.

He had a stick **in** his hand. (彼は手につえを持っていた) [中]
Cf. He had a book **under** his arm.
(彼はわきの下に本をかかえていた)
I'm **in** the second year of Parkinson High School.
(私はパーキンソン高校の 2 年生です) [包含]
She was punctual **in** her daily habits.
(彼女は日常の習慣において時間をよく守る) [観点]
They danced **in** a circle. (彼らは輪になって踊った) [形状]
Surely Tom was **in** love with Mary.
(たしかにトムはメアリと恋におちていた) [状態]
You will look nice **in** your green suits.
(あなたはグリーンの服を着ればよく似あうでしょう) [服装]

§149 with

〈**with** *x*〉の形で「*x* と (ともに)」「*x* に対して」「*x* を手段とする」などをあらわす. また〈with＋抽象名詞〉はひとつの副詞相当(語)句である. さらに〈with＋名詞＋. . .〉の句は〈付帯状況〉を示す有力な手段である.

Nora went out **with** her mother.
(ノラはお母さんといっしょに出て行った) [同行]

I have no money **with** me.

(おかねの持ち合わせがありません) [身につけて]

The teacher was very angry **with** me.

(先生は私のことをたいへんおこっていた) [対象]

He opened the door **with** a key.

(彼はカギで戸をあけた) [手段]

I read your paper **with** *much interest.*

(あなたのご論文を興味深く読みました) [状態——副詞相当語句]

He was sitting there **with** *his head on one side.*

(彼は頭をかしげてすわっていた) [付帯状況]

He had to walk **with** *his hands tied behind him.*

(彼は，うしろ手に縛られて歩かなければならなかった) [付帯状況]

N.B. 最後の例文の構文を I had my hair cut. の構文 [→ § 286] と比較せよ．つまり，この構文の with を having という現在分詞でおきかえてみれば，〈with＋名詞＋p.p.〉と〈have＋名詞＋p.p.〉との類似は明らかであろう．

§ 150 for

〈**for** *x*〉の形で「*x* のために」「*x* を追求する」「*x* を目的とする」「*x* の代りとして，または，*x* と交換して」「*x* という理由で」「*x* の示す時間・距離の間」などをあらわす． また〈**for**＋*x*＋不定詞〉の形のときは，*x* がその不定詞の〈意味上の主語〉であることをあらわす．

I will do it **for** you. (私がやってあげよう) [あなたのために]

He shouted **for** help. (彼は大声で助けをもとめた) [目的]

I am working very hard **for** the entrance examination.

(私は入試のために一所けんめいに勉強しています) [目標]

Will you sign here **for** the president?

(社長の代りにあなたがここへサインしてください) [代理]

He returned good **for** evil.

(彼は悪に報いるのに善をもってした) [交換]

N.B. § 100 (3) (b) によれば，*the* good (善)，*the* evil (悪) となるはずであるが，ここは good for evil という対句であるから § 114.2 により the をはぶく．

He was punished **for** telling a lie.
(彼はうそをついたために罰せられた) [理由] [telling は動名詞]
Then we walked **for** 5 kilometers along the stony road.
(それからわれわれは石の多い道を 5 キロも歩いた) [距離]
He went to Paris, and stayed there **for** two weeks.
(彼はパリへ行き，そこに 2 週間滞在した) [時間]
It is natural **for** *you* to think that way.
(あなたがそのようにお考えになるのは当然です) [意味上の主語]

§ 151　前置詞の実態

以上の 4 個以外の前置詞については，とくにまとめて解説することをしないが，他の部分の例文中に出てくる前置詞によって理解してほしい．また，by については受動態 [→§226～§232] を参照し，その他については〈形容詞句・副詞句〉[→§173] を参照するなど，おもな文法事項と関連づけておぼえることも必要である．

本節では実例に即して，〈時間〉〈場所〉などの表現法を見ていきたい．

つぎの文は，Tom がその妹 Emily にロンドンから送った絵ハガキの文面である．

I am **in** London at last. Papa and I arrived **at** Victoria Station **at** 3: 20 this afternoon. We got into* a taxi at the station, and went **along** Victoria Embankment **for** some time. We saw Waterloo Bridge—which is shown on the other side of this card—on our right side. Just at that moment I saw a beautiful rainbow **over** the River Thames. A rainbow **over** the Thames! How wonderful!

As I look out of the window of the hotel now, the whole city of London is quiet and rather dark. It is getting a little foggy outside. I hope it will be fine tomorrow. We are going to stay here **for**

---

* タクシーやバスに〈乗りこむ〉動作は get into . . . という．その反対語は get out of . . . である．また〈列車に乗りこむ〉のは **get aboard** a train といい，〈自転車に乗る〉は **get on** a bicycle という．

three days.

(やっとロンドンにきました．パパとぼくは，午後3時20分にビクトリア駅に着きました．そこでタクシーにのり，しばらくビクトリア堤防沿いに走りました．この絵ハガキのうらにあるウォータールー橋が右手に見えました．ちょうどそのときテムズ川ににじがかかるのが見えました．テムズ河にかかるにじ！なんとすばらしいことでしょう！いま，[こうして]ホテルの窓から見ると，ロンドンのまち全体が静かでくらいのです．外にだんだん霧が出てきます．あすはよい天気であってほしいものです．ここには3日間いるつもりです．)

さて，つぎの §152, §153 では，この手紙文の中で太字であらわされている前置詞の用法を研究してみよう．

§152 時間の前置詞

〈**at** 3:20〉=〈at three-twenty〉

〈時刻〉については **at** を用いる．そのほかの〈時〉や〈期間〉を示す前置詞はつぎのようになる．

on the 3rd (3日に)

on Monday, April the 21st. (4月21日，月曜日に) [英米では日付よりも曜日を先にいう]

in April (4月に)

in summer (夏に)

in 1492 (1492年に)

なお，「午前中」は **in** the morning であるが，「何日の午前」と〈日〉も合せていうときには〈日〉のほうが優先して **on** the morning of the 22nd (22日の朝)のようになる．

〈**for** three days〉

「3日間ずっと」の意味を for であらわす．ただし，この「ずっと」が〈時間〉で示されず，別の〈事象〉で示されたときは **during** とする．

He took my place **during** my absence.

(彼は私の留守中，私のかわりをしてくれた)

また，〈during *x*〉は「*x* の期間中のどこかの時点で」という場合にも用いられる.

Did anyone call **during** my absence? (留守中だれかきましたか)

Are you going anywhere **during** the summer?

(夏にはどこかへお出かけですか) [夏の間のどこかの時点]

Cf. **In** summer many people go to the seaside.

(夏には多くの人が海岸へ行く) [夏全体についてのコメント]

この, あとの文は,「夏は海水浴の季節だ」ということをいったのであって,〈夏全体〉にかかわる話である.

§153 場所の前置詞

〈**in** London; **at** Victoria Station〉

同じ場所でも, それを「地点」と考えるときは **at** を用い「地域」と考えるときは **in** を用いる. 同じ arrive を用いても, この考え方によって2つの場合がある.

① He will arrive **at** Tokyo in ten minutes.

(彼は, あと10分で東京につく) [in ten minutes=10分たてば]

② He now safely arrived **in** Tokyo.

(彼は, いまや無事に東京についたのだった)

①は,〈東京〉といっても〈地図上の一点〉として, 具体的には東京駅とか羽田空港を考えており, ②は,〈東京〉を一定のひろがりを持つ〈地域〉と考えている.

〈**at** the station〉

「駅で」タクシーに乗ったのであるが, 日本語では, こういうとき, よく「駅からタクシーに乗った」というから注意が必要である. 同様のことは〈時間〉についても起こる. つぎのような「から」は英語では **at** である.

The ceremony will begin **at** 10 o'clock.

(式は10時からはじまる)

〈**along** Victoria Embankment〉

「海に沿って」「海岸沿いに」の意味. ただし, この **along** は,和訳するときは，「沿って」とならないことが多い．

Many people were walking **along** the street.

(大ぜいの人が街路を歩いていた)

〈 **over** the River Thames 〉

にじが河の上にかかっているような状態がまさに **over** である．つぎの文中の over の用法も，〈人のからだ〉と〈コップ〉との位置関係を考えれば理解しやすいと思う．

Let's have a talk **over** a cup of tea.

(お茶を飲みながらお話ししましょう)

そのほか，〈 **over** *x* 〉は「*x* を越えていく」という意味にも用いられる．

Over the hills, and far away.

(丘を越えて，ずっとむこうへ) [歌の一節]

§154　前置詞句

これは2つ以上の語が集まって〈句〉を作り，〈1個の前置詞〉のはたらきをするもので非常に数が多い．いくつかの例をあげておく．

N.B. 〈前置詞句〉というのは，いくつかの語が集って〈1個の前置詞のはたらき〉をするもののことである．〈前置詞＋名詞〉の形のものは，§173 で述べるように，〈形容詞句〉または〈副詞句〉となるのであるから，とりちがえてはならない．

as for (については)　　as to (について)

because of (のゆえに)　　by means of (の手段により)

in front of (の前に)　　in spite of (にもかかわらず)

in place of (の代りに)　　on account of (のために)

on (*or* in) behalf of (に代わって)　　according to (によれば)

with respect to (に関して), etc.

"**As for** me, give me liberty or give me death."

(「[人はいざ知らず] われには自由を与えよ，しからずんば死を与えよ」)

There is no doubt **as to** the cause of the accident.

(事故の原因について疑いはない)

I am obliged to absent myself **because of** (*or* **on account of**) illness.

(病気のためやむをえず欠席いたします) [理由]

Thoughts are expressed **by means of** words.

(思想は言語によって表現される)

There is a garden **in front of** the house. (家の前に庭がある)

He attended the meeting **in spite of** his illness.

(病気にもかかわらず，彼は会に出席した)

The principal is teaching **in place of** Mr. Smith.

(校長先生がスミス先生の代りに教えている)

I will sign the paper **on behalf of** the committee.

(委員会を代表して私がその書類にサインしよう)

According to the papers, the hijackers will not be returned to Japan.

(新聞によれば飛行機乗っとり犯人らは日本へ送還されない [とのことだ])

Differentiate the equation **with respect to** x.

(その方程式を x について微分せよ)

§155. 1　前置詞の他品詞転用

(1)　副詞として

これはその前置詞の目的語がはぶかれるために，前置詞が副詞として用いられるものである．

I have never met him **before** [this].

(彼にはいままで一度も会ったことがない)

He looked cautiously **around** [him].

(彼は用心深くあたりを見まわした)

(2)　形容詞として

The **above** rule holds good in this case.

(上述の規則はこの場合にもあてはまる)

an **up** train, a **down** train (上り列車，下り列車)

(3)　接続詞として

He arrived **before** I departed. (彼は私が出発する前に着いた)

I waited **till** the messenger came.

(私は使いのものがくるまで待っていた)

§155. 2 〈動詞＋副詞コンビ〉

前置詞が副詞に転用されたとき，とくに動詞と密接に結びついて〈**動詞＋副詞コンビ**〉(Verb-adverb combination) という形の熟語を作るものがある.

Come **in**. (=Come **into** the room.) (おはいり)
Show him **in**. (=Show him **into** the room.) (お通ししなさい)
He *went* **out**. (=He went **out** of the room.) (彼は出て行った)
Put **on** your coat. (=Put your coat **on** your back.)
(上着を着なさい)
He *has* a straw hat **on**. (=He has a straw hat **on** his head.)
(彼はむぎわら帽子をかぶっている)
Take **off** your boots. (=Take your boots **off** your feet.)
(くつをおぬぎなさい)

N.B. 〈動詞＋副詞コンビ〉の副詞は動詞の目的語である名詞のあとに移すことができる．目的語が代名詞のときは副詞を必ずそのつぎにおく.

Put **on** your hat. / *Put* your hat **on**. (帽子をおかぶりなさい)
Take your hat and *put* it **on**. (帽子を取っておかぶりなさい)

ただし，*see* . . . **off** (. . . を見送る) にあっては，常に off があとにくる.

I **saw** *him* **off**. (私は彼を見送った)
I **saw** *the gentleman* **off**. (私はその紳士を見送った)

Exercise 11

(1) つぎの各文の ____ のところに前置詞を入れよ.

1. Please drive slowly. This road is ____ repair.
2. He is taller than I ____ five c.m.
3. I shall arrive ____ two o'clock ____ Friday.
4. They live within 20 meters ____ the police station.
5. Why are you ____ such a hurry?

6. I would rather travel ____ day than ____ night.
7. The heat ____ the flames kept the firemen ____ a distance.
8. This is the hottest day we have had ____ several weeks.
9. There has been an increased demand ____ our goods.
10. I quite agree ____ you.
11. Why are you afraid ____ him?
12. She spoke to me ____ tender tones.
13. What is the matter ____ you?
14. The movie lasted ____ three hours.
15. I have a favor to ask ____ you.
16. I prefer traveling by air ____ traveling by sea.

(2) つぎの文の（ ）の中に前置詞を入れよ．

"Are you afraid now (ア) daylight?"

"No, but night will come again (イ) long; and I am unhappy (ウ) other things."

"What other things? Can you tell me some (エ) them?"

How much I wished to reply fully (オ) this question! But it seemed difficult to do so. Children can analyze their feelings (カ) some extent, but they do not know how to express the result (キ) words. However, I was fearful (ク) losing this opportunity, and so, (ケ) a disturbed pause, I tried to make an answer.

(「いま，ひる間でもこわいのですか」「いいえ，でも，夜は，まもなく，またきます．それに，私はほかのことでも不幸なんです」「ほかのどんなこと？ そのうちのいくつかをいってくれない？」この問いにじゅうぶん答えたいとどんなに思ったことだろう．でも，そうすることはむずかしいと思われた．子供というものは，ある程度まで自分の感情を分析することができるが，その結果をことばにいいあらわすすべを知らないのである．しかし，私はこの機会を失うことを恐れたので，不安なためらいのあとで，[何とか] 答えようとつとめた)

(3) instead of . . . (. . . の代りに) という〈前置詞句〉は **Instead of doing** A, I did B. (私は A をしないで B をした) のように of のつぎに

動名詞を用いるのが代表的用法である．つぎの各項に，それぞれ2文が与えられているから，これを instead of を用いて1文とせよ．

1. I telephoned her. I did not write a letter.
2. We will go back on foot. We will not take the bus.
3. He did not tell his wife the truth. He took his typist to the cinema secretly.
4. You should eat more fresh fruit. You should not eat so much canned food.
5. I think I will watch the television. I will not do my homework.

(4) つぎの文中の誤りを正せ．

1. I opened the door by a key.
2. He came in the class-room.
3. He told to me so.
4. I began my homework from three o'clock.
5. I will call at Mr. Smith on tomorrow.
6. He came to home in last week.
7. John left Paris to London yesterday.
8. My mother was very angry to me.
9. This box is made by paper.
10. Mary is ill on bed, but she will get better after a few days.

8. 接　続　詞

§156 接続詞の機能

文の中の一部分と他の一部分とを接続する語，すなわち and, or, but, so, for, if, when, because, though などを接続詞という．

2個の文，**P, Q** があって，これを接続詞でつないで，1つの大きな文 **R** を作ったとき，その **R** の中では，**P, Q** は部分である．このとき，**P, Q** を節 (Clause) という．〈節〉については §171～§176 で詳しく述べる．そうすると，

P=Tom is a schoolboy. (トムは生徒です)

Q=Mr. Smith is Tom's teacher. (スミスさんはトムの先生です)

とするとき，

P and Q=Tom is a schoolboy **and** Mr. Smith is his teacher.

である．この形で，主要な接続詞の意味を書いてみると，つぎのようになる．

〈P **and** Q〉	P であり，そして Q である．
〈P **or** Q〉	P であるか，または Q である．
〈P **but** Q〉	P であるが，しかし，Q である．
〈P, **so** Q〉	P だ，それで Q だ．
〈P, **for** Q〉	P である，というのは Q だから．
〈**If** P, Q〉	P ならば，Q である．
〈**When** P, Q〉	P のとき，Qである．
〈P **because** Q〉	Q だから P だ．
〈P, **though** Q〉	Q ではあるが P だ．

これらのうち，and, or, but, so, for の5語は，P と Q とを対

等に結合するから，これを**等位接続詞** (Co-ordinate conjunction) といい，その他の接続詞はすべて，**従属接続詞** (Subordinate conjunction) という．

N.B. and, or の2語は〈節〉以外のものの接続もできる．たとえば

語と語 {Mary **and** Lucy (メアリとルーシー)
Mary **or** Lucy (メアリかルーシー)

句と句 {at home **and** at school (うちで，および学校で)
at home **or** at school (うちで，または学校で)

このような場合を 'A and B', 'A or B' として研究することもできるが，それはおもに論理学における「かつ」「または」の研究であって，文法的には，大した問題を含まないから，これ以上立ち入らないことにする．ただ日本語で「本や雑誌」「本とか雑誌など」というとき，それが 'and' の意味か，'or' の意味か，あるいはどちらともきめられない場合なのかという疑問が感じられることがある．和文英訳のときは前後の関係によって判断すべきである．

§157 等位接続詞の分類

〈等位接続詞〉を分類するとつぎのようになる．

(1) 連結接続詞——**and** とその同類

(2) 選択接続詞——**or** とその同類

(3) 対照接続詞——**but** とその同類

(4) 因由接続詞——**so** とその同類

以下，この順序で，やや詳しく見ていくことにする．

§158 連結接続詞

たんに〈語〉〈句〉〈節〉を連結するだけの役目をするものをいう．

He is fond of cats **and** dogs. (彼はねこと犬が好きだ)
He is a poet, **and also** a philosopher. (彼は詩人でまた哲学者だ)
He is a poet, **and** a good one, **too.**
(彼は詩人だ，しかも立派な詩人だ)

N.B. 1. 同等の語を3個以上並べるときには各語の間を，コンマで切り，最終の語の前にのみ and をおく．

He speaks, reads, **and** writes equally well.
(彼は話すことも読むことも書くこともみなじょうずだ)

I do not want to go; **besides** I have no time.
（私は行きたくない，それに暇もない）
He is well educated; **moreover**, he is a genius.
（彼はりっぱな教育を受けている，それにまた彼は天才だ）

This book is interesting **and** instructive.
（この本はおもしろくてまたためになる）
It is {**both** / **alike** / **at once**} interesting **and** instructive.
（おもしろくもありまた同時にためにもなる）
It is **not** {**only** / **merely**} interesting, **but also** instructive.
（おもしろいばかりでなくまたためにもなる）
It is instructive **as well as** interesting.
（おもしろくもあるし，また，ためにもなる）

N.B. 2. ふたつの語句を結ぶには and だけで A **and** B としてもたりるのであるが，〈両方とも〉と強くいうには both を加えて **both** A **and** B といい，両者間に軽重をつけ，A を重く見るときは A **as well as** B (B と同様に A も) となり，A をいっそう強くいうときは **not only** B, **but also** A (B のみならず A もまた) となる．

His name is known **not only** in Japan, **but also** in China.
（彼の名は日本のみならず中国においても知られている）
His name is known **not only** in Japan, **but** all over the world.
（彼の名は日本のみならず世界中に知られている）

「日本と中国」のように〈同類項〉を重ねていうときには，not only . . . **but also** を用い，「日本のみならず世界中」というように，範囲を拡張する言い方には not only . . . **but** を用いるのが通例である．このとき，not only のつぎにくるものと but (also) のつぎにくるものとが文法上同一の機能を持つものでなければならない．

He **not only** *abuses* his wife **but also** *beats* her.
（彼は妻をののしるのみならず，なぐることもある）
He abuses **not only** *his wife* **but also** *his sister*.
（彼は妻のみならず妹をののしる）

§ 159　選択接続詞

2 個のもののうち〈1 個を選ぶ〉という意味を持つものをいう．

Do you know French, **or** German?
(君はフランス語を知っているのか，それともドイツ語か)
Do you know **either** French **or** German?
(君はフランス語かドイツ語かどちらか知っているか)
He knows **neither** French **nor** German.
(彼はフランス語もドイツ語もどちらも知らない)

N.B. 1. 両方とも否定する場合，最初に neither を用いればあとは nor であるが，はじめが他の否定語ならばあとは or である．

He does **not** drink **or** smoke.
He **neither** drinks **nor** smokes. (彼は酒もタバコもやらない)

He has **no** father **or** mother.
He has **neither** a father **nor** a mother. (彼は父も母もない)

Cf.
I am not rich, **and** I do not wish to be [rich], **either**.
I am not rich, **neither** do I wish to be [rich].
I am not rich, **nor** do I wish to be [rich].
(私は金持ちではない，また金持ちになりたくもない)

N.B. 2. 最初の文で **or** の前にコンマがないと〈語と語〉との結合になり，

Do you know French **or** German?
(君は〈フランス語またはドイツ語〉を知っているか)

の意味で，これは〈Yes–No 疑問〉である．つぎの文を比較せよ．

Have you had **tea, or coffee**?
=**Which** did you have, **tea or coffee**?
(君はお茶を飲んだのか，コーヒーをのんだのか) [X 疑問]
Have you had **tea or coffee**?
(君は〈お茶またはコーヒー〉[何かそういう飲み物] を飲んだか) Yes–No [疑問]

§160 対照接続詞

これは「白 対 黒」などのように対照の意味をあらわすものをいう．

He is poor **but** (he is) proud. (彼は貧乏だが自尊心がある)
He is young, **and yet** he is prudent.
(彼は若い，それにもかかわらず思慮がある)
Everybody went against him; **still** he persisted.

(みんな彼に反対した，それでもなお彼はがんばった)

At last we were at the end of the story; **however,** it was not a happy ending.*

(とうとう，われわれはその話の終りに到達した．けれどもそれは，めでたしめでたしというようなことではなかった)

It may sound strange, **nevertheless** it is true.

It may sound strange, **but** it is true **for all that**.

(ふしぎに聞こえるかもしれないが，それにもかかわらず事実だ)

I am a late riser, **but** I rise early sometimes. [等位接続詞]

(私は朝寝坊だがときには早く起きる)

Cf. I am a late riser, **while** he is an early riser. [従属接続詞]

(私は朝寝坊だ，それに反して彼は早起きだ)

Indeed he is young, **but** he is prudent.

(なるほど彼は若い，しかし思慮がある)

It is true he is old, **but** he is still strong.

(なるほど彼はとしよりだ，しかしまだ強健だ)

A good method, **to be sure**; **but** hard to practice.

(なるほどよい方法ではある，しかし実行は困難だ)

Revenge **may be** wicked, **but** it is natural.

(かたきうちは悪いことではあろうが，しかし自然なものだ)

N.B. 1. 以上の例で「対照」が「譲歩」に通ずる場合が多いことがわかる．

N.B. 2. 〈not A, but B〉は通例「A でなくて B」と訳す．

He did *not* look back, **but** went straight on.

(彼はふりかえらないで，まっすぐ行ってしまった)

§161 因由接続詞

〈原因・理由〉の接続詞で，前提と結論とを連結するもの．

All men are mortal; kings are men; **therefore** kings are mortal.

(人間はみな死ぬ，王様も人間だ，だから王様も死ぬ) [三段論法]

I have no money, **so** I can't buy it.

(私は金がない，だからそれを買うことはできない)

---

* 話の終りが「めでたし，めでたし」となることを happy ending という．日本語で「ハッピーエンド」というのは和製英語である．

N.B. この項にあげたものは，いずれも副詞が接続詞の役目をかねたものである．for も因由接続詞であるが，これは，〈P, for Q〉でいうと Q のほうが〈理由〉になる．そしてその〈理由〉というのも，because とちがい，for の意味は，P の部分を自分が発言する〈根拠〉を示す，または発言についての〈注解〉をする気持ちである．

The teacher has gone home, **for** his bag is no longer there.
（先生は帰宅されたのだ，というのは先生のカバンがもうそこにはないから）[判断の根拠]
The teacher is absent, **because** he has caught cold.
（先生はかぜをひいたから欠席だ）[欠席の理由]
Then I spoke to Albert—**for** such was his name—and. . .
（それから私はアルバート——じつはこれがその人の名前なのだが——に話しかけて．．．）[注解]

§162　従属接続詞

従属接続詞については〈句と節〉の所 [§171～§176] で詳しく述べる．ここでは〈時間をあらわす副詞節〉を導くものを中心に，代表的な用例をあげておく．

He learned English **when** he was young.
（彼は若いときに英語を習った）
He took my place **while** I was ill.（私の病気中彼が代理をした）
You may come **whenever** you like.
（君はいつでも好きなときにきてよい）

N.B. 1. You **may** come. と You **can** come. については，§291 参照．

You can read it **as** you run.（走りながら読める＝ごくやさしい）
It is ten years **since** I left home.（故郷を出てから 10 年になる）
I am going to wait **till** (=*until*) he arrives.
（私は彼が着くまで待つのだ）
I left **before** he arrived.（私は彼が着く前に出発した）
He arrived **after** I left.（彼は私が出発したあとに着いた）

He left the room **as soon as** he saw me.
（彼は私を見るやいなやへやを出て行った）
He had **no sooner** seen me **than** he left the room.
（彼は私を見るとすぐにへやを出て行った）[前半〈過去完了〉に注意]

He had **scarcely** seen me **when** he left the room.
（彼は私を見るか見ないうちにへやを出て行った）［前半〈過去完了〉に注意］

You shall want for nothing **as long as** (=*while*) I live.
（私の生きている間はお前たちに不自由はさせない）
Cf. Any book will do **so long as** (=*if only*) it is interesting.
（おもしろくさえあれば何の本でもよろしい）［条件］

N.B. 2. 時の副詞節の動詞が be であれば，その be はその主語とともに省略することができる．ただし，これはその主語が主節の主語と同一の場合に限る．

I learned English **while** (I was) in the country.
（私はいなかにいるころ英語を習った）
When (he was) young, he was not happy.
（彼は若いときは幸福ではなかった）

N.B. 3. since, before には前置詞，副詞としての用法もある．例をあげておく

接続詞——He has been living here **since** his father died.
（彼は父が死んでからここに住んでいる）
前置詞——He has been living here **since** his father's death.
（彼は父の死去以来ここに住んでいる）
副　詞——His father died three years ago. He has been living here ever **since**.
（彼の父は 3 年前に死んだ. それ以来彼はここに住んでいる）
接続詞——I saw him **before** I left.
（私は出発する前に彼に会った）
前置詞——I saw him **before** my departure.
（私は出発前に彼に会った）
副　詞——I have seen him **before**.
（私は以前彼に会ったことがある）

なお，before にはつぎのような用法がある．

It will be **some time before** he gets well.
（彼はそうすぐにはなおるまい）
It will **not** be **long before** he gets well.
（彼はまもなくなおるだろう）

I had **not** waited **long before** he appeared.
(待つほどもなく彼がやってきた)
I had **not** proceeded **far before** I began to feel tired.
(遠くも行かぬうちに疲れを感じてきた)

The cherry-blossoms will be out **before long** (=shortly).
(まもなくさくらが咲くだろう)

N.B. 4. 〈時の接続詞〉when に対応して，〈場所の接続詞〉where があるはずであるが，実際にはまれである．1例だけあげる．

Where there is a will, there is a way.
(精神一到何事か成らざらん) [意志のあるところに，道がある]

Exercise 12

(1) 例題の ① は neither A nor B (A も B も...でない) という形であり，② は，これを分離して〈A は...でない．B も〉としたものである．つぎの各題を，例題にならって ② の型の文に書きかえよ．

《例》 ① Neither Mary nor John likes this cold weather.
② Mary does not like this cold weather. Nor does John.

1. Neither John nor Lucy went to the concert yesterday evening.
2. Neither Tom nor Mary plays tennis.
3. Neither my wife nor I was ill yesterday.
4. Neither my brothers nor my sisters like skating.
5. Neither Tom nor Dick likes examinations.
6. Neither you nor I am fond of dogs.
7. Neither Dr. Smith nor his wife liked living in London.
8. Neither Tom nor I can keep secrets.

(2) つぎの左欄の〈1. 2. 3. 4. 5.〉と右欄の〈ア．イ．ウ．エ．オ．〉とを正しく結合して，それぞれ1文を作れ．

1. He may be too young,	ア． and then his daughter followed.
2. I could not understand it,	イ． so I asked him the reason.
3. First Mr. Smith came in,	ウ． for the doctor's car is at her door.
4. You can go alone, if you like,	エ． but he must do his best.
5. Lucy must be ill,	オ． or shall I go with you?

9. 感　嘆　詞

§163 感嘆詞の機能

感嘆詞は，たとえば日本語で「おや!」「まあ!」「ふーん!」などという場合のように，文頭，あるいは文中に挿入されて〈感情〉〈注意喚起〉〈あいさつ〉などをあらわすために用いられる語であって，文の構造には直接関係しない．したがって，主要なものを個々におぼえるだけでよい．

つぎの文は対話の文である．

Doctor Smith: **Hello,** Tom! What's the trouble now?

Tom: I have been feverish since yesterday, and I have a headache, too.

Doctor: **Oh**, that's too bad. **Well,** I will first take your temperature.

[Dr. Smith takes Tom's temperature, and then sees Tom carefully.]

Well, you have caught a bad cold, but there's nothing much wrong, I think. You will get better in two or three days.

Tom: Thank you very much, Dr. Smith.

スミス先生： やあ，トム君，いらっしゃい．どこが悪いの?

トム： きのうから，熱があるんです．それに頭痛もするんです．

先生： ああ，それはいけませんね．じゃ，まず，体温を計りましょう．

[スミス先生はトムの体温を計り，それから注意深く診察する]

ええっと，これは悪いかぜをひいたのですね．でも大したことはありませんよ．2, 3 日でよくなるでしょう．

トム： 先生，ありがとうございました．

N.B. この The doctor *takes*. . . *sees*. . . . という現在形については §198 N.B. 参照．

この文の中の **hello, oh, well** が感嘆詞の代表である．これを中心に解説しよう．

§164 感嘆詞の種類

Hello! は広い意味でのよびかけの語である．電話ならば「もしもし」にあたる．また，人に会ったときのあいさつにもなる．なお，あいさつは一般には Good morning! (おはよう), Good evening! (こんばんわ), Good night! (おやすみ), Good afternoon! (こんにちは) [午後に], Good-by! (さようなら), So long! (さようなら), See you again! (またお会いしましょう) などが用いられる．

これらのあいさつ用語を用いるときは，そのあとに相手の名を入れるのがよい．すなわち，

Hello, *John!*　　**Good morning,** *Mr. Smith!*

などの形をとる．これをせずに言いっぱなしにすると，ぞんざいな印象を与えることが多い．

Oh! は〈おどろき〉をあらわす感嘆詞で，もっとも一般的なものである．Ah! / Alas! は〈悲しみ〉をあらわすことが多い．そのほか，〈おどろき〉をあらわすには，Dear me! / Good heavens! / Oh, my goodness! など，いろいろ用いられるが，これらは英米人の長い間の習慣に基づく微妙な用法がきまっているから，われわれ日本人が乱用すべきでない．

Well は，これに反して，応用範囲の広いもので，われわれも適宜用いてよい．というより，これは「えーっと」「まあ」「さあて」というような意味であるから，外人と会話するとき，これをうまく用いると〈時間かせぎ〉ができる．

Well, let me see! (えーっと，そうですね...) [ためらい]
Well, then? (うん，それから?)
Well, here we are at last! (やれやれ，やっと着いた) [安心]

そのほか，疑問詞の what, why は What! (なんだって!), Why! (おや，まあ!) のように感嘆詞として用いられる．

I hear Mary won the first prize. — **What!** Mary won the first prize, did she?

(メアリが1等賞だそうだ.――何だって! メアリが1等賞だって?)

Who was the first President of the U.S.A?—**Why,** what an easy question you ask!

(アメリカの初代大統領はだれでしたか?――まあ, なんと, やさしい質問をなさいますね)

Exercise 13

(1) 感嘆詞を用いてつぎの文を英訳せよ.

1. まあ, すてき! これ, ほんとうに私にくれるの?
2. ええーと, そうですね, 2週間はかかるでしょうね.
3. だってさ, それは君のほうからたのんだことなんだよ.
4. 何だって, 君のおばさんが病気だって! ああそれは困ったなあ.
5. もしもし, スミスさんですか? こちらは田中です. [電話で]

(2) つぎの各語を {large (大きい) / small (小さい)} のように, 2語ずつ組み合わせて, 〈反意語の組〉を20組つくれ. 番号の組み合わせで答えよ.

1. begin	11. easy	21. in	31. remember
2. buy	12. end	22. late	32. sell
3. cold	13. fast	23. light	33. shallow
4. cool	14. find	24. live	34. slow
5. day	15. finish	25. lose	35. start
6. deep	16. forget	26. low	36. warm
7. die	17. heavy	27. night	37. well
8. difficult	18. high	28. old	38. wet
9. dry	19. hot	29. out	39. work
10. early	20. ill	30. play	40. young

(3) つぎの各組の文で, (a) の文の下線をほどこした語を適当に変化させて, それを (b) の文の空所に埋め, 文の意味が通るようにせよ.

《例》 (a) Don't make so much noise.

(b) The children are playing (　　).　　《答》 noisily

1. (a) Don't forget it.
   (b) He is (　　) of his duties.
2. (a) I suspect him.
   (b) She cast a (　　) glance at the scene.
3. (a) The children annoy me.
   (b) The flies are terribly (　　).
4. (a) Observe the traffic law when driving a car.
   (b) Strict (　　) of the regulations is required.
5. (a) He is a member of the club but does not attend regularly.
   (b) His record of (　　) is bad.
6. (a) We have to dispose of the land.
   (b) We disagree to the (　　) of our house.

(4) つぎの各語を，それぞれの指示に従って変えよ．ただし，接頭辞 un-, in- および接尾辞 -ness のついた形にしてはいけない．

1. necessary を名詞形に．
2. fortune を形容詞に．
3. ordinary を，接頭辞をつけて反意語に．
4. wrong を反意語に．
5. wise を名詞形に．

(5) つぎの語をそれぞれの指示に従って書きかえよ．

1. consider（形容詞に）
2. try（名詞に）
3. danger（動詞に）
4. allow（名詞に）
5. various（動詞に）
6. confine（名詞に）
7. require（名詞に）
8. conversation（形容詞に）

(6) つぎの各群の文の中で，誤りのある文が1個ずつある．それを記号で答えよ．

1. (a) I turn on the gas.
   (b) I turn on the electric light.
   (c) I turn on the water.
   (d) I turn on the radio.
   (e) I turn on a match.
2. (a) I suppose he'll get rich.
   (b) I hope he'll get rich.

(c) I wish he'll get rich.
(d) I think he'll get rich.
(e) I expect he'll get rich.

3. (a) He takes off his sweater.
(b) He takes off his pocketbook.
(c) He takes off his raincoat.
(d) He takes off his hat.
(e) He takes off his shoes.

4. (a) You got aboard the ship.
(b) You got aboard the street car.
(c) You got aboard the bicycle.
(d) You got aboard the train.
(e) You got aboard the super express.

(7) つぎの各文の下線の引いてある語をなおして正しい文にせよ.

1. Two years have passed that I came here last.
2. Do you know the boy who name is Fred?
3. We learned that the earth was round.
4. This is a letter writing by her.
5. This book is different to yours.

(8) つぎの文の（　）の中に適語を入れよ.

1. I was so tired (ア) I couldn't work.
2. Are you interested (イ) sports?
3. She laughed (ウ) me.
4. I went to Hawaii (エ) the summer (オ).
5. How long does it take (カ) reach there?
6. Which language do you speak, French (キ) German?
7. She has more books (ク) I.
8. He is not an American, (ケ) an Englishman.

III. 統　語　論

1. 文型と文の要素

§165 文とは何か

〈一定順序をもった語の集合〉が，それ自身で，〈まとまりのある情報〉または〈感情の動き〉をつたえるとき，その集合を〈文〉という．

① John gets up at six every morning.
② You must come here at once.
③ this little dog
④ and as soon as he

これらのうち，① と ② とは文であり，③ と ④ とは文ではない．

§166 文の要素

文は〈何かの主題について何かを述べる〉という形式を持っている．そのうち主題になる部分を**主部** (Subject) といい，主部以外の部分を**述部** (Predicate) という．§165 の ① の文では John が〈主部〉であり，gets up... が〈述部〉である．また，② の文では You が〈主部〉であり，must come... が〈述部〉である．

この〈主部〉と〈述部〉をさらに細かく分けていくと，英語の文にはつぎの**要素** (Element) があり，そのうち，〈主要素の組み合わせ〉によって，文を 5 つの型に分けることができる．

そこで，まず，要素を表の形にして示し，そのうちの主要素についてだいたいの説明をして，それから文型の話に移りたい．

	名　　称	略号
主要素	主　語　Subject	**S**
	述語動詞　Predicate verb	**V**
	補　語　Complement	**C**
	目的語　Object	**O**
副要素	形容詞的修飾語　Adjective modifier	$\mathbf{M_1}$
	副詞的修飾語　Adverbial modifier	$\mathbf{M_2}$

N.B. 〈述語動詞〉を **V** と表記してあるが，これは品詞のひとつとしての〈動詞〉のことをいうのではない．いまは，あくまで，〈文の要素としての述語動詞〉の話であるから，その点を混同してはならない．同様に，品詞としての〈形容詞〉〈副詞〉は，それぞれ文の要素としての〈$\mathbf{M_1}$〉〈$\mathbf{M_2}$〉とは区別して考えなければならない．

S (主語)——主部のうちの主要な語を **S** という．主部が上の ①，② の文のように1語の場合は，〈主部＝主語〉である．主部が，たとえば，The beautiful lady である場合には，〈主部〉のうち lady が **S** であり，beautiful が $\mathbf{M_1}$ である．冠詞など〈限定詞〉は，それが限定する語の一部と考え，とくに表記しない．

V (述語動詞)——述部のうちの主要な語を **V** という．述部は一般に数語から成っているが，たまには，Birds **sing.** とか Mary **cries.** とかのように述部が1語の文がある．この場合は〈述部＝述語動詞〉である．**V** が上記 ② の文 You **must come** here. のように〈助動詞＋本動詞〉からなっていることもある．このような場合は，常に最初の1語のみが〈定形動詞〉であり［他は非定形であり］，また最後の1語のみが本動詞である［他は助動詞である］．

	助動詞	本動詞	
You	must	come	here.
	定形	非定形(原形)	
S	**V**		$\mathbf{M_2}$

	助動詞	助動詞	本動詞
He	will	be	going.
	定形	非定形(原形)	非定形(現在分詞)
S		**V**	

C (補語)――〈あるものが...である〉とか〈...という状態にある〉とかの記述を与える語を **C** という. He is **a teacher.** / He is **tall.** の文の a teacher や tall は **C** である.

O (目的語)――ある動作が行なわれたとき, その動作が及ぶ対象を **O** という. 日本語では通例「...を」「...に」と表現されるような〈...〉をあらわす語が英語では **O** となる. また前置詞につづく名詞・代名詞は, その〈前置詞の目的語〉というが, 文の要素としては, この場合は〈前置詞+名詞・代名詞〉の結合全体を $\mathbf{M_1}$ または $\mathbf{M_2}$ と表記することが多い. そしてつぎのように〈S+V+O〉の構造を持つ文が英語の文の代表的な型である.

He likes apples. (彼はりんごがすきだ――りんごを好む)
S　V　O

(前置詞 at の目的語)
He bought these apples at the market.
S　V　O　$\mathbf{M_2}$
(彼はこれらのりんごを市場で買った)

§167　5文型

以上述べた **S, V, C, O** の組み合わせによって英語の文をつぎの5つの型に分ける. 文の型を**文型** (Sentence pattern) という.

文　型	構　造	例　　文
第1文型	S+V	① **He** always **swims** here.
第2文型	S+V+C	② **He is a teacher.**
第3文型	S+V+O	③ **He likes apples** very much.
第4文型	$\mathbf{S+V+O_2+O_1}$	④ **He gave me an album.**
第5文型	S+V+O+C	⑤ **We call him Tom.**

N.B. ① の文では always と here とはともに $\mathbf{M_2}$ であり, 文型の考察では, これは除外して考える. ③ の文の very much は $\mathbf{M_2}$ である. ④ の文は,「彼は　私に　アルバムを　くれた」の意味で **O** が2個ある. このとき,「...に」となるほうを**間接目的語** (Indirect object) といい，O_2 であらわす.「. . . を」となるほうは，一般の目的語であるが，O が2個ある文の中では，これを**直接目的語** (Direct object) といい O_1 であらわす. ⑤ の文は「われわれは　彼を　トムと　呼ぶ」の意味で，うらには〈彼はトムだ〉を含むから，Tom は〈**O** である　him〉に対する **C** である. 第2文型の **C** を**主格補語** (Subject complement), 第5文型の **C** を**目的格補語** (Object complement) とよぶ.

§168　動詞の自他・完全不完全

前節で文型を5つに分けた. そうすると，自然に〈述語動詞〉もそれに応じて5種類あるということになる. 一般に〈補語を要求する動詞〉を**不完全動詞** (Incomplete verb) といい，〈補語を要求しない動詞〉を**完全動詞** (Complete verb) という. また，〈目的語を要求する動詞〉を**他動詞** (Transitive verb),〈目的語を要求しない動詞〉を**自動詞** (Intransitive verb) という. また，目的語を2個要求する動詞を**授与動詞** (Dative verb) という. したがって，5文型に即して，まとめるとつぎのようになる.

文　型	動詞の種類	例
第1文型	完全自動詞	swim, live, fall, etc.
第2文型	不完全自動詞	be, become, seem, etc.
第3文型	完全他動詞	like, read, write, strike, buy, etc.
第4文型	授与動詞	give, tell, show, teach, etc.
第5文型	不完全他動詞	call, make, elect, etc.

N.B. 1. 〈授与動詞〉は〈完全他動詞〉である.
N.B. 2. 各項に例示した動詞は，それぞれの代表的なものであるが，固定したものではない. 通例，ひとつの動詞がいくつかの型にまたがって用いられる.

§169　5文型の中にはいらない文

5文型についての説明は以上で終りであるが，ここでひとつ注意すべきことがある. それは5文型というものは，英文の構造のうちのごく基本的部分についての分析であって，すべての英文をカバーするようなものでないという点についてである. たとえばつぎのような文は，どの文型に入れてよいかわからない文である．

There is a book on the table.（テーブルの上に本がある）
John came running.（ジョンは走ってきた）
This is Jane speaking.（こちらはジェーンです）［電話で］
He is busy writing letters.（彼は手紙を書くのに忙しい）
He is in the garden.（彼は庭にいる）

これらの文を5文型のどれかに入れようとすると必ず無理が起こる．それは5文型という考え方は，はじめから，こういう文をカバーするようには作られていないからである．これらを含めて，すべての英文を文型に分類しようと思えば，〈5文型〉どころでなく，〈25文型〉とか〈60文型〉とかを考えなければならない．それはやってできないことはないが，いまのわれわれにとってはそんなことが意味のある重要なことではない．上に列挙したような文の意味がわかれば，われわれとしてはそれでよいのであって，これらを分類するために何十という文型を考えるならば，しまいには個々の文に1つずつ文型を配当するようなことになり，実用にはならないであろう．結局，たくさんの文型を考えるということは，専門の学者にとっては重要な課題ではあっても，いま，英語を学習して〈運用能力をつける〉ことを目的とするわれわれにとっては，かえって煩雑なもので，むしろじゃまになるわけである．したがって，われわれは，基本的なルールとして〈5文型〉を受け入れ，これによって考えていくが，〈5文型のワク外にはみ出す文もある〉ということを承知しておけばそれでよいのである．同様の理由から，This was written by Scott.（これはスコットによって書かれた）というような〈受動態〉［→§226］の文も，本書では，5文型の問題からは除外することにしよう．

N.B. There is a book on the table. のような〈導入の there〉［→§67］を含む文を5文型とは別に〈There-is 型〉の文ということにする．そしてつぎのように分析することにする．

There is a book on the table.
　　　V　　S　　　M_2

そして，なぜこの文を〈第1文型〉としないかという理由については §274 参照のこと．

§170 5文型による英文分析の実例

ここでは各文型ごとに，それぞれ，いくつかの文をあげて，分析の実際を見ていくことにする．

(1) 第1文型〈**S+V**〉

Tom runs very fast. (トムはたいへん速く走る)
S V M_2→M_2

That pretty girl smiled softly.
M_1 → S V ← M_2
(その美しい少女はしずかにほほえんだ)

(2) 第2文型〈**S+V+C**〉

Mr. Brown is an English teacher.
S V M_1 ⟶ C
(ブラウンさんは英語の先生です)

The old gentleman got very angry. (老紳士はたいへんおこった)
M_1 → S V M_2 → C

(3) 第3文型〈**S+V+O**〉

You made many mistakes in your composition.
S V M_1 ⟶ O M_2
(君は作文の中にたくさんまちがいをした)

I must put out the light at once.
S V ← M_2 O M_2
(私はあかりをすぐ消さなければならない)

N.B. put out は §155.2 で述べた〈動詞+副詞コンビ〉である．

(4) 第4文型〈**S+V+O_2+O_1**〉

He told me a long story. (彼は私に長い話をした)
S V O_2 M_1→O_1

That kind gentleman showed me the way to the office.
$M_1 \rightarrow S$ V O_2 $O_1 \leftarrow M_1$

（その親切な紳士は私に事務所への道を教えてくれた）

(5)　第5文型〈**S+V+O+C**〉

She named the baby Nancy.
S V O C

（彼女はその赤ん坊をナンシーと名づけた）

That news made me very happy.
S V O $M_2 \rightarrow C$

（そのしらせは私を大へん幸福にした）

I believe him to be honest.（私は彼を正直だと信ずる）
S V O C

I could hear some birds singing.
S V O C

（鳥が歌っているのが聞こえていた）

I had my hair cut yesterday.（私はきのう散髪した）
S V O C M_2

Exercise 14

(1)　つぎの各文は「...に...を与えた」という型の文であるが「...に」のところが $\mathbf{M_2}$ となっている．この $\mathbf{M_2}$ をやめ，その代りに末尾（　）内の語を $\mathbf{O_2}$ として用いた〈$S+V+O_2+O_1$〉型の文を作れ．

1. Mr. Richard has sold his old car *to one of his neighbors.*　(me).
2. I will send the books *to your brother* next week.　(him)
3. Will you lend a hundred dollars *to my sister*?　(her)
4. Please give this book *to the woman sitting in the corner.*　(Mary)
5. My mother bought a model plane *for my little brother.*　(George)

(2)　つぎの各文が〈第何文型〉であるかをいえ．

1. I met George yesterday.
2. Time passes very quickly.
3. You must help your mother cook the fish.

4. I could hear her singing.
5. Mary kindly got me the tickets.
6. Suddenly Lucy became very pale.
7. John has saved much money for his wife.
8. Certainly, I will make you happy.
9. I will make you a new dress.
10. In those days he used to look happy.

(3) つぎの文を例にならって主部 (S) と述部 (P) に分け，これを和訳せよ．

《例》 The book on the table | is mine.
S | P
(テーブルの上の本は私のだ)

1. That was really wonderful.
2. What he did was wrong.
3. You and I are good friends.
4. George, a friend of mine, kindly showed me the way.
5. That is the most important thing of all.

2. 単文と複文——句と節

§171 単文・重文・複文

前章では5文型として〈S+V〉,〈S+V+C〉,〈S+V+O〉などの構造を調べた．これらの5つの構造の共通部分は〈S+V〉である．それで，すべて〈S+V〉を含む構造を〈‘S+V’構造〉という．§156で例示した **P, Q** はすべて〈‘S+V’構造〉を含む文である．さて，前章で例にあげた文は，みな，それぞれ1個の文の中に〈‘S+V’構造が1個だけ起こる〉という文であった．このように，〈‘S+V’構造を1個だけ持つ文〉を**単文** (Simple sentence) という．つぎに2個の〈‘S+V’構造〉を，**and, but** などの〈等位接続詞〉で連結した文を**重文** (Compound sentence) という．He went out, **but** I stayed home. という文は重文である．また2個の〈‘S+V’構造〉を **when, if** などの〈従属接続詞〉，または **which** などの関係詞で連結した文を**複文** (Complex sentence) という．**If** he is going, I will go, too. という文は複文である．

N.B. いま，2個の〈‘S+V’構造〉といったが，ほんとうは2個以上ということで，3個でも，4個でもありうるが，話を簡明にするため，本書では，2個の場合に限っておく．

単文 [〈‘S+V’構造〉1個] He always swims here.
重文 [〈‘S+V’構造〉等位接続詞〈‘S+V’構造〉]
He went out, **but** I stayed.
複文 [従属接続詞〈‘S+V’構造〉|〈‘S+V’構造〉]
If he is going, I will go, too.

このうち，〈単文〉の構造については〈5文型〉として説明がすんでいる．また重文の構造は，単文の積み重ねに過ぎないから，とくに説明することは何もない．そしてその実例は §158～§161 にあげておいた．ただ，重文の中の2個の〈‘S＋V’構造〉をそれぞれ**等位節** (Co-ordinate clause) ということを覚えておけばよい．そうすると問題は〈複文〉の構造である．これは連結する語のあり方によって複雑な構造を持つものであるから，§174 以下であらためて説明しよう．

§172　句と節

文中にあらわれる〈語の集合〉であって，その中に〈‘S＋V’構造〉を持たないものを**句** (Phrase) といい，〈‘S＋V’構造を持つもの〉を**節** (Clause) という．to the station, in the morning, to see you, reading a book などは，〈句〉の例である．また，重文・複文中にあらわれる〈‘S＋V’構造〉はそれぞれが1個の〈節〉である．

〈句〉は〈語の集合〉であるが，これが，単一の，名詞・形容詞・動詞・副詞・前置詞・接続詞と同等のはたらきをするとき，その句をそれぞれ**名詞句** (Noun phrase), **形容詞句** (Adjective phrase), **動詞句** (Verb phrase), **副詞句** (Adverb phrase), **前置詞句** (Preposition phrase), **接続詞句** (Conjunction phrase) という．これらのうち，〈名詞句〉，〈形容詞句〉，〈副詞句〉の3つはとくに重要であって，文の要素として，**S, V, C, O, M_1, M_2** になりうるから，次節で説明しよう．

〈節〉も〈語の集合〉であるが，[(接続詞など＋)〈‘S＋V’構造〉] が単一の名詞・形容詞・副詞と同等のはたらきをするものを，それぞれ，**名詞節** (Noun clause), **形容詞節** (Adjective clause), **副詞節** (Adverb clause) という．これらは文の要素として，**S, C, O, M_1, M_2** になりうる．

N.B. 1.　これらの「○○句」,「○○節」という,〈品詞名〉を用いた呼び名は，厳密にいうと正しくない．なぜかというと，ある〈句〉や〈節〉が，たとえば〈形容詞と同じはたらきをする〉というようなことは，文中に使われてみてはじめてわかることである．そこで，これらははじめから文の要素として〈形容詞的修飾語句〉——すなわち〈M_1 句〉というように，[品詞名でなく]〈文の要素の名前〉でよぶべきである．しかし，わが国の英文法では，通例，名詞句[節]，形容詞句[節]，副詞句[節]などの名称が定着しており，それなりに便利であるから，本書でも便宜上これを用いることにする．

N.B. 2. 文法書によっては，〈不定詞や動名詞を含む句〉のことを不定詞句，動名詞句とよび，それらが名詞句，形容詞句，副詞句となった場合を，それぞれ名詞的用法，形容詞的用法，副詞的用法とよんでいるが，これは，句の名称が混乱するおそれがあるから，本書ではこれを用いない．これは，本書では〈to the station などを前置詞句とよばない〉[→§154 N.B.] のと同じ理由からである．

§173.0 句と単文

ある1個の単文をとり，その中の **S, C, O, M_1, M_2** を〈句〉でおきかえても，それはやはり〈単文〉である．

① This is small. (これは小さい)
　 ↑　　 ↑
　 S　V　C
　 ↓　　 ↓
①′ To see is to believe. (見ることは信ずることである)

この to see と to believe はいずれも〈名詞句〉である．同様に ②→②′ と移行しても ②′ はやはり〈単文〉である．

② He walked slowly. (彼はゆっくり歩いた)
　 S　V ←— M_2

②′ He walked to the railway station with his wife.
　 S　V ←——— M_2　　　　M_2
(彼は妻とともに駅まで歩いた)

この to the railway station, with his wife はいずれも〈副詞句〉である．

以下，名詞句，形容詞句，副詞句の代表的なものをあげてみよう．

§173.1 名詞句

S, C, O のいずれかになる．

① **To master French** is not easy. [S]

(フランス語をマスターすることは容易でない)

② It is not easy **to master French.** [S]

(フランス語をマスターすることは容易ではない) [文頭の it は形式主語]

③ I want **to buy a new car.** [O]

(私は新しい車を買いたい) [「買うこと」を「欲する」]

④ **Collecting foreign stamps** is fine fun. [S]

(外国の切手を集めることは とてもおもしろい) [collecting は動名詞]

⑤ My aim is **to find out the truth.** [C]

(私の目的は真実を見いだすことだ)

§173.2 形容詞句

すべて $\mathbf{M_1}$ となる.

① He showed me the way **to Osaka station.**

(彼は私に大阪駅への道を教えてくれた)

② He is a man **of courage.** (彼は勇気のある人だ)

③ This is a picture **of my father.**

(これは父の写真です) [父が写っている]

④ This is a picture **of my father's.**

(これは父の写真です) [父が所有する写真. a friend of mine と同じ構造→§56 N.B.]

⑤ There was no water **to drink.** (飲み水はなかった)

⑥ I have no friends **to help me.** (私を助けてくれる友人がない)

⑦ A man **living in a small village** seldom gets letters from his friends.

(小さな村に住んでいる人は友人から手紙をもらうことはめったにない)

N.B. ② の of courage=courageous, すなわち, 〈of+抽象名詞〉が〈形容詞と同等〉となる.

This is **of** *much* **importance.** (=This is *very* **important.**)

(これはたいへん重要だ)

§173.3 副詞句

すべて $\mathbf{M_2}$ となる.

① He went out **with a map in his hand.**

(彼は地図を手にして出ていった) [付帯状況. in his hand の部分は map にかかる M_1]

② Last summer I went **to Nara for the first time.**
(この前の夏私ははじめて奈良へ行った)

③ Wine is made ***from*** **grapes.**
(ぶどう酒はぶどうから作られる) [原料]

④ His house is made ***of*** **wood**. (彼の家は木造です) [材料]

⑤ I got up early **to catch the first train.**
(私は一番列車に乗るために早く起きた) [目的]

N.B. 不定詞を含む句が副詞句として〈目的〉をあらわす場合には, これを, 意志動詞 [→ § 249] にあっては in order to . . . に, その他の動詞にあっては so as to . . . に書きかえることができる.

⑤′ I got up early **in order to catch the first train.**
(. . . 乗るために . . .)

⑤″ I got up early **so as to be in time for the first train.**
(. . . 間に合うように . . .)

⑥ I am glad **to meet you.**
(お会いできてうれしい――はじめまして) [理由]

N.B. 初対面のときは必ず meet を使う. 2度目からは . . . to **see** you. というほうがよい.

⑦ He lived **to be eighty years old.**
(彼は80歳まで生きた) [結果]

⑧ **Coming from Kyushu**, I have very few acquaintances here.
(私は九州の出身なので, 当地には知りあいがきわめて少ない) [理由 → § 173.4, § 284]

⑨ **Standing up rather suddenly**, he looked about himself nervously.
(急に立ちあがって彼は不安そうにまわりを見まわした) [付帯状況 → § 173.4, § 284]

§ 173.4 分詞構文

§ 173.3 の例文 ⑧ の coming, ⑨ の standing は現在分詞である. 現在分詞を含む句が〈副詞句〉であるとき, これを, **分詞構文** (Participial construction) という. 〈分詞構文〉が受動態になっているとき，すなわち，〈being＋p.p.〉の形のときは，しばしば being を省略する．このことについては §284 で述べる．

N.B. 不定詞や現在分詞のあらわす動作についての〈意味上の主語〉は，原則的には，文の主語と一致していなければならない．§173.3 の ⑤～⑨ の文についてこれが一致していることをたしかめよ．

ただし，この〈意味上の主語〉が〈文の主語〉と一致しない場合もある．それは，〈一般的な発言〉である場合と，〈意味上の主語〉を別に明示した場合である．

① **To tell the truth,** he knows nothing about it.
(本当のことをいうと，彼はそれについて何も知らない)

② **Talking of bicycles,** he bought a new one for his son.
(自転車といえば，彼はむすこのために新しい自転車を買ったよ)

③ **The weather permitting,** we shall start on a round trip next Monday.
(天候が許すなら [天気がよければ]，こんどの月曜日に周遊旅行に出かけよう)

この ① は〈不定詞の独立用法〉とよばれる．to be frank with you (つつみかくさずいってしまうなら) などもこの同類である．② は〈分詞構文の独立用法〉とよばれる．generally speaking (一般的にいえば)，strictly speaking (厳密にいえば) などもこの同類である．③ の the weather は〈意味上の主語〉である．なお，〈意味上の主語〉の問題については，さらに §279 を参照すること．

§174　複文と従属節

あるひとつの単文をとり，その要素のひとつを〈'S＋V' 構造〉でおきかえた場合，その文全体は複文となる．そして，ある文の一要素となっている〈'S＋V' 構造〉の部分を**従属節** (Subordinate clause) という．ただし，従属節が〈従属接続詞〉によって導かれているときは，ふつう，その接続詞をも含めて従属節といっている．また，その従属節を一要素とする〈文全体〉のことを**主節** (Main clause) という．従属節が〈関係詞・疑問詞〉によって導かれるときは，その語は〈従属節の要素〉となる．

N.B. 「従属節を除いた残りの部分を主節という」という説は誤りである．もしも，この説のとおりならば，たとえば従属節が **S** であるとき，主節には **S** がないことになってしまう．この説が誤りであることは，§175 の分析を見れば一目で明らかになるであろう．

§175　複文の分析——名詞節・形容詞節・副詞節

主節も従属節もどちらもひとつの〈節〉であって〈'S+V' 構造〉を持つから，そのおのおのを5文型によって分析できる．

(1)　従属節が名詞節である場合

(a)　従属節が〈接続詞 that に導かれる名詞節〉であってそれが，主節の **O** である場合

従属節＝……………… **S V C**
I know that he is ill.
主　節＝**S　V　　O**

（彼が病気だということを私は知っている）

N.B. 1.　このように，従属節は主節の **O** として主節の中にはめこまれているのである．したがって主節というのは〈**S+V+O**〉の全体でなければならない．そして，ここでは従属節が〈**S+V+C**〉の構造をもっているのである．

N.B. 2.　名詞節を導くものが他の接続詞および疑問詞である場合の複文は〈話法〉の問題として §233～§237 で説明する．

(b)　従属節が〈接続詞 that に導かれる名詞節〉であって，それが主節の **S** であり，〈形式主語の it〉をたてる場合

従属節＝…………………… **S　V　M_2**
It is natural that he should say so.
主　節＝**S V　C**

（彼がそういうのはもっともだ）

(c)　名詞節を導くものが〈関係代名詞 **what**〉であって，その名詞節が主節の **S** である場合

従属節＝… **O　S　V**
What he says is true.
主　節＝　**S　V　C**

（彼のいっていることはほんとうだ）

(2)　つぎに従属節が形容詞節であって，それが主節の $\mathbf{M_1}$ となっている場合をみよう．

(a)　従属節を導くものが〈関係代名詞 **who**〉であって，その who が従属節の **S** である場合

従属節＝……………………… **S**　**V**　$\mathbf{M_1}$ → **O**

I know a man who speaks good French.

主　節＝**S**　**V**　**O**　⟵　$\mathbf{M_1}$

(私はじょうずなフランス語を話す——フランス語をうまく話せる——人を知っている)

(b)　従属節を導くものが〈関係副詞 **where**〉であって，その where が従属節の $\mathbf{M_2}$ である場合

従属節＝……………………………… $\mathbf{M_2}$　**S**　**V** ⟵ $\mathbf{M_2}$

This is the village where he lived ten years ago.

主　節＝**S**　**V**　**C** ⟵ $\mathbf{M_1}$

(これが，彼が10年前に住んでいた村です)

N.B.　関係詞は非制限用法であるときは，意味上は全文が重文と同等であり，事実〈. . ., who＝. . ., and he〉のように書きかえられる[→§90]が，その場合でも，その文をそのまま分析するときは上の文[制限用法]と同様に複文として分析するほうが理論的には正しい．

(3)　つぎに従属節が〈従属接続詞によって導かれる副詞節〉であって，その副詞節が主節の $\mathbf{M_2}$ となる場合をみよう．

(a)　従属節が〈時〉をあらわす when によって導かれる場合

従属節＝……… **S**　**V** ⟵ $\mathbf{M_2}$

When he comes next time, I will give him this book.

主　節＝$\mathbf{M_2}$　**S**　**V**　$\mathbf{O_2}$　$\mathbf{O_1}$

(彼がこんどきたとき，私は彼にこの本をわたそう)

(b)　従属節が〈理由〉をあらわす because によって導かれる場合

従属節＝………………………………………… **S**　**V**　**C**

Mary is absent today, because she is ill.

主　節＝**S**　**V**　**C**　$\mathbf{M_2}$　$\mathbf{M_2}$

(メアリは病気だからきょうは欠席です)

§ 176　さまざまな副詞節

§175 の分析により，複文の構造ならびに主節・従属節のあり方が明らかになったと思う．そこでここでは，副詞節を含む複文の実例をいくつか追加しておきたい．副詞節というものが，いろいろな意味を伝えるもので，重要なはたらきをするからである．といっても，〈時〉に関するものは，すでに §162 にあげてあり，また〈条件〉をあらわすものは〈仮定法〉の所 [→ §238〜§242] であげるから，ここではそれ以外の例をあげることにする．

(1) 〈原因・理由〉をあらわすもの

He is respected by all, **because** he is honest.
（彼は正直だからみんなに尊敬される）[複文]
He must be honest, **for** he is respected by all.
（彼は正直にちがいない，みんなに尊敬されるから）[重文]

N.B. because と for とのちがいについては §161 N.B. で説明した．

I believe it **because** everybody says so.
（みんながそういうから私はそれを信ずる）
Since you say so, I must believe it.
（君がそういうからには信じなければならない）

As I am ill, I will not go. [複文]
I am ill, **so** I will not go. [重文]
（病気だから行かない）

People despise him, **because** he is poorly dressed.
（服装がまずしいものだから，人が彼を軽べつする）
I do **not** despise him **because** he is poorly dressed.
（服装がまずしいからとて私は彼を軽べつしたりしない）

(2) 〈結果〉をあらわすもの

He studied **so** diligently **that** he was soon at the top of his class.
He studied with **such** diligence **that** he was soon at the top of his class.
（彼はたいへん熱心に勉強したのでまもなくクラスで 1 番になった）

We had walked nearly 20 miles at a stretch, **so that** we began to feel tired and hungry.

（私たちはつづけて 20 マイルも歩いたものだから疲れて腹が減ってきた）

(3) 〈目的〉をあらわすもの

He works hard {**(so) that** / **(in order) that**} his family **may** live in comfort.

（彼は家族が安楽に暮らせるように一所けんめいに働く）

(4) 〈譲歩〉をあらわすもの

Although (=*Though*) he is rich, he is not happy.

（彼は金持ちではあるが幸福ではない）

Whether it may be true **or** not, it does not concern us.

（事実であろうとなかろうと私たちに関係はない）

Even if I were rich, I would work.（たとえ金持ちでも私は働く）

(Even) if he comes late, he will have the chance.

（彼がおくれてきても，チャンスがあるだろう）

If he is old, he is still strong.（彼はとしよりだが強健だ）

N.B. 1. この if は，「もし前提がいえるのなら，同様に結論もいえる」という〈対照〉の意味から変わったもの．

If I can't see, I can hear a finger stirring.

（なるほど，おれはめくらだが，それでも，耳のほうは指の動くのまでも聞こえる）

Child **as** he is, George is a great scholar.

（子どもではあるが，ジョージはたいした物知りだ）

Brave **as** he was (=*Though* he was brave), he turned pale.

（さすが勇敢な彼も青くなった）[勇敢であったが]

Hero **as** he was (=*Though* he was a hero), he turned pale.

（さすがの英雄も青くなった）[英雄であったが]

N.B. 2. 譲歩をあらわす as は通例，名詞・形容詞・副詞などのつぎにくる．その場合の名詞には冠詞をはぶく．また，これと同じ位置の as が〈譲歩〉でなくて〈理由〉を示すこともある．

Field bird **as** it is, the skylark has its nest in the field.

（ひばりは野の鳥だから野に巣を作る）[この構文についてはなお §284 N.B. 1 参照]

N.B. 3. 〈単文 対 複文〉〈句 対 節〉の問題は，第 IV 部第 2 章「不定詞・分詞・動名詞の総括」の所でも詳しく論じてある．

Exercise 15

(1) 例にならって，つぎの各文中の斜体字の語を中核として，〈the＋名詞＋形容詞句〉という句を主語とする文に書きかえよ.

《例》 There is a *cat* under the table. It has a long tail.
→ The cat under the table has a long tail.

That *girl* has blue eyes. She is my little sister.
→ The girl with blue eyes is my little sister.

1. There is a *map* on the wall. It is a map of Europe.
2. There are some *apples* on that tree. They are still green.
3. There is a *clock* on the desk. It is out of order.
4. There is a *shop* opposite the school. It is a book-store.
5. That *woman* has her feet on a chair. She is Mrs. Richard.
6. There are some *shirts* on the line. They are not mine.

(2) つぎの英文の書き出しに接続するもっとも適当なものを下のアからコまでの中から選び，その符号を答えよ.

1. He had a lot of work to do, ( ).
2. If it is fine tomorrow, ( ).
3. You must work as hard as possible, ( ).
4. She sent him a book written in French, ( ).
5. Where there is a will, ( ).

ア. which he put into French
イ. which, he found, was full of pictures
ウ. there is a way
エ. and you will fail in the examination
オ. that he had a very good time
カ. we will go on a picnic with our sisters
キ. so he forgot to post the letter
ク. there is a flower in the vase
ケ. or you will fail in the examination
コ. we will not have an open-air concert

(3) 左端の語(または語群)を文頭において，意味のとおる英文になるように語または語群をならべ，例にならって記号で答えよ.

《例》 There is

　ア (way from)　イ (a post office)
　ウ (live)　エ (where we)
　オ (only a little)

〈正解〉は，イオアエウ.

1. Customers
　ア (until)　イ (their little chats)
　ウ (are often kept)　エ (shop-girls finish)
　オ (waiting in stores)

2. Our mania for
　ア (was)　イ (than our mania)
　ウ (for traveling)　エ (hard work)
　オ (even stronger)

3. But I
　ア (almost as diligent)　イ (am delighted)
　ウ (as any other nation)　エ (that we are growing)
　オ (to report)

4. Strikes,
　ア (are)　イ (frequent)
　エ (more and more)　ウ (too,)
　オ (becoming)

(4) 本文の例にならってつぎの各文を分析せよ.

1. The man who is standing at the door is a teacher of this school.
2. This is the yacht which he bought ten years ago.
3. I know that he studied English in the U.S.A.
4. While he was having a rest in the bedroom, I had to do my homework in my room.
5. I think it natural that he called you a hero.

3. 文の種類

§ 177 平叙文・疑問文・命令文・感嘆文

いままで，本書で例としてあげてきた文は，ほとんどすべてが，「...は...である」「...は...をする」のように，情報をありのままに伝えるという形のものであった．このような文を**平叙文** (Declarative sentence) という．これに対し，相手に情報を求めるために質問を発する文を**疑問文** (Interrogative sentence) といい，相手に行動を求めて命令を発する文を**命令文** (Imperative sentence) といい，また，自分の感情をそのまま表現する文を**感嘆文** (Exclamatory sentence) という．疑問文は文末に，必ず**疑問符号** (Question mark) すなわち〈?〉をおき，感嘆文は文末に必ず，**感嘆符号** (Exclamation mark) すなわち〈!〉をおく．また，平叙文・疑問文・命令文・感嘆文のそれぞれについて，「...である」と肯定する意味をつたえる**肯定文** (Affirmative sentence) と「...でない」と否定する意味をつたえる**否定文** (Negative sentence) とがある．ただし，感嘆文の否定文は実際にはめったに用いられないから，ここでは省略する．

> **N.B.** 〈!〉は，1個だけをまっすぐに書くのがよい．日本でよくやるように *!* などと斜めにしたり，!!! のように重ねたりしない．

なお，前章でみた〈単文・重文・複文〉という分類は，文の構造からみた分類であり，いまここで述べているのは，文の情報内容からみた分類である．これは，分類の観点がちがうのであるから，混同しないようにしたい．たとえば，He went out, and I stayed home. という文は，〈構造上は重文〉であり，〈内容上は平叙文で肯定文〉である．

<table>
<tr><td rowspan="2">平叙文</td><td>肯定</td><td>Mr. Smith is a teacher.</td></tr>
<tr><td>否定</td><td>Mr. Smith is not a teacher.</td></tr>
<tr><td rowspan="2">疑問文</td><td>肯定</td><td>Are you a teacher?</td></tr>
<tr><td>否定</td><td>Are you not a teacher?</td></tr>
<tr><td rowspan="2">命令文</td><td>肯定</td><td>Write your name here.</td></tr>
<tr><td>否定</td><td>Don't write your name here.</td></tr>
<tr><td rowspan="2">感嘆文</td><td rowspan="2">肯定</td><td>What 型　What a large picture this is!</td></tr>
<tr><td>How 型　How large it is!</td></tr>
</table>

§178　疑問文・否定文の作り方

ここで英文を実際に作り，それを活用するためにたいせつなことは，〈疑問文・否定文の作り方〉である．それは，命令文や感嘆文はその作り方が比較的簡単であるのに対し，〈平叙文 → 疑問文〉〈肯定文 → 否定文〉の転換をするには，動詞によって2とおりのルールがあり，かなり複雑なことになるからである．その2とおりとはつぎのようである．

平叙・肯定	疑問・肯定	平叙・否定
(1) You **are** a boy.	**Are** you a boy?	You **are** *not* a boy.
(2) You **swim.**	**Do** you **swim?**	You **do** *not* **swim.**

この (1), (2) の使いわけのルールをこれから調べてみよう．そのためには (1) の型で運用される動詞，すなわち，〈変則定形動詞〉というものを覚えなくてはならない．この点をこれから説明しよう．

§179　変則定形動詞 (Anomalous finite)

§178 の表の (1) の型は，肯定の平叙文において be や have が文中に用いられ，これらが定形動詞すなわち am, are, is, was, were, have, has, had などとなって主語に直接つづく形になっているのを，〈疑問文・否定文〉になおすときに，〈疑問文においては，主語と位置を変えて文頭に出る〉また，〈否定文においては，それらの動詞形のすぐあとに not をおく〉という型である.

これに反し，(2) の型は swim, go, come など一般の動詞について，〈疑問文・否定文〉を作るときの型で，いずれも〈do の助けをかりる〉. いいかえれば，この場合には，(1) の **Are** you . . . ? / You **are** not . . . の are のくる位置に，**do, does, did** のどれかが挿入され，さきの swim, go, come は，そのあとへ**原形**の形ではいる.

さて，大部分の動詞は，(2) の型に属する. (1) の型に属するものはごくわずかであって，be, have のほかには may, can, must などの助動詞が大半をしめる. そして，(1) の型，すなわち，〈疑問文で文頭にくることができるし，否定文で not の直前にくることができるような動詞〉というとき，これらは，すべて，定形動詞 [→ § 117 (5)] を問題にしている. そして，(1) の型の定形動詞を **Anomalous finite** (変則定形動詞) という. これらは，〈疑問文〉を作るときに，〈You **are** → **Are** you?〉のように主語と位置を入れかえるわけだから，〈ひっくり返し可能〉な定形動詞と覚えたらよい. つまり **Anomalous finite** とは，〈ひっくり返し語〉をさすのである. 具体的にはつぎの 24 個である.

> am, are, is, was, were / have, has, had / do, does, did / shall, should / will, would / can, could / may, might / must / ought (to) / need / dare / used (to)

なお，一般の本動詞 go, swim, teach など，do の助けをかりる定形動詞は **Non-anomalous** (非変則) な定形動詞という.

N.B. 1. Anomalous finite は「アノマラス・ファイナイト」，Non-anomalous は「ノン・アノマラス」と発音する. 以後，本書では，この 2 つの術語だけは英語を用いることにするから，よく記憶してほしい.

N.B. 2. 上の表に do, does, did がはいっているのはもちろん助動詞の do である. How **do** you *do*? / I **do** not *do* so. などでみれば

わかるように，はじめの do は助動詞で，**Anomalous** であって (1) の型の条件にあっている．それぞれ2番目の do は本動詞で，これは swim などにおきかえても同じ用法となり，まさに (2) の型で **Non-anomalous** である．

N.B. 3. ある動詞が **Anomalous** としても，**Non-anomalous** としても用いられる場合に，これから，「Anomalous としての用法」,「Non-anomalous としての用法」という言い方をするから，その具体的な形がすぐ頭に浮かぶようでなくてはならない．have と used to とは，**Anomalous** にも **Non-anomalous** にも使えるので，いま，その両様の形を示してみよう．

① I have a secretary. (わたしには秘書がいる)

Anomalous	Non-anomalous
Have you a secretary?	**Do you have** a secretary?
I haven't a secretary.	**I don't have** a secretary.

② He used to say so. (彼は常にそういっていた)

Anomalous	Non-anomalous
Used he to say so?	**Did he use** to say so?
He used not to say so.	**He didn't use** to say so.

このうち have の場合は，**Anomalous** に用いた場合と，**Non-anomalous** に用いた場合とで意味がちがうことがあって，とくに重要であるから §180.2 で詳しく述べる．

§180.1 助動詞 do のはたらき

助動詞としての **do** は前述のとおり，**Non-anomalous** な定形動詞──「ひっくり返し」ができないほうの定形動詞──を含む文を〈疑問文・否定文〉に転換する場合に主として用いられる．

疑問文	否定文
Do you go? (君は行くか)	I **do** not go. (私は行かない)
Does he go? (彼は行くか)	He **does** not go. (彼は行かない)
Did you go? (君は行ったか)	I **did** not go. (行かなかった)

文中に，〈**Anomalous finite** である助動詞〉を含む場合は，do の助けを借りないから，当然つぎのようになる．

疑問文	否定文
Will you go? (君は行くつもりか)	I **will** not go. (私は行かないつもりです)

May I go? (私は行ってもよいか)
You **must** not go. (行ってはいけない)

Has he gone? (彼は行ってしまったか)
He **has** not gone. (まだ行っていない)

N.B. 古文ではどんな動詞でもみな **Anomalous** として用いられ，したがって **do** を用いず，直接に not をつけた．今日でも詩や擬古文に往々みられる．

{I **know not**. (古文体) **[Anomalous]**
{I **do not know.** (現代文) **[Non-anomalous]**

なお，今日ふつうに用いられる I think not. / I hope not. などを古文体の I know not. の形と混同して I don't think. / I don't hope. の意味であると解してはならない．この場合の not は think や hope を否定するのでなくて，ある否定文を1語で代表しているのである．

{Will he die? (彼は死ぬでしょうか)
{I **hope not.** (=I **hope** he will **not** die.) (彼は死にはしますまい)

{Will he recover? (彼はなおるでしょうか)
{I **am afraid not.** (=I **am afraid** he will **not** recover.)
{(どうもむずかしいと思います)

§180.2 have, has, had の2用法

have, has, had は原則として **Anomalous finite** であって，本動詞としても Have you . . . ?, I have not . . . などの形をとり，do の助けを借りないのが原則であるが，近ごろは have に **Non-anomalous** としての用法が多くなってきている．そこでここに have が **Non-anomalous** として用いられる場合を列挙しておく．つぎの (1), (2), (3) は have が本動詞の場合であり，(4), (5) は助動詞の場合である．

(1) 文が〈過去〉である場合

この場合は，Had you . . . ?, I had *not* . . . という形がおちつきが悪いから，**Non-anomalous** とする，すなわち do の助けを借りる．

What **did he have**? (彼は何を持っていたか)

Did you have any money? (金を持っていたか)

ⓐ No, I **didn't have** any money.
ⓑ No, I **had** no money.
(いや，少しも持っていなかった)

N.B. 1. ⓑの場合は had not の形を避けている．一般に〈have no＋名詞〉のほう，つまり not を使わない否定のほうが慣用的である．

(2) have が〈be-have 型動詞〉[→§192] の「所有」「存在」の意味をはなれて，特別な意味 [主として動作] をあらわす〈活動動詞〉に変わっている場合

What time **do you have** lunch? (昼食は何時に食べますか)

Do you have any ice-cream today?
(アイスクリームがありますか) [食堂の人に]

そのほか

have a rest (休む)　　**have** a swim (泳ぐ)

have a good time (楽しく時をすごす) [→§287]

など〈have＋名詞〉の慣用句 [→§287] は **Non-anomalous** である．

この **Non-anomalous** として〈動作的な意味を持つ場合〉と **Anomalous** として〈所有・存在の意味を持つ場合〉というのをそれぞれ①，②としてならべてみよう．この〈② **Anomalous** の場合〉の have は，口調をよくするため have got ともいう．

① **Does your teacher** *always* **have** a text-book for English lessons?
(先生は英語の時間にいつもテキストを使いますか)

② **Have you (got)** your text-book now?
(いまテキストを持っているか)

Cf.
① How often **do you have** English lessons a week?
(1週に何回英語の授業があるか) [have=receive]
② **Have you** an English lesson today?
(きょうは英語の時間があるか) [授業の存在]

(3) 同じ意味に用いた have が，2用法をもつときは，だいた

い **Non-anomalous** のほうが〈習慣的〉〈真理的〉, **Anomalous** のほうが〈一時的〉という区別があることが多い.

① **Do you have** much time for recreation?
(レクリエーションをする時間が多いですか) [一般論]
② **Have you** (**got**) time for a game this afternoon?
(きょうの午後は試合をする時間がありますか)
① **I don't have** a secretary. (私には秘書がいません) [主義]
② I **haven't got** a secretary now.
(いま秘書がいません) [ちかごろ休んでいる]

(4) 〈受動・使役〉の have (. . . される. . . . させる) [→§286] は常に **Non-anomalous** である.

How often **do you have** your hair cut?
(君は, どれくらいの割合で散髪に行くのか)

(5) 〈have to=must〉の have [→§250] も **Non-anomalous** のほうが慣用的である.

You **don't have to** go. (君は行かなくてもよい)

もし, **Anomalous** に用いれば, 口調をよくするため

You **haven't got** to go.

のようにいう.

N.B. 2. had better の形は常に **Anomalous** である.
Had you not better go?
Hadn't you better go?
} (君は行ったほうがよくないか)
ただし, つぎの not の位置に注意せよ.
You had better **not** *go*. (君は行かないほうがよい)

N.B. 3. アメリカ英語では〈所有・存在〉の have でも **Non-anomalous** にする傾向がある.
I **don't have** a brother. (私には兄弟がない)

N.B. 4. 助動詞の have [完了形を作る] は常に **Anomalous** に用いる.
Have you ever seen a panda?
(パンダを見たことがありますか)
I **haven't done** my homework yet.
(私は宿題をまだやっていない)

§180.3 疑問文・否定文に do を用いない場合

Non-anomalous finite を用いた文が，〈疑問文・否定文〉となっているのに **do** の助けを借りない場合，すなわち，平叙肯定文と同様の構造になる場合はつぎのようである．

(1) 疑問文の主語が疑問詞であるか，あるいは疑問詞に限定されて what book などの形になっている場合には **do** を用いない．すなわち，平叙文と同じ語順となる．

Who **broke** the window? (だれが窓をこわしたか)
What **happened**? (何事が起こったか)
Which bottle **holds** most? (どのびんがいちばん多くはいるか)
How many students **passed** the examination?
(何人の学生が試験に合格したか)

(2) 従属疑問文中には **do** を用いない．すなわち，これを平叙文と同等とする．

What **does** he **want**? (彼は何がほしいのか)

Ask him what he **wants**. (何がほしいのか彼にたずねなさい)

Where **does** he **live**? (彼はどこに住んでいるか)

Ask him where he **lives**. (どこに住んでいるか彼にたずねなさい)

(3) **not** 以外の否定詞による否定文には **do** を用いない．

Don't tell a lie. (うそをつくな)

Never tell a lie. (けっしてうそをつくな)

They **did not come**. (彼らはこなかった)

{**None** of them **came**.
{**Nobody came**.
(だれもこなかった)

He **does not know** English or German. (彼は英語もドイツ語も知らない)

He **knows neither** English **nor** German. (彼は英語もドイツ語も知らない)

I **do not** know anything about it. (そのことについては何も知らない)

I know nothing about it. (そのことについては何も知らない)

§ 181 代動詞としての do

動詞の反復を避けるために **do** を用いることがある．このような do を**代動詞** (Pro-verb) という．

I love you more than he **does** (=*loves you*).
(私が君を愛するのは彼が君を愛する以上だ)

N.B. 1. この応用で，つぎの 2 文の相違がわかる．

I love you more than **he** (does).= . . . than **he** loves you.
I love you more than **him.**= . . . than I love **him.**

Use a book as a bee **does** (=*uses*) a flower.
(みつばちが花を利用するように書物を利用せよ)

Did you go?—Yes, I **did** (=*went*).
(君は行きましたか?——ええ，行きました)

I like beef.—**So do** I. (=*I like it, too.*)
(私は牛肉が好きだ.——私も)

I heard the bell.—**So did** I. (=*I heard it, too.*)
(私はベルを聞いた.——私も)

I don't like pork.—{**Nor do** I. / **Neither do** I.} (=I *don't like it, either.*)
(私は豚肉を好かない.——私も)

N.B. 2. **So do I.** は「私も同様」と自分も加える意味を用い **So I do.** は「おっしゃるとおりそうです」と答えるのに用いる.

I like beef.—**So do I.**
(ぼくは牛肉が好きだ.——私も好きさ)
You seem to like beef.—**So I do.**
(君は牛肉が好きのようだね.——ああ，好きだよ)

N.B. 3. ほかに助動詞のある場合は **do** を用いない.

My mother **has gone** to the play.—**So has mine.**
(私の母は芝居に行った.——私の母も)
I **will** go.—**So will I.** (私は行くつもりだ.——私も)

N.B. 4. 代動詞の **do** は，**Anomalous finite** の代りには用いられない．つぎの文を比較せよ．

I *have* a bicycle.—So **have** I.
(私は自転車をもっている——私も) [have は **Anomalous**]
I *have* lunch at noon.—So **do** I.
(私は 12 時に昼食をとる——私も) [have は **Non-anomalous**]

§182 平叙文による疑問表現

日本語の「あんた，きょう行く?」「ひるはカレーにする?」などの場合と同じ気持ちで，英語でも，平叙文の末尾に〈?〉をつけた形で，疑問文と同じはたらきをさせることができる．この形の疑問文は，〈やわらかなムードで〉〈多少，ためらいながら〉たずねる気持ちを含む．発音は，ふつうの〈Yes–No 疑問〉と同じように，文尾をあげて発音する．

① You are in the first year↘grade↗?
　(あなたは1年生ですね?)

② And there you bought an expensive camera?
　(そしてそこで高価なカメラをお買いになった?)

③ And he doesn't like to do it himself?
　(それで，彼は自分でそれをしたくないんですって?)

§183 付加疑問

§182 の ①, ②, ③ の訳文をみると，みな「. . . です(ね)?」という形またはその類形になっている．この「. . . **ね**?」の気持ちをはっきり，形にあらわすためには，平叙文の文尾に，つぎのように**付加疑問** (Tag-question) をつければよい．上の ①, ②, ③ にそれぞれ，付加疑問をつけてみよう．

①′ *You are* in the first year grade, **aren't you**?
②′ And there *you bought* an expensive camera, **didn't you**?
③′ And *he doesn't like* to do it himself, **does he**?

こうしてみると，〈付加疑問〉を作るルールはつぎのようになっていることがわかる．

(1) 本文の〈'S+V' 構造〉[上記の斜体字] の部分を，〈疑問文に転換〉する．そのルールは，**Anomalous finite, Non-anomalous finite** のそれぞれについての〈疑問文の作り方〉のルールに従う．そしてその結果がたとえば . . ., did you *buy*? となるとき終りの本動詞をはぶく．

(2) つぎにその部分の〈肯定・否定〉を，本文と反対にする．

本文が〈肯定〉なら〈付加疑問〉は否定になる．なお，このさい，〈...is it not? → ...isn't it?〉〈...did you not? → ...didn't you?〉のように，〈短縮形〉を用いることが多い．

このルールを，①，②，③にあてはめて考えれば，

①—You are → are you? → **aren't** you?
②—You bought → did you [buy]? → **didn't** you?
③—He does not like → does he not [like] → **does** he?

のようである．以下〈本文は肯定 → 付加疑問は否定〉という場合について例を追加しよう．

Anomalous finite の場合

④ It's very fine today, **isn't it**? (きょうはよい天気ですね?)
⑤ You can do it, **can't you**? (あなたはそれができますね?)
⑥ You have two brothers, **haven't you**?
(あなたは2人の兄弟がいますね?) [この have は **Anomalous finite**]

Non-anomalous finite の場合

⑦ You met him there, **didn't you**?
(あなたはそこで彼に会いましたね?)
⑧ He always gets up at six, **doesn't he**?
(彼はいつも6時に起きるんですね?)
⑨ He always has his lunch at one, **doesn't he**?
(彼はいつも1時に昼食を食べるのですね?) [この has は **Non-anomalous finite**]

N.B. 〈付加疑問〉の部分は，一般には終りをさげて発音する．

It's fine↗, isn't it↘?　You can do it↗, can't you↘?
(よい天気ですね?)　　(あなたにできますね?)

そして，このように，終りを下げる付加疑問というものは，会話をなめらかに運ぶための〈色どり〉のはたらきをする．すなわち，どの言語でも，「...です」「...だ」という断言口調ばかりの会話というものは，きわめて〈しんどい〉ものである．そこで，〈付加疑問〉を添えて口調をやわらげるのである．したがって，上ではみな「...ですね?」と訳しておいたが，④などは，むしろ「きょうはよいお天気ですねえ」というのに近い場合もある．

§184 修辞疑問文

日本語で「私に何ができるというのか?」「そんなことを，だれが知りえようか」などというとき，これらは疑問文の形をしているが，じつは，「私には何もできない」「そんなことはだれも知りえない」という意味を伝えるのがその主旨である．このように，形式だけは疑問文だが，じつは，〈できるか?→できない〉〈できないか?→できる〉のように，〈肯定・否定を入れかえた強い主張〉をあらわす文を**修辞疑問文** (Rhetorical question) という．英語でも同様である．以下，その例を示すが，英語の〈修辞疑問文〉は〈X 疑問〉の形式のほうが多い．

Who knows man's future? (=No one knows man's future.)
(人類の将来をだれが知ろう?)
What is the meaning of all this trouble?
(これだけの手数をかけてどんな意味があるのだ?)
How do you know that?
(どうしてそれがわかる?——そんなことはいえそうもない)

§185 命令文の形

一般には文頭に〈原形〉をおけば命令文となる．命令文の文尾にもしばしば〈!〉を用いる．

Come up here at once. (ここへすぐきなさい)
Stop it! (やめろ)
Sit down, please. (どうぞおすわりなさい)

ただし，〈原形〉の前に〈呼びかけの語〉をおくことが多い．また，命令文に you をつけることがあるが，これはアクセントをおいて発音され，これも呼びかけの一種である．

Jóhn, come up here at once.
(ジョン，ここへすぐあがってきなさい)
Yóu come up here at once. (君，すぐ，ここへあがってこいよ)

否定の命令文——すなわち禁止——は，〈原形〉の前に Don't をおいてあらわす．このときにかぎり be についても do を用い，Don't be. . . という形になる．

Don't sit down. (すわるな)

Don't be idle. (怠けるな)

{**Don't** yóu stumble! (つまずくなよ)
Cf. You don't stumble. (君はつまずかない) [平叙文]

N.B. 肯定の命令文の前に **do** をつけると，いらだち，または〈嘆願〉の気持をあらわす.

Do stop it! (たのむから，やめてくれよ!)

Do come and help me! (お願い，助けてちょうだい!)

§186 Let... の形の命令文

これは「だれだれに...させよ」という命令文であるが，話者が直接「だれだれ」に対して命令する形をとらず，聴者を介して命令する——つまり〈「...に命令せよ」と相手に命令する〉——のであるから，この形を**間接命令** (Indirect imperative) という.

(1) 「だれだれ」が三人称の場合

Let him come at once. (彼をすぐ，こさせなさい)

Let each man do his best. (各人ベストをつくせ)

N.B. これは〈目の前にいる人々に対して命令している〉のではあるが，each man のように三人称の名詞を使っているので，やはり Let... の形にする.

(2) 「だれだれ」が一人称の場合

この場合 **let** me..., **let** us... は，〈間接命令〉である. しかし，let us を略して let's の形にすれば，それはもはや命令ではなくて〈...しようじゃないか〉という〈提案〉または〈勧誘〉の意味になる.

Let me speak first. (私に，はじめにいわせてください)

{**Let us** go home. (われわれを帰らせてください)
Let's go home. (もう帰ろうじゃないか)

N.B. 1. Let's... のとき，その否定は **Let's not...** または **Don't let's...** である.

Let's not (*or* **Don't let's**) quarrel.
(けんかはやめようじゃないか)

N.B. 2. let me see というのは「ええと，さあー」と思案するときの発話で，これは一種の感嘆詞である [→§164].

また，一般の命令文の文頭の〈原形〉が他動詞であるとき，能動態を受動態に変えれば，つぎのような転換により Let . . . の形になる.

Do it at once.
Let it **be done** at once.
(それをすぐにやれ)

Punish me some other way.
Let me **be punished** some other way.
(私を罰するなら何かほかの方法でしてください)

§187　命令文以外の形式による命令

命令あるいは依頼をあらわすのに，必ずしも，上にあげた命令文の形式によらないことがある．それは，つぎのような場合であって，それぞれほかの場所で説明してあるが，いちおう，ここにまとめておく.

Will you please sit down? (おすわりになりませんか)
You will sit down here. (君はここへすわってもらう)
You must clean the room. (へやのそうじをしなさい)
You **must not** smoke. (タバコをすってはいかん)
No Smoking (禁煙)
You **had better** go home. (君はもう帰ったほうがよかろう)

N.B. had better は「. . . したほうがよい」の意味だが，**You** had better . . . のときは，〈さしず〉をする口調となる [→§263 N.B.].

§188　感嘆文の作り方

平叙文から感嘆文に転換するにはつぎのルールによる.

(1) 〈名詞〉を強調するときは What を文頭におく.

He is **a very nice man.**
What a nice man he is!
(彼はなんとすてきな人だろう!)

(2) 〈形容詞・副詞〉を強調するときは How を文頭におく.

This is **very large.**

How large this is!

(これはなんと大きいのだろう!)

He writes **very slowly.**

How slowly he writes!

(彼は書くのがなんとのろいのだろう!)

She skates **very beautifully.**

How beautifully she skates!

(彼女のスケートはなんとみごとなことか!)

N.B. 最後の2つの文の he writes, she skates という〈現在単純形〉は〈実況追跡用法〉[→§197] である.

§189 その他の感嘆文

日本語でもそうであるが，感嘆文というものは，感情の高まったときに発する文であるから，文の形式をととのえる——**S, V, O, C, M_1, M_2** などをすべて完備した文を言う——というようなことはあまり重要なことではない．それで上記のような文でも，What a nice man! / How large! などで終りになることもある．そのほか，つぎのような文も，形式的にはいわゆる〈不完全文〉ではあるが，感嘆文としてはむしろ自然な文であるといえる．

Nice ball! (ナイス・ボール!)
Oh, wonderful! (ああ，すばらしい!)
He a gentleman! (あいつが紳士だって!)
Silence, please! (おしずかに!)
Good luck! (好運をいのる!)

Exercise 16

(1) つぎの各文に〈付加疑問〉をつけよ.

1. You have a dictionary.

2. This word is rather important.
3. He did not do it on purpose*.
4. You will be in Osaka tomorrow.
5. He had to go alone.
6. You can help me.
7. Your aunt was angry with you.
8. His books are best sellers.

(2) つぎの各文を，指定の書き出しではじまる感嘆文に書きかえよ．

1. You are very kind. (How . . . !)
2. This is a very strange story. (What . . . !)
3. These jet planes are very noisy. (How . . . !)
4. It is very quiet here in the country. (How . . . !)
5. You speak English very well. (How . . . !)
6. It has a very large mouth. (What . . . !)
7. He has a very long beard. (What . . . !)
8. Lucy is much more beautiful than her sister. (How . . . !)
9. It took Columbus a very long time to cross the Atlantic. (What . . . !)
10. Time passes very quickly. (How . . . !)

(3) つぎの文を英訳せよ．

1. お願い，先生が何といったか教えて！
2. へやの中を歩きまわるな！
3. この窓をしめたのはあなたですか？
4. こんないい子をだれがしかることができようか？

(4) つぎの各文に対応する否定文を示せ．

1. He knows something about it.
2. You had better go to see him off.
3. He has to introduce himself.
4. I think he will come.

---

* on purpose＝わざと．

(5) つぎの文中の誤りを正せ.

1. Who did kill my pet? (私のペットをだれが殺したのか)
2. You had not better do so. (君はそうしないほうがよい)
3. Be not late! (おくれるな)
4. Mr. Smith is a teacher, isn't it? (スミスさんは先生ですね)
5. We had a very good time yesterday, hadn't we?
   (きのうはたのしかったですね)
6. What large house this is! (これはなんと大きい家だろう)
7. Ask him what did he buy? (彼が何を買ったかたずねなさい)
8. If he don't know, I will tell him.
   (もし彼が知らなければ, 私が話す)

4. 時　　　制

§190　時制の種類

時制 (Tense) とは，その文に記述されたできごとの時間的区分をあらわすもので，**現在** (Present), **過去** (Past), **未来** (Future) の3時制である．しかし，実際問題としては，このうち，〈現在〉と〈過去〉との用法に習熟することが先決であって，〈未来〉は，shall, will の用法さえ覚えれば，〈現在〉と〈過去〉からの類推で容易に理解できる．したがって，はじめに，〈現在〉と〈過去〉についてその用法を解説しよう．

§191　単純形・進行形・完了形

さて〈現在〉と〈過去〉の，おのおのについて，基本的な形は，3要形の所で覚えた形，すなわち単純形である．

〈1—a〉　現在単純形

I go.　He goes.

〈2—a〉　過去単純形

I went.　He went.

つぎに，〈be＋～ing〉の形を**進行形** (Progressive form) という．これを go について見ればつぎのようになる．

〈1—b〉　現在進行形

I am going.　He is going.

〈2—b〉　過去進行形

I was going.　He was going.

また，〈have＋p.p.〉の形を**完了形** (Perfect form) という．これを come について見ればつぎのようになる．

〈1—c〉　現在完了形

I have come.　He has come.

〈2—c〉 過去完了形

I had come. He had come.

さらに，〈完了＋進行〉となったもの，すなわち〈have＋been＋~ing〉の形を〈完了進行形〉という．したがって，come についてこれを見ればつぎのようになる．

〈1—d〉 現在完了進行形

I have been coming. He has been coming.

〈2—d〉 過去完了進行形

I had been coming. He had been coming.

いま，かりに主語が **He** であるとして，go について表示してみるとつぎのようになる．

	a. 単純形	b. 進行形	c. 完了形	d. 完了進行形
1. 現在	goes	is going	has gone	has been going
2. 過去	went	was going	had gone	had been going

§192 動詞の意味と時制との関係

上の表の内容を理解すれば，あとは，どんなときに〈1—a〉〈現在単純形〉を使うのか，また，どんなときに，〈2—b〉〈過去進行形〉を使うのか，というように，その場合，場合によって，使うべき時制を覚えればよい，ということになる．それはそうにちがいないが，ここにむずかしい問題がひとつある．というのは，時制の用法は，すべての動詞についての共通のルールがあるのではなく，〈動詞の意味に応じて使いわける〉のである．たとえば，go については〈1—b〉を使うべき場合に，live については〈1—a〉を使うのだ，というようなことが起こる．また，動詞によっては，その動作が〈過去〉に行なわれたときに〈2—a〉を使うことがごくあたりまえであっても，それを〈現在〉に移すと，もはや〈1—a〉を使うことができないで，それは〈1—b〉になるというようなことも起こる．

こういうわけで，時制の用法をマスターするためには，はじめに動詞を，その意味によって分類する必要が感じられる．もし，これをやっておかないと，各時制の用法の説明のときに，いちいち，〈これこれの動詞ならばこうなる〉また，〈これこれの動詞ならばどうなる〉という煩雑な説明をしなければならない上に，そこにある例文については理解できても，もし，ほかの動詞ととりかえたら，はたして，その例文のように用いてもよいかどうかはわからない，ということが起こるであろう．そこで，「急がばまわれ」ということわざに従い，まわり道のようであっても，はじめに動詞の意味による分類を行ない，その分類にそって，各時制の説明をすることにしたい．

すでに §117, §168 において動詞の分類を試みた．しかし，それは〈本動詞と助動詞〉〈完全動詞と不完全動詞〉のように，文の構造に直接関係したもので，純粋に文法的な分類であったが，ここでいう〈意味による分類〉とは，〈本動詞〉について，それぞれのあらわす意味に基づいて分類するのであって，いわば辞書的分類である．

たとえば，wink という動詞は「まばたきをする，ウィンクする」という意味であって，これはひとつの動作をあらわしており，その動作は一瞬のうちに完結するものである．live という動詞は「住む，生きる」という意味で，これは，ある期間継続する状態をあらわしている．live という語が一瞬のうちに完結するような動作をあらわすものではないことは明らかである．こうしてみると，wink も live も，ともに完全自動詞だが，意味の上からは，別の分類に属すると考えざるをえない．そして，英語の時制のルールは，このようなちがいに基づいてできているのであるから，この点をはじめに説明しておくわけである．

つぎのページの表がその「分類表」であり，その説明は 203 ページにある．

意味による動詞の分類

(1) 動作動詞	(a) 瞬間動詞	**kick,** knock, nod, jump, **(ける)** (ノックする) (うなずく) (とぶ) wink, etc. (まばたきする)
	(b) 発着動詞	**arrive,** leave, stop, land, **(着く)** (出発する) (とまる) (着陸する) fall, lose, come, go, etc. (落ちる) (失う) (くる) (行く)
	(c) 活動動詞	**eat,** drink, play, read, write, **(食べる)** (飲む) (遊ぶ) (読む) (書く) work, ‖ rain, snow, etc. (働く) (雨が降る) (雪が降る)
	(d) なりゆき動詞	**change,** grow, become, get ‖ widen, **(変わる)** (...という状態になる) (広げる) sharpen, etc. (とがらす)
(2) 状態動詞	(e) 感覚動詞	**see,** hear, feel, smell, **(見える)** (聞こえる) (感ずる) (においがする) taste (味わう)
	[内的感覚]	feel, hurt, love, etc. (感ずる) (痛みがある) (愛する) (I feel hungry.=「空腹だ」など)
	(f) 知能動詞	**know,** think, believe, suppose, feel, **(知る)** (...と思う, 感ずる [意見として]) hope, forget, understand, etc. (望む) (忘れる) (理解する)
	(g) be-have 型動詞	**be, have,** live (住む) belong (to), consist (of), contain, (に属する) (から成り立つ) (含む) cost, resemble, etc. (価がある) (似ている)

† 以後〈(1) 動作動詞の (a) 瞬間動詞〉は (1 a) のように略する.

左の分類表についてだいたいの説明をしておく.

(1) 動作動詞と **(2) 状態動詞**との区分について——

動詞の中には「. . . をする」「. . . が起こる」というような動作をあらわすものと,「. . . である」「. . . を含んでいる」というような状態をあらわすものがある. 前者が (1), 後者が (2) である.

(1) の中の下位区分について——

(a) 瞬間動詞というのは, その動作が一瞬のうちに完結するようなものをいう. たとえば kick という動作は, 一瞬で結着がついてしまうものである.

(b) 発着動詞というのは, 広い意味での〈発着〉あるいは〈往来〉〈推移〉などをあらわすものである. 広い意味ということを理解すれば, fall や lose がここにはいることも当然とされよう.

(c) 活動動詞というのは, もっとも一般的な日常動作, ならびに天然現象をあらわすものである. 動作動詞の中心である.

(d) なりゆき動詞というのは変化をあらわすものである. つまり「あるものが変化して別の状態になる」とか「別の状態にする」とかの意味を持つ動詞のことである.

(2) の中の下位区分について——

(e) 感覚動詞というのは人間の五感にうったえて把握されるもの, または感情をあらわす. この五感に対応する see, hear, feel, smell, taste の 5 語は, 何が主語にくるかによって用法が分かれて複雑であるから, 各時制のところで詳しく見たい.

(f) 知能動詞というのは「思う」「わかる」という意味をあらわすものを主体とする. それで (e) と類似した機能を持つ.

(g) be-have 型動詞　ここにまず be と have とがはいる. これらが, 原則的には〈状態〉の表現であることは明らかであろう. そのほかここに列挙した動詞は, みな be や have に近い意味を持っている. たとえば resemble＝be like と書きかえることができる.

A. 現在単純形

§193 現状記述

現在，目の前で起こっていることをそのままいいあらわすことを〈現状記述〉という．〈現状記述〉のために〈現在単純形〉を用いることができるのは，〈(2) 状態動詞〉に限る．〈(1) 動作動詞〉による〈現状記述〉は〈現在進行形〉になる [→§204～§208].

I **love** you. (私はあなたを愛している)
The Smiths **live** in London.
(スミス家の人はロンドンに住んでいる)
John **is** a salesman. (ジョンはセールスマンです)
John **has** two brothers. (ジョンには 2 人の兄弟がある)
Mary **knows** three foreign languages.
(メアリは 3 つの外国語を知っている)
Mary **resembles** her mother. (メアリはお母さんに似ている)

§194 感覚動詞による現状記述

感覚動詞にはつぎの 3 つの用法がある．

(1) 〈**S** (もの)＋感覚動詞〉

この場合は〈現在単純形〉で〈現状記述〉をする．ただし，この場合は〈ものが．．．と感じられる〉という意味であって，〈see → **appear**〉〈hear → **sound**〉と転換する．

It **appears** strange. (それはおかしなかっこうに見える)
It **sounds** strange. (それはおかしく聞こえる)
The cloth **feels** rough. (その布はザラザラとした感じがする)
That flower **smells** nice. (その花はすてきなにおいがする)
This peach **tastes** sweet. (このももはあまい味がする)

(2) 〈**S** (人)＋can＋感覚動詞〉

この can を加えた形で〈現状記述〉ができる．

① I **can see** a plane flying away.
(飛行機がとんで行くのが見える)

② I **can hear** footsteps outside. (外の足音が聞こえています)

③ I **can smell** something burning.
(何かがもえるにおいがします)

N.B. ① の flying, ③ の burning は〈現在分詞〉であって〈目的格補語〉になっている．したがって ①, ③ は〈S+V+O+C〉の型である [② は〈S+V+O〉]．なお，§203 参照．

(3) 〈**S** (人)+感覚動詞〉

この場合は〈see → look at〉〈hear → listen to〉と転換して，〈積極的に〉「見る」，「聞く」，「さわる」，「においをかぐ」，「味をみる」の意味になるが，この意味のときは感覚動詞は〈活動動詞〉すなわち〈(1) 動作動詞〉となる．したがって，〈この意味をあらわすために用いられた感覚動詞〉は〈現在単純形〉で〈現状記述〉をすることはできない．すなわち〈現状記述〉のためには〈現在進行形〉となる．

What are you doing?—I **am looking** at this picture.
(あなたは何をしていますか?——私はこの絵を見ています)

What are you doing?—I **am listening** to the radio.
(あなたは何をしていますか?——私はラジオを聞いています)

§195 習慣・職業・真理の記述

〈習慣〉とか，あるいは，それの応用として，その人の〈職業〉とかをいう場合，および，時間に関係のない〈真理〉とか，あるいは，それに準ずる〈ことわざ〉の文などにおいては，〈(1) 動作動詞〉〈(2) 状態動詞〉のどちらも，〈現在単純形〉を用いる．

Mr. Smith **goes** to his office by bus every day.
(スミスさんは毎日バスで出勤します)

Mr. Smith **dines** out twice a week.
(スミスさんは毎週2回，外食をします)

Mr. Richard **writes** novels.

(リチャードさんは小説を書く人です——小説家です)[「いま小説を書きつつある」という意味にはならない]

Twice three **is** six. (3の2倍は6である)

Hydrogen **is** the lightest element. (水素はもっとも軽い元素です)

Japan **consists of** forty-seven prefectures.

(日本は47都道府県から成る)[この文は〈現状記述〉ともとれる]

Honesty **is** the best policy. (正直は最善の方策である)[ことわざ]

§196 宣誓的発言〈I pass.〉型

〈宣誓的発言〉とは,〈ある語を発言する行為が,そのまま,そこに意味されている行為になる〉場合をいう.たとえば,諸君が手紙を書いて「このたびはおせわになりました.ここにあつくお礼を申し上げます」といったとする.このとき,このコトバと別に謝礼の行為があるわけではない.「お礼をいう」と〈発言する行為〉が,そのまま〈謝礼行為〉なのである.「私が悪ければあやまります」「さっきいったことは取り消します」というのも同様で,これらの〈発言〉がそのまま〈謝罪行為〉,〈取り消し行為〉である.とくに,あとの場合は,このような発言による以外に取り消し行為はない.「私が泳ぎます」というときには,発言とは別に〈泳ぐ〉という行為があるが,それとはたいへんなちがいである.同様に「(私は)...を誓います」,「開会を宣言します」,「[進水式などで]...と命名する」,「本人に相違ないことを証明する」など,すべて〈宣言する気持ち〉で「私が,いまここで...する」という文脈で用いられるものは,ここでいう〈宣誓的発言〉である.英語では,これをいいあらわすのに,I または we のあとに,〈(1) 動作動詞〉の〈現在単純形〉を用いる.

I **name** this ship 'Tōyamaru'.

(この船を「洞爺丸」と命名する)[進水式で]

I **pass.** (パスします)[トランプで]

We **accept** your offer. (あなたの申し出を受け入れます)

I **dedicate** this book to my mother.

(この本を母に捧げます)[著書のトビラに書く文句]

I **sentence** you to death by hanging. (おまえを絞首刑に処す)

N.B. これらの動詞を，二人称，三人称の主語のあとに用いるときは，一般の〈(1) 動作動詞〉として扱い，そのルールに従う.

§197　実況追跡用法

〈実況追跡用法〉というのは，スポーツの実況放送で，その場面の動作をつぎつぎにいいあらわす場合とか，手品師とか料理の先生とかが，実演しながら「ここへハンケチをかぶせます」とか「つぎにさとうを加えます」とかいう場合である. これは §193 の〈現状記述〉と似ているように思われるかもしれないが，〈現状記述〉が時間的に〈幅のある現在〉であるのに対して，こちらは，動作のひとつひとつを，その時，その時で，完了していくものとして〈つぎつぎに追う気持ち〉である点がちがう. したがって，〈実況追跡用法〉で〈現在単純形〉を用いるのは〈(1) 動作動詞〉に限られる.

Tom now **passes** the ball to Dick, who **shoots** it to the basket.
(トムからディックへパス，ディックはそのボールをバスケットへ投げる)

N.B. 1. もっと，ゆっくりしたスポーツでは〈現在進行形〉を用いる. 日本語ではどんなスポーツでも，アナウンサーは〈過去形〉また〈名詞どめ〉の文を多く用いるようである——「玉の海，まわしをとりました. 左から押した——押した——押し出して玉の海の勝ち」

Now I **take** this card from the pack, and **put** it in this box, and **lock** it this way.
(さて，1組のトランプからこれを1枚ぬき出し，それをこの箱に入れ，こうしてカギをかけます)

Next I **stir** the mixture and **add** a spoonful of salt.
(つぎにそのまぜた液をかきまぜ，しおを1さじ加えます)

N.B. 2. 〈実況追跡用法〉の〈現在単純形〉は，上のような特別の文脈で用いなければならない. これを無視して，〈現在単純形〉をふつうの会話で用いると，自分をアナウンサーのような立場においたことになるから，非常に劇的な，オーバーな表現となる. 日本語でも「ああ，火が消える!」とか「ああ恵みの雨が降る!」などといえば〈舞台のセリフ〉のように聞こえるであろう．同様につぎのようなのはセリフとしてのみふさわしい．

The bell **tolls**! (ああ，鐘が鳴る!)

He **laughs**! (彼が笑うのだ*!)

N.B. 3. つぎのようなのは新聞の**見出し** (Headline) のひとつの型であるが，この現在単純形の使用は，〈実況追跡用法〉のひとつの応用と見ることができる．

EX-PREMIER **DIES** (前首相死去)

§198 史的現在——語り手の手法

物語などの中で「．．．が．．．した」「．．．であった」という代りに，描写を生き生きさせるために〈現在単純形〉を用いることがある．これを**史的現在** (Historical present) という．

Just at that moment down **comes** the rain. John and Mary **look** at each other, **stand up** and **run** hurrying into the cottage.

(ちょうどそのとき，雨の襲来である．ジョンとメアリとは互いに顔を見合わせ，立ち上がり，いそいで小屋へと駆け込むのだ)

これをふつう〈史的現在〉とよんでいるが，必ずしも歴史上の事実とは限らないのであるから，むしろ，〈語り手の手法〉というべきものである．いずれにせよ，この種の〈現在〉の特徴は，〈単純形〉に限られる——〈進行形〉には ならない——という点にある．

N.B. 脚本などの中に出てくる〈ト書き〉も同種の手法であると思われる．

Lucy: How I love you! [She **kisses** him, and then **sits** down on his side.]

(ルーシー：愛してるわ! [彼女は彼にキスをし，彼のかたわらにすわる])

§163 に対話体の例文があるが，その中の The doctor **takes . . . sees** Tom . . . という文も〈ト書き〉である．

§199 伝達効果をあらわす〈現在単純形〉

伝達とは，情報を伝えることをいう．〈A が B にある情報を伝えた → B がその情報を受けた，または理解した〉というような

---

* 古めかしくいえば「あれ，あのように笑うてござる」などとなるであろう．

場合に，これらの動作は過去に起こったことであるけれども，〈その効果が現在も生きている〉ことを表現するために，〈(1) 動作動詞〉の〈現在単純形〉を用いることがある．日本語でも「このことについて夏目漱石は...といっている」とか「それについては私はこのように聞いている」などということもある．これと同様に考えればよい．

The telegram **says** that my uncle is coming here next week.
（電報にはおじさんが来週くるとある）

N.B. 1. この文の〈無生物主語〉については§288 参照．また，... is coming. で〈未来〉をあらわすことについては§223 (5) 参照．

John **tells** me that all the passengers have been rescued.
（ジョンは，乗客はみな救出されたといっている）

I **hear** he is ill in bed.（彼は病床にあるというふうに聞いている）

First you must answer the questions on page 6, you **see**?—I **see**.
（まず，はじめに 6 ページの問いに答えてもらいたい，わかる?——ええ，わかりました）

Bertrand Russell **says** that a happy man never seeks drunkenness.
（バートランド・ラッセルは，幸福な人はけっして，酔うことを求めない，といっている）

N.B. 2. この項で用いられる see, hear は「目で見る」，「耳で音を聞く」という意味ではないから，〈(2e) 感覚動詞〉ではない．この場合は〈(1c) 活動動詞〉である．また，see が「面会する」，「診察する」などの意味のときも同様である．

B. 過去単純形

§200　過去単純形の特性

過去単純形は，

(1) はっきり〈過去〉に属する事象を記述し，〈現在〉を含まない，

(2) 〈過去〉の〈一定時〉を，はっきりとあらわす，または，言外に意味する，

という2つの特性を持っている．この2点は，〈現在完了形〉と〈過去単純形〉と〈過去完了形〉とのちがいを知るための重要なポイントであるから，§215 以下で詳しく述べるが，いちおうここで，(1), (2) を例示しよう．

(1) I **lived** in Osaka for ten years. (私は大阪に10年住んだ)

この文は〈過去の事象〉をあらわすのであるから，この人は，いまは大阪に住んでいないのである．

(2)
① John Smith **was born** on May 1, 1952.
(ジョン・スミスは1952年5月1日に生まれた)
② John Smith **was born** in New York.
(ジョン・スミスはニューヨークで生まれた)

この (2) の ① は「1952年5月1日」という特定の日を示しているから，〈過去の一定時〉を副詞句で示しているのである．

これに対し ② のほうは，なるほど一定時を示す副詞句のようなものはないが，〈特定の人が特定の場所で生まれた〉という情報が，〈特定の日時〉を含むことは常識によって明らかである．したがって ② は，〈過去の一定時〉を言外に意味しているのである．

§201 過去単純形の用法

すでに §193〜§199 で見たとおり，〈現在単純形〉の用法はかなり複雑で，しかも〈(1) 動作動詞〉と〈(2) 状態動詞〉との間に用法上の相違が見られた．ところが，〈過去単純形〉は，きわめて簡単で，また〈(1) 動作動詞〉と〈(2) 状態動詞〉との間に相違が認められない．要するに「...が...した」とか，「...が...であった」ということをあらわすだけである．このように，両者の間に相違がないわけは，過去のこととしてながめる事象は，たとえ，それが〈状態〉であっても，すでに終わってしまったひとつのまとまりとして把握されるからである．

Lucy **left** Paris yesterday. (ルーシーはきのうパリを出発した)
It **rained** heavily last night. (昨晩は大雨がふった)
Edison **invented** the gramophone. (エジソンが蓄音機を発明した)

The next moment he **was** fast asleep.
（つぎの瞬間，彼は眠りこんでしまった）
Who **broke** this window?（この窓をだれがこわしたのか）

§202　複数の動作と〈過去単純形〉

〈過去単純形〉は，このようにそれ自身としてはあまり問題はないが，文脈によって，解釈上，注意すべきことがあるから，それについて説明しておく．

(1)　くり返しを表現する場合

すでに〈現在単純形〉が〈習慣〉をあらわす場合について述べた．〈過去単純形〉もそれと同じように，〈習慣〉あるいは，〈くり返し〉をあらわすことができる．

In my school days I **liked** to read poetry.
（学校時代は詩を読むことが好きでした）
In those days he **played** tennis with foreigners.
（そのころ彼は外国人とテニスをしていた）

これらの場合，〈過去の一定時〉というのが〈期間〉という形であらわされているので，これらの動作が1回だけでないことがわかる．

(2)　and で結合された動作

過去単純形が **A** and **B** and **C**. . . のように重ねて用いられた場合に，これら〈**A, B, C. . .**〉の各動作が，同時に行なわれたのか，あるいは，〈**A**, その後に **B**, その後に **C**〉というように時間の前後を含むものかという問題が生ずることがある．このとき，キメ手というものはない．常識で処理するほかはない．

He **did** his homework and **listened** to the radio.
ⓐ（彼は宿題をやりラジオを聞いた――ラジオを聞きながら）
ⓑ（彼は宿題をやって，それからラジオを聞いた）

このような場合は，この文章だけでは，ⓐ，ⓑ のどちらとも決められない．

しかし，一般には，時間の前後を含むことのほうが多い．したがってつぎの2文は，意味がちがうと解釈するのが自然である.

He **waved** his hand, and **got** into the taxi.
（彼は手をふって，それからタクシーに乗り込んだ）
He **got** into the taxi, and **waved** his hand.
（彼はタクシーに乗り込んで，それから手をふった）

§203　I saw と I could see

すでに §194 (2) において，〈感覚動詞〉で人を主語にして〈見える〉〈聞こえる〉というときには，I **can** see. / He **can** hear. などとなるということを述べた．つまり〈感覚動詞〉としては，〈現在単純形〉の I see. / He hears. などの形は［実況追跡用法を除いては］ないのであるが，〈過去〉となると，〈過去単純形〉[I saw., etc.] もあるし，上記の can を含む形 [I could see., etc.] もある．そうして can を含む形のほうが〈時間的に長くつづいた事象〉をあらわす．そのことは，つぎの〈S+V+O+C〉の型の文の中で，〈目的格補語〉のちがいとなってあらわれる.

I **saw** a man *cross* the road.
（男が道を横ぎるのが見えた）[cross は〈原形〉]
I **could see** a man *walking* along the road.
（男が道を歩いていくのが見えていた）[walking は〈現在分詞〉]

He **heard** the bell *ring*.
（彼はベルの鳴るのを聞いた）[ring は〈原形〉]
He **could hear** the bell *ringing*.
（彼にはベルが鳴っているのが聞こえていた）[ringing は〈現在分詞〉]

C. 進　行　形

§204　進行形の特性

進行形というものは〈現在進行形〉でも〈過去進行形〉でも，常につぎのような意味を含んでいる.

(1)　その動作は一時的のもの――あるいは，いずれそのうち終りになるもの——である.

(2) その動作は完了したものではない——あるいは, その時点からあとまで継続する可能性がある.

例文をあげて〈単純形〉と比較してみよう.

(1) ① They **live** in Osaka.
(彼らは大阪に住んでいる) [大阪の住民だ]
② They **are living** in Osaka.
(彼らはいま大阪に住んでいる) [一時的]

(2) ① I **read** from 3 p.m. to 5 p.m. [read は [red] と発音]
(3時から5時まで本を読んだ)
② I **was reading** from 3 p.m. to 5 p.m.
(私は3時から5時までの間は本を読んでいたのです)

この最後の文 (2) ② はいわば「アリバイ主張用」である. 〈3時から5時までの時間本を読んでいた[したがって, たとえば, 殺人現場にはいなかった]〉ということが主眼なのであって, この文だと, 読書は5時以後もつづいたであろうが, そんなことはどちらでもよいのである. (2) ① では, 〈読書が3時にはじまり5時に終わった〉のである.

§ 205　瞬間動詞の進行形

〈(1a) 瞬間動詞〉を〈進行形〉にすると, 〈動作のくりかえし〉をあらわす.

Someone **is knocking** on the door.
(だれかがドアーをノックしています)

She **was winking** at him.
(彼女は彼にむかって[しきりに]ウインクしていた)

§ 206　発着動詞の進行形

〈(1b) 発着動詞〉を〈進行形〉にすると, 〈まさに...しよう〉とするという意味をあらわす.

The helicopter **is landing.**
(ヘリコプターが着陸しようとしている)

The bus **is stopping**.

(バスはとまりかけています)［「とまっている」ではない］

The old man **was dying**. (老人は死にかけていた)

§207 活動動詞の進行形

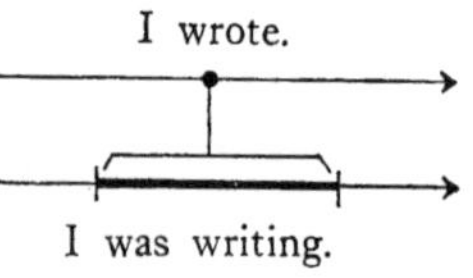

〈(1c) 活動動詞〉を〈進行形〉にするとその動作が行なわれた〈時点〉を〈線〉に引きのばすはたらきをする. つぎの文を比較せよ.

I **wrote** a letter. (私は手紙を書いた)
I **was writing** a letter. (私は手紙を書いていた)

N.B. 〈点〉と〈線〉との関係については §209 参照.

What **is** he **doing**? (彼は何をしているのですか)

He **is playing** the guitar. (彼はギターをひいています)

It **is raining** now. (いま, 雨が降っています)

§208 なりゆき動詞の進行形

〈(1d) なりゆき動詞〉を〈進行形〉にすると, あるものが〈A から B へ変わる中間段階にある〉ことをあらわす.

The train **is slowing** down for the station.

(列車は駅にはいるためスピードを落としている)

The days **are growing** (*or* **getting**) shorter.

(日はだんだん短くなっていきます)

The weather **is changing** for the better.

(天候は好転しつつある)

§209 基準点

すべて発話が行なわれるときには〈基準点〉というものが考えられている. 〈現在単純形〉については, 発話されるその時が基準点である. 〈過去単純形〉については, その, 発話時という基準点のほかに, これは〈過去の一定時〉をあらわすのであるから, その〈一定時〉もまた基準点である. このようにして考えるとき〈進行形〉における基準点とはどんなものであろうか.

〈進行形〉というものは，なるほど，一時的な事象をあらわすにせよ，ある程度の継続を意味するものであるから，〈基準点〉がなければ，話の焦点が定まらない．それで〈現在進行形〉については，〈発話のその時点〉が〈基準点〉である．つまり，図1

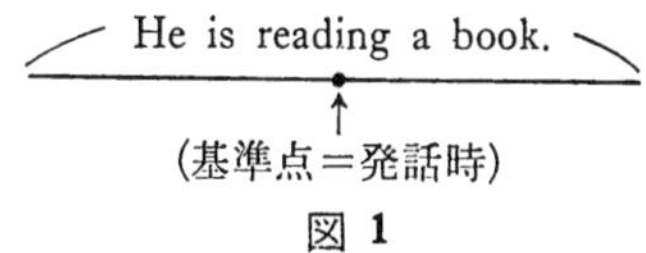

図 1

のように，He is reading a book. であると，この動作は基準点以前からはじまり，その点以後もつづくのである．〈過去進行形〉であると，発話のその時点がひとつの基準点であるのはたしかであるが，そのほかに〈過去のある時点〉という基準点も必要である．英語では，これを〈いつ〉〈何時何分に〉のように〈副詞句〉などをつけてあらわすこともあるが，〈過去単純形〉を用いた〈副詞節〉でこれをあらわすことが多い．たとえば，

When I **called** on him, he **was reading** a book.
(彼を訪問したとき，彼は本を読んでいた)

では，図2のような関係になる．こうしてみると〈現在進行形〉の場合はとくに基準点をいいあらわす必要はない [それは常に now にきまっている] が，〈過去進行形〉では，原則としてこの基準点をいいあらわす必要があるということになる．

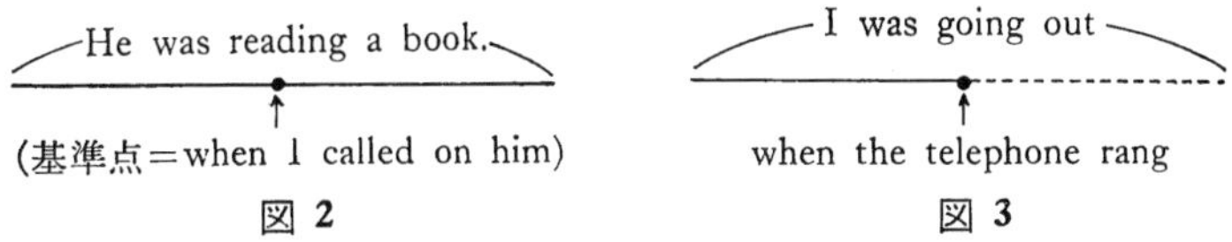

図 2　　　図 3

N.B. 〈基準点〉をあらわす when . . . の節が，主節の〈‘S+V’構造〉のあとに接続された場合は，進行中の動作が，基準点において中断されることをあらわす．訳文もそのように工夫すべきである．

I **was going** out, **when** the telephone rang.
(出かけようとしていたら電話が鳴った) [図3がその状況]

§210 進行形の実例

ここで進行形の文をいくつかあげてみよう．便宜上，〈現在進行形〉については What are you doing? (あなたは何をしているのですか) に答える気持ちで，また〈過去進行形〉については What was Mary doing? (メアリは何をしていましたか) に答える気持ちで発言した文をあげることにする．なお〈過去進行形〉の場合〈基準点〉を示す語句を，斜体字にして，つけておく．

What are you doing?

I **am going** to my father's office. [(1c)]
(私は父の事務所へ行くところです)

N.B. これは，未来をあらわす形式としての be going to . . . とは別である．未来表現のほうは §223 (1) 参照.

I **am listening** to the radio. [(2e) hear → (1c) listen to]
(私はラジオを聞いています)

I **am arranging** my books. [(1c)]
(私は本を整理しているのです)

I **am washing** my handkerchiefs. [(1c)]
(私はハンカチを洗っています)

I **am opening** a can of salmon. [(1d)]
(私はさけのかんづめを開けています)

I **am sharpening** these color-pencils. [(1d)]
(私はこれらの色鉛筆をけずっているところです)

What was Mary doing *when you called on her yesterday?*

When I called on her yesterday,

she **was writing** a letter to one of her pen-pals. [(1c)]
(彼女はペンフレンドのひとりに手紙を書いていました)

she **was watching** the television. [(1c)]
(彼女はテレビを見ていました)

she **was cooking** her dinner. [(1c)]
(彼女は晩ごはんをこしらえていました)

What was Mary doing *from* 3 *to* 5 *p.m?*

At that time,

she **was watching** the basketball game. [(1c)]
(彼女はバスケットの試合を見ていました)
she **was sewing** the curtains. [(1c)]
(彼女はカーテンを縫っていました)
she **was having** tea with her friends. [(2g) → (1c)]
(彼女は友だちとお茶を飲んでいました)
she **was preparing** for tomorrow's lessons. [(1c)]
(彼女は明日の学課の予習をしていました)
she **was typing** her report. [(1c)]
(彼女はリポートをタイプしていました)

§211 〈(2) 状態動詞〉が進行形になる場合

いくつかの〈(2) 状態動詞〉が〈(1) 動作動詞〉となって進行形になる場合をすでに見てきた．すなわち〈(2e) 感覚動詞〉が積極的に「見る」「聞く」「においをかぐ」など〈(1c)〉となる場合 [ただし，〈see → look at〉〈hear → listen to〉という転換を必要とする] とか〈(2g) have〉が飲食などの動作をあらわすとき〈(1c)〉となる，などがその例であった．

そのほかの〈(2) 状態動詞〉は原則として進行形にはならないのであるが，つぎのような場合は進行形となる．

(1) 〈(2e) 感覚動詞〉のうち〈内的感覚〉をあらわす feel が，〈(1c)〉に転換されて一時的な事象をあらわす場合

I **am feeling** hungry. (私は腹がへっています)
I **am feeling** unwell. (どうもからだの調子が悪いのです)

(2) 〈(2f) 知能動詞〉が，努力を伴う〈知的活動〉を意味する場合

I **am** now **thinking** about what he said.
(私はいま，彼のいったことに思いをめぐらしています)
I **was thinking** about his proposal.
(私は彼の申し出について考えていました)

Cf.　I **thought** of my mother.

（私はおかあさんのことを思った）

Surely you **are imagining** things.

（たしかに，あなたはかってに物事を想像しているのです——気のせいですよ）

(3)　〈(2g) be 動詞〉が〈...のように［一時的に］ふるまう〉の意味になる場合

He **is being** foolish.
He **is being** a fool.　} （彼はバカなまねをしている）

Cf.　He **is** foolish.
He **is** a fool.　} （彼はバカものだ）

This car **is being** difficult.

（この車はいうことをきかない）［きょうは調子が悪い］

Cf. This car **is** difficult to drive.

（この車は操縦しにくい）［はじめから，そういう構造だ］

§212　感情表現としての進行形

以上のルールにあわないような進行形も日常よく見受ける．それは，進行形を使うことによって，話者の感情をつたえる場合である．それには

(1)　相手にやわらかくひびくようにするため，進行形の持つ〈未完了性を利用する〉場合

I'm hoping you'll give me some help.

（なんとかお助けいただきたいと思っているところですが...）

What **were you** wanting?

（何のご用でしょうか——または——何をお求めでしょうか）

N.B. 1.　この文は〈過去進行形〉にすることによって二重にやわらげている．

John **was telling** me about it.

（さっき，ジョンもそういっていたんですがね）

N.B. 2.　これを John **told** me ... といってしまうと，〈もうわかっているから，いまさらあなたから聞く必要はない〉というふうに聞こえる．進行形にすることによって，相手にも話をさせるように〈水を向ける気持ち〉である．

(2)　たとえば「あいつはいつ見ても...している」の気持ちで「うるさい」とか「いやなやつだ」とかいう感情をあらわす場合

He **is** *always* **finding fault** with me.

(あいつはいつも私に文句ばかりつけている)

John **is** *always* **giving** presents to his wife.

(ジョンはいつみても妻にプレゼントをやっているよ)

N.B. 3. 〈ジョンは少し頭がおかしいのじゃないか〉という気持ちをあらわしている.

Cf. John *always* **gives** presents to his wife.

このように現在単純形で書けば，たとえば妻の誕生日など，〈プレゼントを与えるべき場合にはきちんと与えている〉というように賞めた意味になる.

Exercise 17

(1)　つぎの英文の空所にそれぞれかっこ内に示した日本語に相当する英語を適当な形にして挿入せよ.

1. Are you ____ to see me next Monday? (くる)
2. Everything ____ on you. (...しだいだ)
3. All the shelves ____ ____ of books. (いっぱいだった)
4. The train ____ ____. (とまりかけている)
5. Mary ____ the piano every afternoon. (ひく)

(2)　What were you doing when I called you on the telephone last night? (昨晩電話をかけたとき，あなたは何をしていましたか) に対する〈答え〉として，つぎの文を英訳せよ.

1. ギターで「オールド・ブラック・ジョー」をひいていました.
2. あなたに手紙を書いていました.
3. 雨がふっていたので，へやで本を読んでいました.
4. 弟とけんかをしていました.
5. 夏休みの旅行のプランを作っていました.
6. 窓からきれいな星をながめていました.
7. 入浴中でした.
8. 試験勉強をしていました.

D. 完 了 形

§213 現在完了と過去完了との関係

完了形についても〈現在〉と〈過去〉があるが，まず，はじめに〈現在完了〉についてしっかり研究しよう．そうすれば〈基準点〉を〈過去の一定点〉へずらすことによって〈過去完了〉のルールは自動的にわかる．たとえば，〈現在完了〉では〈いまの時点までに...〉と理解し，それを〈過去の一定点までに...〉と読みかえれば，それで〈過去完了〉の意味が読みとれるのである．

§214 現在完了

〈have＋p.p.〉の形を**現在完了** (Present perfect) といい，つぎの4用法がある．

用 法	例 文
(1) 完了	① John *has finished* his homework. [(1c)] (ジョンは宿題をやってしまった)
(2) 結果	② Mary *has lost* her purse.* [(1b)] (メアリはさいふを失った)
(3) 継続	③ I *have known* him for ten years. [(2f)] (私は彼を10年間知っている――10年来の友人だ)
(4) 経験	④ I *have* once *read*** Hamlet. [(1c)] (私は，かつて，ハムレットを読んだことがある)

§215 完了

この場合は，上の表の finish (終了する)のように〈(1) 動作動詞〉に限る．動作が完了した時点で発話することが多いから，just (ちょうど) とか now (たったいま) のような副詞を伴うこと

* purse [pəːs] はふつう，女物のさいふを意味する．
** ここでは p.p. であるから [red] と発音する．

が多い.

Mr. Smith **has arrived** in Tokyo. [(1b)]

(スミスさんはいま，東京に着いたばかりです)

We **have** now **solved** the question. [(1c)]

(さあ，これで問題を解決した)

He **has found out** the truth at last. [(1c)]

(彼はとうとう真実を見いだしたのだ)

以上は「...してしまった」というように動作の終了に主眼がある場合であるが，この〈完了〉の気持ちで，〈当面の話題〉を扱うことがある.〈当面の話題〉とは，たとえば，万国博の開催期間中に「あなたは万国博へ行ったか」とか，きょうは，清掃車が回ってくる日だが「それはもうきたか」とか，花見のシーズン中に，「もう花見に行ってきた」などという場合である．この場合は，〈(4) 経験〉[→§218] と通ずるものがあり，したがって go, come の代りに be を用いる.

Have you visited the Expo '70? [(1b)]

(万国博へもう行きましたか)

Cf. **Did** you **visit** the Expo '70? [(1b)]

(万国博へ行きましたか) [期間後，たとえば 1973 年の発話]

The dustman* **hasn't called** at our house. [(1b)]

(清掃車はまだうちへはきてない)

The electrician **has been** [=**has called**] already. [(1b). be は come の代替]

(電気屋はもうきたよ)

John **has been** here, and *told* me all about it. [(1b)]

(ジョンが[さっき]ここにきていてね，その話をすっかり話したよ)

[前半は不定の時点を導入するので現在完了，後半は，ジョンがきたことが明らかになったのをふまえて，その特定時のことであるから過去単純形]

---

*「清掃の係りの人」の意．日本では〈「清掃車」がくる〉というふうにいうことが多いが，英米では「人」をあらわす語を使うことが多い.

Cf. The *mailman* hasn't called yet today. (きょうの郵便はまだこない.)

I **have been** to the airport to see my parents off. [(1b). be は go の代替]

(両親を見送りに空港まで行ってきた)

N.B. つぎの文を比較せよ.

He **has gone** *to* America. (彼はアメリカへ行ってしまった)

He **has been** *to* America.

(彼はアメリカへ行って[帰って]きた)

He **has** once **been** *in* America.

(彼はかつてアメリカにいたことがある) [経験]

§216 結果

これは, 上記〈完了〉の特別な場合であって, 動作が完了したとき, その結果の状態に主眼をおいて発話する場合である. 上の表の (2) の例文では,「サイフを失った」——だから「いま, それを持っていない」という意味である. もし, ここで, Mary *lost* . . . と過去形になっておれば, 失ったあとで, またみつかったかどうかについては何も暗示していないのである. この〈結果〉の意味をあらわす〈現在完了〉も〈(1) 動作動詞〉に限る.

The taxi **has arrived.** (≒The taxi is at the door.)

(タクシーはもうきましたよ)

Lucy **has bought** an expensive camera.

(ルーシーは高価なカメラを買いました) [いま持っている]

He **has cut** his hand with the can-opener.

(彼はカン切りで手を切った) [きずはまだ残っている]

§217 継続

これは過去から現在まである状態がつづき, その状態が〈未完了〉であることをあらわすもので, この意味をあらわす〈現在完了〉は原則的には〈(2) 状態動詞〉に限る.

I **have been** ill since Monday. [(2g)]

(私は月曜日以来病気です)

How long **have** you **known** Mr. Richard? [(2f)]

(あなたは, どのくらいの期間——いつから——リチャードさんを知っていますか)

We **have lived** in Itami for ten years.

(伊丹にはもう10年も住んでいます) [have been living との比較については §204, §220 参照]

ただし〈(1) 動作動詞〉が〈継続〉をあらわすこともある．それは，その動作が〈習慣〉あるいは〈くりかえされた動作〉であって，かつ，〈その話題の事象が現存している〉場合に限る．

Mrs. Smith **has sung** in this chorus-group for ten years.

(スミス夫人は，この合唱団のメンバーとして10年間歌ってきました) [Mrs. Smith *sang* . . . とすれば，スミス夫人はいまは，メンバーでない]

For centuries, Italy **has produced** great opera-singers.

(何世紀にもわたってイタリアは偉大なオペラ歌手を生み出してきた) [Italy *produced* . . . . とすれば，たんに歴史的事実をいって，いまは無関係のように聞こえる．もちろん主語が，The Roman Empire (ローマ帝国) であれば，動詞は過去単純形になる]

§218 経験

すでに〈完了〉のところで〈当面の話題〉について述べた．〈経験〉というのは，それをもっと拡大したもので，〈いままでに. . . したことがある〉の意味をあらわす．経験の意味をあらわす〈現在完了〉は〈(1) 動作動詞〉〈(2) 状態動詞〉のどちらも用いられる．ただし，go, come の代りに be を用いる．

Have you *ever* **been** in Paris? (パリに行ったことがありますか)

No, but I **have** *once* **been** in Lyons.

(いいえ，でも，[かつて] リヨンに行った——いた——ことがあります)

Have you *ever* **seen** a panda? (パンダを見たことがありますか)

Have you *ever* **heard** the story of "Jack and the Bean-stalk"?

(「ジャックと豆の木」の話を聞いたことがありますか)

N.B. Have you ever seen . . . ? / Have you ever heard . . . ? の代りに *Did* you ever *see* . . . ? / *Did* you ever *hear* . . . ? と〈過去単純形〉できくこともある．ただし，前者は，いわばまともに経験を問うているのに反し，後者は「こんなことってある?」というように〈驚き〉をあらわすことが多い．

Did you ever *hear* such a story?
(こんな話って，聞いたことある?)

この驚きをあらわす場合は，Did you ever? (まさか，そんな) だけで打ちきられることもある.

§219 過去完了

最初に述べたように，過去の一定点を〈基準点〉とし，「その時点までに. . . してしまった」，「. . . していた」，「. . . したことがある」のように読みとれば**過去完了** (Past perfect) 〈had+p.p.〉はすぐ理解できる．ここに代表的な実例を出しておく.

When I called on him, he **had had** a bath.
(私が訪ねたとき，彼は入浴を終わっていた) [〈完了〉または〈結果〉]

I reached there at ten; Mary **had** *already* **arrived.**
(私はそこに10時に着いた. メアリーはすでに到着していた) [完了]

He said he **had been** ill since January.
(彼は1月以来病気なのだといった) [継続] [話法の時制については§235 参照]

Lucy showed me her new pair of shoes which she **had bought** that morning.
(ルーシーは私に，彼女がその朝買った新しいクツを見せてくれた)

When the policemen* arrived on the scene, the robbers** **had** *already* **run** away.
(警察が現場へ着いたとき，強盗はすでに逃げたあとだった)

§220 完了進行形——〈動作〉の〈状態化〉

進行形の話をしたとき，進行形になるのは〈(1) 動作動詞〉だけであるということを述べた．そして進行形というのは，動作が〈点〉であらわされるものを〈線〉に引きのばすことだと述べた．〈(2) 状態動詞〉というのは，はじめから〈線〉であるものをあらわすのだから進行形にならないわけである．このようにしてみると，〈進行形〉という手法は実は〈(1) 動作動詞〉を〈(2)

---

* policeman (警察官) の複数．なお p. 221 の脚注参照のこと.
** robber というのは「強盗」のことである. thief は「こそどろ」または「盗人」.

状態動詞〉化するものであるといえる．このことは，〈現在完了〉で〈継続〉をあらわす場合を思い出してみてもわかる．〈継続〉は〈(2) 状態動詞〉に限るのであり，〈(1) 動作動詞〉を〈継続〉の意味に用いるのは，〈習慣〉，〈くり返し〉などで状態化された場合であった．では，つぎのように問うてみよう．

〈(1) 動作動詞〉の〈現在完了〉で〈継続〉の意味をあらわすのにはどうしたらよいか？

この答えはもはや明白であろう．〈現在完了〉と〈進行形〉とを組み合わせて〈現在完了進行形〉というものを作ればよいのである．たとえば，

I **have read** a book since three o'clock. [誤り]

では〈完了〉の意味になり，けっして

I **have been** ill since three o'clock.
(3時からずっと病気です――そしていまからあとにもその状態がつづくかもしれない)

というような〈未完了〉の意味は出てこない．これを

現在完了＝have [been ↑ be] reading＝**進行形**

のように組み合わせて

I **have been reading** a book since three o'clock.
(私は3時からずっと本を読んでいます) [いまも読書中]

のようにすれば read (読む) が be reading という進行形によって状態化され，〈(2) 状態動詞〉と同等になるわけである．〈過去完了進行形〉も同じである．ただし，完了進行形も進行形である以上，その特性である〈一時的〉という性質は保存される．

①
- ⓐ The castle *stands* on the hill. It *has stood* there for a century.
(城は丘の上に立っている．100年も前からそこにある)
- ⓑ He **is standing** at the door. He **has been standing** there for an hour.
(彼は戸口に立っている．1時間もそこに立っている)

N.B. ①ⓐ の stand は「ある」というのに等しく〈(2g)〉である. ①ⓑ の stand は, 人間の活動をあらわし〈(1c)〉である. stand のこの4つの形をよく比較すれば完了進行形の意味は明白であろう.

② ⓐ I **have studied** English for five years.
(私は, 5年間英語を勉強しました) [いちおう, 完了した]
ⓑ I **have been studying** English for five years.
(私はもう5年も英語を勉強しています) [未完了の状態]

③ ⓐ He **has lived** in that house for ten years.
(彼はその家に10年住んでいます) [主として〈居住地〉をいう]
ⓑ They **have been living** in that house since their marriage.
(彼らは結婚以来あの家に住んでいます) [主として, 一時的な居住形態 —— たとえば, 臨時のアパート住いとか, そこに住んでからまだあまり時間がたっていないとか——をいう]

Then he left off the business which he **had been doing** for ten years.

(そこで彼は, その時まで10年間続けていた仕事をやめた) [その時点までの継続]

E. 未 来

§ 221 shall, will の用法

未来 (Future) の事象は **shall** または **will** のあとに〈原形〉をつけてあらわす. 未来については無意志未来〈自然のなりゆきで...になる〉と, 有意志未来〈...するつもりだ〉の2種類あるが, 一般的ルールはつぎのようである.

つぎの (1), (2) の場合を除くほかは, 未来をあらわす助動詞は **will** である.

(1) 一人称について〈無意志未来〉をあらわすときは **shall** を用いる.

(2) 二人称，三人称について，〈話者の意志〉をあらわすときも **shall** を用いる．

したがって，例示すればつぎのようになる．

{**I shall** / **You will** / **He will**} be ten years old next March.

(私は[あなたは，彼は]こんどの3月で10歳になる) [無意志]

I will do my best. (私はベストをつくす) [意志]

If **you will** leave off your business, we cannot help it.
(あなたがいまの仕事をやめたいというなら仕方がない) [意志]
Cf. If you leave off your business . . .
(仕事をやめるなら) [→§223 (4)]

Do your homework first, and **you shall** have a pie. [you shall have＝I will give you]

(まず宿題をしなさい，そしたらパイをあげよう)

They shall stay where they are until further notice. [They shall stay＝I will make them stay]

(追って指示するまで，そこに彼らをいさせよう)

疑問文についても，上の〈(1), (2) に対応する場合〉に **shall** を用い，その他は **will** を用いる．したがって **Will I. . . ?** (私は. . .するつもりか) という形は理論上，ありえない．

① **Shall you** be ten years old next March?
(あなたはこんどの3月で10歳になるのですか)

①は，上の (1) に対応する場合である．すなわち，答えのほうが I **shall**. . . となるはずだから，それを〈先どり〉して **Shall** you. . . ? とたずねるのである．

② **Shall I** open the window? (窓をあけましょうか)

③ **Shall he** come here tomorrow morning?
(あすの朝，彼をこさせましょうか)

②, ③は，上の (2) に対応する場合である．すなわち，〈相手の意志〉をきいているのであり，〈相手〉は，答えの文では，〈話者〉となり，二人称・三人称について〈話者の意志〉を表明す

る立場になるはずであるから，先どりして **Shall I. . . ? / Shall he. . . ?** ときくのである．ただし，〈先どり〉といったが，実際の〈答え〉ではこの場合 You shall. . ., He shall. . . を用いず，Shall I. . . ? に対しては〈ふつうの命令文〉で答え，Shall we. . . ? に対しては Let's. . . の形で，Shall he. . . ? に対しては Let him. . . などを用いて答えるのがふつうである．

Shall I open the window?——Yes, **please do**.
（窓を開けましょうか）　　　　（はい，どうぞ）

Shall we get the tickets?——Yes, **let's**.
（キップを買いましょうか）　　（はい，そうしましょう）

Shall he come here tomorrow?——Yes, **let him** do so.
（彼を明日ここへこさせましょうか）（はい，そうさせてください）

N.B.　Let. . . の形の命令文，および Let's. . . については §186 参照．

§222　未来形の実例

以上の説明に対する実例をあげておく．

It **will rain** tomorrow.（あすは雨だろう）

He **will be** back very soon.（彼はすぐ帰ってくるでしょう）

I **shall remember** this forever.（このことは永久に忘れない）

N.B.　remember の使い方については §301 参照．

Mrs. Smith **will have** a baby next August.
（スミス夫人はこんどの8月に赤ちゃんが生まれるでしょう）[Cf. §223 (1)]

Learn this trick.　It **will be** fine fun.
（この手品をおぼえなさい，きっとおもしろいよ）

Will it be necessary to do so?（そうすることが必要でしょうか）

It **will** *not* at all **be** necessary to do so.
（そうすることはまったく必要のないことでしょう）

I **will look up** the word in the dictionary.
（その単語を辞書で調べよう）

You shall smart for this later.（あとで思いしらせてやるぞ）

I will never do such a thing.（こんなことはけっしてやるまい）

Who will take care of Nancy? (だれがナンシーのせわをするのか)

§223　そのほかの未来表現

未来をあらわすのには shall, will のほか

(1)　〈be going to＋原形〉

(2)　〈be to＋原形〉

(3)　〈be about to＋原形〉

(4)　〈現在単純形〉による代替

(5)　〈現在進行形〉による代替

がある．そして，これらは少しずつ意味がちがっている．これらの形を順序を追って説明しよう．

(1)　〈be going to＋原形〉

主語が一人称のときは強い〈決意〉をあらわし，それ以外の主語のときは，〈話者〉が何かの〈徴候〉を見て〈このぶんではきっと...になりそうだ〉と判断をくだしたことをあらわす．

I **am going** to buy a tape-recorder.
(ぼくはテープレコーダーを買うんだ) [決意]

I **am going** to tell him so myself.
(ぼくは自分で彼にそういってやる) [決意]

N.B.　I will も〈決意〉をあらわすのではあるが，〈I am going to＋意志動詞〉には，「いまに見ておれ」とか「そのうちに思い知らせてやる」などの含みがある．

It **is going** to be a hot day today.
(きょうはあつい一日になりそうだ) [空模様――〈徴候〉――を見ていて，〈このぶんなら〉]
It **will** be a hot day today.
(きょうも一日あついだろう) [たんなる〈想像〉か〈予報〉]

Mrs. Smith **is going** to have a baby.
(スミス夫人に赤ちゃんが生まれるぞ) [おなかが大きいという〈徴候〉を見ての判断]
Mrs. Smith **will** have a baby.
(スミス夫人に赤ちゃんが生まれるだろう) [〈予測〉か〈予言〉]

(2) 〈be to＋原形〉

「...する態勢にある」または「その行動に移る状況にある」などの意味をあらわす.

You **are to** go first. (君がさきに行くんだよ)

Am I **to** work overtime today?

(きょう私は超過勤務をやるんですか)

Nothing **was to** be seen. (＝Nothing could be seen.)

(何も見えなかった)

There he met a girl who **was to** take care of him later.

(そこで彼は，のちに彼のせわをすることになった女の子に会った)

N.B. 最後の例文の was to は〈過去〉から見た〈未来〉――そういう運命であった――をあらわす.

(3) 〈be about to＋原形〉

これから〈まさに...しようとする〉の意味をあらわす.

He **is about** to start on a tour*.

(彼は，これから旅行に出かけようとしていた)

(4) 〈現在単純形〉が〈未来〉をあらわす場合

これには，つぎの2つの場合がある.

(a) 〈変更の余地のない〉はっきりした事象をあらわす.

Tomorrow **is** Sunday. (あすは日曜日です)

Next Christmas **falls on** a Wednesday.

(つぎのクリスマスは水曜日にあたります)

The examinations **start** on February the 15th.

(試験は2月15日からはじまる) [on に注意，from としない]

We **start** for Hongkong tonight.

(今晩ホンコンへ向けて出発します)

(b) 〈副詞節〉の中で〈無意志未来〉をあらわすには現在単純形を用いる.

I'll tell you, if it **hurts.**

(もし，痛ければそういいますよ) [歯医者に対して患者がいう]

---

* tour は「観光，周遊の旅行」. trip は「小旅行」だが，〈ちょっとそこまで買いものに行く〉ことも trip といえる. travel はいわゆる「旅行」.

When he **comes,** give him this package.
（彼がきたら，この包みを渡してください）
If it **rains** tomorrow, I will stay at home.
（もし，あす雨がふれば，私はうちにいる）

(5)〈現在進行形〉が〈[準備のできた] 予定の行動〉をあらわす場合．とくに go と come について．

We **are going** to Paris next month.
（われわれは来月パリへ行きます）[§223 の be going to とは別]
The letter says that Aunt Mary **is coming** to us next week.
（手紙にはメアリおばさんが，来週くると書いてある）
We **are having** a party to celebrate John's 15th birthday. [have=〈(1c)〉]
（ジョンの 15 歳の誕生日を祝うパーティを行ないます）[招待状]
Nancy **is getting** married this autumn.
（ナンシーは，この秋，結婚するのです）
Next they **are playing** Beethoven's Fifth Symphony.
（つぎはベートーベンの交響曲第 5 番の演奏ですよ）

§224 will の特別用法

(1) 依頼

Will you please write your name here?
（お名前をここに書いてくださいませんか）

(2) 勧誘

Will you come out for a walk?（散歩にいきませんか）

N.B. 1. come については §298 参照．

N.B. 2. 以上 2 例のように Will you . . .? という形は依頼・勧誘のためのパターンとなっているから，〈未来に関する純粋の質問〉には Will you **be ～ing** . . .? と〈未来進行形〉にすることが多い．

Will you **go** to his house tomorrow?
（あす，彼の家へ行ってくれませんか）
Will you **be going** to his house tomorrow?
（あす，彼の家へいらっしゃるのでしょうか）

N.B. 3. もっとていねいにいうときは Would you . . .? という．

① **Would** you please say it again?
（もう一度おっしゃってくださいませんか）

そして，つぎのように〈mind＋動名詞〉で依頼するときは，would のみを用いる.

② **Would you mind opening** the window?
(窓をあけてくださいませんか)

この場合，mind は「気にする」「いやだ」の意味であるから，② に対して「はい」という返事は“No!”となる．これを，うっかり“Yes!”と答えると，「いやだ」といったことになる.

(3) さしず

John, you **will** sit down here. (ジョン，君はここへすわるんだ)

(4) 不可避の事象

Accidents **will** happen.
(事故というものは，どうしたって，起こるものさ)

Boys **will** be boys. (こどもはこどもだよ)

(5) 習慣・習性

She **will** sometimes sit up all night, working on her thesis.
(彼女は，徹夜で論文を書いていることが，よくある)

§225 〈未来〉と〈進行形〉〈完了形〉

§224 に will be going という〈未来進行形〉の実例があった．すでに〈進行形〉〈完了形〉および〈完了進行形〉のことはじゅうぶん説明してあるので，それと，shall, will の用法とを組み合わせて考えれば，〈未来進行形〉〈未来完了形〉〈未来完了進行形〉の用法もすぐわかるはずである．すなわち，〈過去〉について，これらの形のとき〈基準点〉があったが，こんどは〈未来〉の一定点を〈基準点〉と考え,〈その時に〉または〈その時までに〉というふうに考えればよいのである．ここではいくつかの実例をあげるにとどめる.

① {We **shall be waiting** for you / A car **will be waiting** for you} at the northern exit between 10: 15 and 10: 30 a.m.
(午前10時15分から10時半までの間，北出口でわれわれが——車が——あなたを待っているでしょう)

② I **shall have finished** my homework by five o'clock.
(5時までには私は宿題を終わっているでしょう)

③ You **will have heard** of the result by this time tomorrow.
(あすのいまごろまでには，その結果を聞いているでしょう)

④ {I **shall have been** / He **will have been**} **studying** English for five years next March.
(こんどの3月で英語を5年やったことになるでしょう)

N.B. ②, ③ の by は〈...までには〉という〈最終期限〉をあらわす．〈最終期限〉ということは〈それ以前にその状態になることもありうる〉ということである．いっぽう，④ の next March は「3月(まで)で」であって，これは〈最終期限〉ではない[3月以前，たとえば2月ならば5年にならない]．そのときは by を用いない．④ のように〈副詞目的格〉[→§295] でいうか，または **at** the end of next month (来月の終りで) のようにする．

Exercise 18

(1) つぎの各文の ____ のところに〈It is〉または〈There is〉を，適当な時制の形にして挿入せよ．

1. ____ several empty seats on the bus when I got into it.
2. ____ no rain here for three weeks.
3. I hope ____ good news soon.
4. ____ not easy to travel in the Tokugawa Period.
5. ____ raining like this since nine o'clock.
6. Soon ____ possible to travel around the world in one day.
7. ____ several bad accidents at this corner recently.
8. ____ twenty-nine days in February 1984.
9. ____ a lot of work waiting to be done when I got home.
10. ____ a long way from London to Tokyo.

(2) つぎの各文の（　）内の動詞を正しい時制の形にせよ．

1. When John got to school, he found that he (forget) to call on Tom on the way.

2. The bus (leave) when we got to the bus stop, so we had to walk.
3. Usually John (get) up at seven o'clock, (go) downstairs, (have) breakfast and then (leave) for school.
4. When Tom got to school, the lesson (start) already.
5. When I got to the airport, I (learn) that the plane (not arrive) from Fukuoka.
6. I asked her what films she (see) while she was in London.
7. I knew at once that he (not sleep) well the previous night.
8. I (go) to see him as soon as I (hear) he was in hospital.

(3) 例題は，①で〈be going to〉となっているものを②で〈現在完了〉に直して just を付加している．この例題にならって，つぎの各文を〈例題②〉の形に書きかえよ．

《例》 ① Mary is going to make some cake.
　　　② Mary has just made some cake.

1. John is going to empty the water into the bucket.
2. The milk is going to boil over.
3. John is going to repair the television set.
4. The boys are going to have an English lesson.

(4) つぎの文の誤りを正せ．

1. If it will snow tomorrow, we stay at home.
　(あす雪がふればうちにいる)
2. Would you mind saying it again?—Yes, I will repeat it for you.
　(それをもう一度いってくださいませんか?——いいですとも，くりかえしていいましょう)
3. October the 12th shall be Tuesday.
　(10月12日は火曜日だろう)
4. What will I do?　(どうすればいいのだろう)
5. Have you ever gone to France?
　(あなたはフランスへ行ったことがありますか)
6. When I called on him, he drew a picture.
　(私が彼をたずねたとき，彼は絵を描いていた)

5. 態

§ 226 能動態と受動態

動作をするもの，すなわち**動作主** (Agent) を主語とする他動詞の形を**能動態** (Active voice) といい，動作を受けるものを主語とする他動詞の形を**受動態** (Passive voice) という．受動態は〈be＋p.p.〉の形であらわす．このとき be は助動詞である．

能　動　態	受　動　態
love (愛する)	be loved (愛される)
kill (殺す)	be killed (殺される)
teach (教える)	be taught (教えられる)
sink (沈む)	be sunk (沈められる)

能動態を受動態に変えるには，もとの文で目的語であったものを主語とし，もとの文で主語であったものに前置詞 **by** をつけて副詞句を構成し，動作主をあらわす．

能　動　態	受　動　態
He **wrote** this book. (彼がこの本を書いた)	This book **was written** *by* him. (この本は彼によって書かれた)
The people **love** the king. (国民は王を愛する)	The king **is loved** *by* the people. (王は国民に愛される)
He **will punish** me. (彼は私を罰するだろう)	I **shall be punished** *by* him. (私は彼に罰せられるだろう)
He **has caught** a thief. (彼はどろぼうを捕えた)	A thief **has been caught** *by* him. (どろぼうが彼に捕えられた)

§ 227 動作主表示 '**by . . .**' の省略

能動態における主語が people, they, you, we など〈一般の人々〉[→§52] の意味のものであるとき，あるいは，とくにいいあらわす必要が感じられないときには，受動態に変えた場合，〈by . . .〉の部分がはぶかれるのが通例である．

能 動 態	受 動 態
They export a great deal of silk every year. (毎年多量の絹を輸出する)	A great deal of silk **is exported** every year. (毎年多量の絹が輸出される)
People say that he is a salesman. (世間では彼はセールズマンだといっている)	It **is said** that he is a salesman. (彼はセールズマンだといわれている)
You must not **speak** Japanese in class. (教室では日本語を使ってはいけません)	Japanese must not **be spoken** in class. (教室で日本語が使われてはならない)
We named the dog "Pluto". (犬をプルートーと名づけた)	The dog **was named** "Pluto". (犬はプルートーと名づけられた)
Someone blew out the candle. (だれかがろうそくを吹き消した)	The candle **was blown out**. (ろうそくが吹き消された)

N.B. 1. この blow out は〈動詞+副詞コンビ〉[→§155.2].

能 動 態	受 動 態
I sent for the doctor. (医者を呼びにやった) [使者を出した]	The doctor **was sent for**. (医者にきてもらうよう使いを出した)

N.B. 2. send for を受動態に用いることについては§230をも比較せよ.

〈動作主〉に重きをおかない場合には受動態を使うことが多い.

① Columbus **discovered** America.
(コロンブスがアメリカを発見した) [能動態]

② America **was discovered** in the year 1492.
(アメリカは1492年に発見された) [受動態]

この2例中, ②は年代をいうのが主意であり, 発見者に重きをおかないのである.

§228 〈S+V+O+C〉から作った受動態

〈S+V+O+C〉型の文のうち「...を...とする」という使役動詞を含む文を受動態にするとつぎのようになる.

They elected *him* **chairman**. (彼らは彼を議長に選んだ)	*He* was elected **chairman**. (彼は議長に選ばれた)
He made *her* **happy**. (彼は彼女を幸福にした)	*She* was made **happy**. (彼女は幸福にされた)

§ 229 〈$S+V+O_2+O_1$〉から作った受動態

授与動詞の受動態は，① もとの文で直接目的語であったものを主語にするのと，② 間接目的語であったものを主語にするのと2種類できる．

He **gave** me a watch.（彼は私に時計をくれた）

① A watch **was given** *me* (by him).
② I **was given** a *watch* (by him).
（私は時計をもらった）

They **offered** him a position.（彼に就職の口がかかった）

① A position **was offered** *him.*
② He **was offered** a *position.*
（彼は就職の口をかけられた）

このように授与動詞を受動態に変えるとき，そのまま取り残される目的語 [上の斜体字の語] を**保留目的語** (Retained object) という．

動詞によっては，上の ①，② のうち一方の形式しか認められないものがある．He **wrote** me a letter.（彼は私に手紙を書いた）では，① A letter was written to me (by him). はよいが，② I was written a letter (by him). は不適当であり，また，They **spared** me the trouble.（彼らは私からその労を免除してくれた）では，② I was spared the trouble. はよいが，① The trouble was spared me. は不可能である．

§ 230 〈**He was run over.**〉型の受動態

自動詞にはその性質上，受動態はない．しかし自動詞が前置詞と結合して〈複合他動詞〉となった場合はこれを受動態にすることができる [→ § 277].

You cannot **rely upon** him.（あの人をあてにすることはできぬ）

He cannot **be relied upon**.（あの人はあてにならない）

The automobile **ran over** a girl.（自動車が少女をひいた）

A girl **was run over** by the automobile.（少女が自動車にひかれた）

You must **look after** the child.（君は子供のせわをしてやらなくてはならない）

The child must **be looked after**.（子供はせわされなくてはならない）

§231 〈He must be taken care of.〉型の受動態

〈V+O+前置詞〉または〈V+M_2+前置詞〉の形が，ひとつの他動詞と同等のはたらきをする場合には，はじめ〈その前置詞の目的であったもの〉を主語として受動態にすることができる[→§277].

You must **take care of** your books.（あなたの本を大切にしなければならない）

Your books must **be taken care of.**（あなたの本は大切にされなくてはならない）

Let's **do away with** all ceremony.（儀式ばったことはよそうではないか）

Let all ceremony **be done away with.**（無礼講にしようではないか）

N.B. 第1例はまた Care must **be taken of** your books. ともなる.

§232 動作受動態と状態受動態

〈be+p.p.〉の形が〈動作完了の結果〉をあらわすことがある.

① They **shut** the gate at ten.＝The gate **is shut** at ten.
（10時に門をしめる――門は10時にしまる）

② They **have shut** the gate already.＝The gate **is shut.**
（もう門をしめてしまった――門がしまっている）

①の is shut はふつうの受動態であるが，②の is shut は〈動作完了の結果〉である〈現在の状態〉をあらわすものである.
このとき，「...される」というほうを〈動作受動態〉といい，「...されている」というほうを〈状態受動態〉という. 動作受動態では be の代りに get を用いることもある.

He **got fired.**（彼はクビにされた）

You will **get punished.**（君は罰せられるだろう）

自動詞に受動はないから，それが〈be+p.p.〉の形になる場合は，常に動作の結果，すなわち状態を示すものである.

All hope **is gone.**（望みはまったく去った）

When I woke up, my watch **was gone.**
（目をさましてみると時計がなかった）

N.B. 「...が...を...される」という形については§286 参照.

Exercise 19

(1) つぎの各文を受動態に書きかえよ.

1. They will open the shop for business on Monday.
2. The strong wind opened the window.
3. They will have to restrict the supply of electric power.
4. They saw a strange man in the woods last night.
5. Edison invented the gramophone about a hundred years ago.
6. The president must sign every letter.
7. She turned off the light at once.
8. They have just widened this road.
9. They put out the fire in less than an hour.
10. They could not use the emergency staircase*.

(2) つぎの文を ① 能動態, ② 受動態の 2とおりに訳せ.

1. みんながメアリをほめる.
2. 試合が 10 時にはじまった.
3. なぜ道路の修理が行なわれたか?
4. 答案はインクで書かなければならない.
5. その問題はつぎの章で論ずる.
6. 結果は午後 3 時に発表します.
7. 彼は昨年死んだということだ.
8. 先生は生徒のめいめいに 1 枚のカードをわたした.
9. 最近そこに大きな銅像ができた**.
10. 大ぜいの人が踊っているのが見えた.

---

* emergency staircase＝非常階段.

** 銅像などを「たてる」は erect (*v.t.*).

6. 話　　法

§233　直接話法・間接話法

われわれは日常，ほかの人がいったことを，また別の人に伝達する必要を感ずることが多い．英語では，この場合，2とおりの伝達法があって，もとの人の発言をそのまま“　”でかこんで伝える伝達法を**直接話法** (Direct narration) という．また，もとの人がその人の立場でいった情報を，〈伝達者自身の立場〉でおきかえた文に作りかえ，これを〈従属節〉[ときには句]の形にしてはめこんだ文を作って伝達する方法を**間接話法** (Indirect narration) という．たとえば，**A** という女が **B** という男に I love you. といったとする．これを **B** が **C** という男に伝えるとする．すると，もとの文の I は **A** であり，これを **B** の立場からみれば she である．もとの文の you は **B** をさし，これを **B** 自身からみれば me となる．したがって，**B** の **C** に対する発言はつぎのようになる．

{Miss A says, "**I** love **you**." [直接話法]
{Miss A says that **she** loves **me**. [間接話法]

この that は名詞節を導く接続詞である．

さて〈I love you〉を **P** とおくならば，ここでいっていることは

(直接) Miss A says, "**P.**" → (間接) Miss A says that **P′**.

となるということであって，ここでわれわれが注意して覚えることは，〈**P** → **P′** の転換にあたり，どの語をどのようにとりかえるかというルール〉である．このルールを順次説明しよう．

§234　〈ルール 1〉代名詞系列語のとりかえ

代名詞系列語のうち，人称代名詞・指示代名詞の系列語をとりかえる．

これは，上の例で〈I → she〉〈you → me〉となったようなものである．すべて，これらの系列語は，**P** の中では，もとの話者の立場から用いられているから，そのものを伝達者の立場からみれば，**P′** の中では別の語にしなければならないことが多いであろう．しかし，これは，必要に応じて，常識の線で判断してとりかえるのであって，このとりかえは文法の問題ではない．たとえば，上の例で **P** が〈I love him〉となっていて，この him が **C** をさしていれば，**P′** は〈that she loves **you**〉であろうし，この him が **D**（という別の男）をさしていれば，**P′** は〈that she loves **him**〉であろう．また **P** の中で here とあったものは，もし，同じ場所で伝達すれば **P′** の中でも here であるし，また，別の場所で伝達するならば〈**P**: here → **P′**: there〉となるはずである．ゆえに，これはあくまで常識の問題である．しかし，書きかえの練習にあたっては，変えられるものはすべて変える，という技術を覚えることはたいせつであるから，このとりかえの原則を列挙しておく．なお，today, yesterday などの日付も，指示代名詞系列語の応用と考えられるから [today＝this day であるから]，これらについても述べておく．

P	⇄	**P′**
this		that
these		those
now		then
here		there
today		that day
tomorrow		the next day
yesterday		{the day before the previous day
last night		{the night before the previous night
two years **ago**		two years **before**

ここで〈時〉に関する副詞などが出たので，つぎにこれに関連して，〈ルール 2〉を述べる．

§235 〈ルール 2〉時制の一致

主節の動詞が〈過去形〉ならば，**P′** の中の定形動詞も〈過去形〉でなければならない．このことを**時制の一致** (Sequence of tenses) という．**P** の中の定形動詞が〈現在形〉であるならば，**P′** の中ではこれを〈過去形〉にし，**P** の中の定形動詞が〈過去形〉であるときは，**P′** の中ではそれを〈過去完了〉にする．

① He **said**, "*I* **am** happy."
He **said** that *he* **was** happy.
(彼は「私は幸福だ」といった)

② He **said**, "I **am** working hard."
He **said** that he **was** working hard.
(彼は「私は一所けんめい働いている」といった)

③ He **said**, "I **have** done *my* homework."
He **said** that he **had** done *his* homework.
(彼は「私は宿題をすませた」といった)

④ He **said**, "I **was** happy two years *ago*."
He **said** that he **had been** happy two years *before*.
(彼は「私は 2 年前は幸福だった」といった)

このうち ① は問題ないと思う．② は **P** の〈現在進行形〉が **P′** で〈過去進行形〉となっているが，要するに〈am → was〉の転換の問題だから，〈定形動詞の現在形を過去形に変える〉という説明でカバーされているのである．③ は，**P** の〈現在完了〉が **P′** で〈過去完了〉になっているのだが，これも手つづきとしては have という定形動詞を had にするだけでよいわけである．

問題は ④ で，これは **P** の was を had been にするのであるが，ここだけは，was も had もともに定形動詞の過去形であるから〈定形動詞の時制をずらす〉という説明だけではカバーできない．ここはどうしても〈**P** で〈過去〉なら **P′** で〈過去完了〉〉ということをいっておかねばならない．

N.B. 1.　③，④ をくらべてみると，

P：{現在完了 / 過　去} → P′：過去完了

という対応があることになる．すなわち〈**P′** で過去完了〉となっているものは，〈**P** で現在完了になるのか過去になるのかわからない〉という場合もある．

これはその場合に応じて判断しなければならない．

N.B. 2.　この〈ルール 2〉すなわち〈時制の一致〉が守られない場合もある．それは **P** の中の時制が，伝達者からみても，もとのままでよい場合である．たとえば，

He *said*, "A week **has** seven days."
He *said* that a week **has** seven days.　[真理]
（彼は「1 週間は 7 日だ」といった）

He *said*, " Columbus **discovered** America."
He *said* that Columbus **discovered** America.
（彼は「コロンブスがアメリカを発見した」といった）[発話の内容が歴史上の事実だからそのまま過去形にしておく．過去を過去完了にしない]

なお，〈仮定法〉の時制については §243 で説明する．

§236 〈ルール 3〉平叙文・疑問文・命令文の場合

(1)　平叙文の場合

これは，いままでの話で尽きている．ただ，いままでは，〈He said, "**P.**"〉を〈He said that **P′.**〉とするということだけいってきたが，〈He said *to me*, "**P.**"〉などとあるときは，なるべく〈say → tell〉と転換して〈He **told** *me* that **P′.**〉などとするほうがよい．

He said to me, " **You are** very kind."
He **told me** that **I was** very kind.
（彼は私に「君はたいへん親切だ」といった）

He said to me, " **I am** busy *now*."
He **told me** that **he was** busy *then*.
（彼は私に「いまたいへん忙しい」といった）

(2)　疑問文の場合

P が〈Yes–No 疑問〉であるときには，接続詞 if を用いて

〈if **P′**〉の形とし［ときには〈whether **P′** or not〉とし］，**P** が〈X 疑問〉であるときには，その疑問詞自身が従属節を導く連結語となる．いずれの場合も **P′ 部分**を〈従属疑問〉とよぶ．〈従属疑問〉の内部では〈‘S+V’構造〉は平叙文のルールのとおりとする［→ § 180. 3 (2)］．すなわち，ふつうの疑問文のルールには従わない．したがって **P** の中の〈?〉は，**P′** ではなくなる．主節の動詞は一般に〈say → ask〉と転換される．

① He said to me, “**Do you get up** early?”
He asked me **if I got up** early.
（彼は私に「朝早く起きますか」ときいた）

② He said to me, “**Are you busy** *today*?”
He asked me **if I was busy** *that day*.
（彼は私に「きょうは忙しいですか」ときいた）

③ He said to me, “**What are you** doing *here*?”
He asked me **what I was** doing *there*.
（彼は私に「ここで何をしているのですか」ときいた）

④ He said to me, “**Why were you** angry?”
He asked me **why I had been** angry.
（彼は私に「なぜおこっているのですか」ときいた）

N.B.　この ③ について注意しておく．この what は do の目的語であるが，疑問詞であるから文頭に出た．それで，. . . what I was doing . . . では **O** が **S** より前に出ているという意味では疑問文の語順になっているわけだが，. . . I was doing . . . のところが . . . was I doing . . . とはならないから〈‘S+V’構造〉の部分については，平叙文の語順なのである．なお，疑問詞が **S** であるか **C** であるかによってつぎのようなちがいもでてくる．

He said to me, “Which is Mary?”
He asked me **which was Mary**.
（彼は私に「どちらがメアリか」ときいた）［which は **S**］

He said to me, “Who is Mary?”
He asked me **who Mary was**.
（彼は私に「メアリとはだれですか」ときいた）［who は **C**］

(3)　**P** が命令文である場合

〈say → tell〉と転換してつぎのパターンで書きかえる．

{He **said to me**, "**Go** home at once."
{He **told me to go** home at once.
（彼は私に「すぐ家に帰れ」といった）

すなわち，**P** の中の〈原形〉に to をつけて〈不定詞〉とし，それを〈tell＋人〉のあとにつづけるわけであるから，この場合は間接話法は単文である．なお，tell の代りに，命令の意味の強弱に応じて，advise（忠告する），order（命令する），command（命令する），caution（警告する）なども用いる．また，**P** が〈Don't＋原形＋. . .〉という否定の命令であるときは，不定詞の前に not を挿入する．以下，訳文は〈直接話法〉に即してつけておく．

He **said** to me, "**Be** careful."
{He **told** me / He **advised** me} **to be** careful.
（彼は私に「注意しなさい」といった）

He **said** to me, "**Write** down everything you know."
{He **told** me / He **ordered** me} **to write** down everything I knew.
（彼は私に「知っていることはすべて書きなさい」といった）

He **said** to me, "**Don't smoke** in bed."
{He **told** me / He **cautioned** me} **not to smoke** in bed.
（彼は私に「ベッドでタバコを吸うな」といった）

§237　話法の種々相

実際の伝達の場になれば，**P** はいろいろな形をしている．それで，上記の〈ルール 1〉〈ルール 2〉〈ルール 3〉以外にも，くふうを要することが多い．下にいくつかの実例をあげておく．〈直接話法〉を〈間接話法〉に書きかえるという技術もたいせつであるが，英語を勉強するさいに，もっとたいせつなことは，〈間接話法〉から〈直接話法〉に直す要領をおぼえることである．なぜかというと，英米の小説などでは間接話法で書くことが多く，その場合，**P′** の形式を見て，すぐ **P** の形式［つまりもとの話者が実際に口に出していったことば］を理解する能力が要求されるからである．この能力がない人は **P′** にひきずられて，変な日本語で訳したりする．たとえば，〈He asked me if I was ill.〉という文をみたとき，この能力のある人は，すぐ〈He said to me, "Are you ill?"〉と転換できるから，〈**P**＝Are you ill?〉だとわかり，「彼は私に，君は病気なのか，とたずねた」という訳ができる．ところが，この転換がわからない人は if にこだわり，「彼は私に，病気であるかどうかとたずねた」などという．この「...であるかどうか...」という言い方は，この文の訳としては，冗長であり不自然である．

N.B. この注意は，さらに，〈直接話法に直せない間接話法〉のときには，その重要さがわかる．たとえば，つぎの文は，地下鉄にのっていて車掌が「つぎは○○」といったのを聞きもらした人が，隣の人に「車掌は，つぎは何駅だといいましたか」とたずねているのである．

What **did the guard say** the next station was?

直接話法	間接話法
He said to me, "I am going, **but** my sister will stay."	He told me **that** he was going **but that** his sister would stay.

（彼は私に「ぼくは行くが妹はここにこのままいる」といった）

直接話法	間接話法
He said to me, "Wait here till your mother **comes back**."	He told me to wait *there* till my mother **came back**.

（彼は私に「あなたのお母さんが帰ってくるまでここにいなさい」といった）

直接話法	間接話法
He said to me, "Where **did you hear** the news?"	He asked me where **I had heard** the news.

（彼は私に「どこでそのニュースを聞いたか」といった）

直接話法	間接話法
She said to me, "**Don't laugh**; **I am serious.**"	She told me **not to laugh**, *and told me* **that she was serious.**

（彼女は私に「笑わないで，わたし，まじめなのよ」といった）

She said to me, "**Have you ever seen** a panda?"　She asked me if **I had ever seen** a panda.

（彼女は私に「パンダを見たことある?」といった）

Mary **said to me,** "**Go and get** the tickets for me and my little brother."　Mary **requested me to go and get** the tickets for *her* and *her* little brother.

（メアリは私に，「私のと弟のと，キップを買ってきてください」といった）

You said to me, "Am **I** taller than **you**?"　You asked me if **you were** taller than **I**.

（あなたは私に「ぼくは君より背が高いか」といった）

You said to Mary, "Where **did you buy** this new coat of yours?"　You asked Mary where **she had bought** *that new coat of hers*.

（あなたはメアリに「どこでこの新しい上着を買ったのですか」といった）

Exercise 20

(1)　つぎの各文を間接話法に書きかえよ．

1. Mary said, "I am going to the dance with my mother."
2. George says, "I will be ready in a few minutes."
3. Tom said to me, "My sister has not finished her homework yet."
4. Lucy said to me, "I have written letters to several of my pen-pals."
5. He said to me, "Someone has taken my shoes by mistake."
6. He said to me, "Who has taken the papers away?"
7. He said to me, "Have you ever had a ride in a helicopter?"
8. He said to me, "Don't shout in this room."
9. Lucy said to me, "John asked me to write a letter."
10. He said to Mary, "The teacher is angry with you. What do you think of it?"

7. 仮定法

§238 直説法と仮定法

いままでわれわれが見てきた英文はすべてわれわれのまわりの外界におこる事実をふまえての発話であった．これらの文の動詞の形を**直説法** (Indicative mood) という．したがっていままで〈現在単純形〉とか〈過去完了形〉とかいってきたものは，すべて〈直説法〉のそれであった．ところがわれわれは，ものをいうのに，ときには，〈事実と無関係〉にいったり，〈事実と反対のこと〉をいったりする．このような発話に用いられる動詞の形を**仮定法** (Subjunctive mood) という．この章では〈仮定法〉に関連する動詞の用法のルールを研究する．

§239 〈想念〉と〈反事実〉

上で〈事実と無関係〉といったのは，くわしくいうと，あることがらが，現実に起こるかどうかとは無関係に，ただ頭の中で〈...が...すること〉を考えてみただけのことをいう．たとえば，「もしあす雨がふれば在宅する」というのは，未来のことであって，これが事実であるとか，ないとかいっているのではない．ただ，「〈降雨〉が〈在宅〉の条件だ」というように，〈降雨〉と〈在宅〉との関係をいっているのである．そこで「在宅する」のほうは，本人の意志をいっているのだから，事実をふまえているが〈あす雨が降る(こと)〉の部分は，ひとつの想念としていっているのである．また，「君がルールを守ることは望ましい」というとき，「君がルールを守る」という部分は，単に「順法は」といってもほぼ同じで，それがいま事実であるかどうかとは無関係にいっているのである．したがって，この文の〈君がルールを守る(こと)〉という部分は〈想念〉である．

つぎに，上で〈事実と反対のこと〉といったのは，現在，または過去の事実と反対のことを仮定する場合であり，これを〈反事実〉という．「もし私にその能力があれば，そうするんだが」とか，「あのとき，もう5分早く着いていたら彼に会えたのに」とかいう文は明らかに〈反事実〉を述べる文である．

§240　仮定法の時制

仮定法は，このような〈想念〉と〈反事実〉を述べるための動詞の形であり，主要なものは〈現在(単純)形〉〈過去(単純)形〉〈過去完了形〉の3つである．〈進行形〉はこの応用としてすぐにわかるからここではあげない．〈直説法〉と比較してその動詞形をあげ，その用法を研究しよう．be と sing の2つについて調べてみる．

	直説法	仮定法	
		A	B
現　在	am, are, is sing, sings	†be †sing	**should** {*be* / *sing*}
過　去	was, were sang	**†were** **sang**	{**should** / **would** / **could** / **might**} + {*be* / *sing*}
過去完了	had been had sung	**had been** **had sung**	{**should** / **would** / **could** / **might**} + **have** + {*been* / *sung*}

N.B. 〈仮定法 A〉は，英語本来の形であるが，† 印を除くほかは〈直説法〉と同一である．すなわち be については現在形は be 一本であり，過去形は were 一本であり，その他の動詞については，〈主語が三人称単数形でも現在形に -s をつけない〉という点だけが直説法とのちがいである．現代英語では〈想念〉をあらわす場合に〈仮定法 A〉の代りに〈直説法〉を使うことが多い．

〈仮定法 B〉は，助動詞を用いる形で，これらの助動詞は，後述の〈法の助動詞〉の仲間である．

§241 〈想念〉のあらわし方

(1) 〈that に導かれる名詞節〉の内容について〈話者のコメント〉[→§141] を述べる文があるとき，その名詞節の中で〈仮定法現在 **B**〉を用いる．これは should の特別用法といわれている．この場合，イギリス英語では〈仮定法現在 **B**〉を，またアメリカ英語では〈仮定法現在 **A**〉を用いる．

It is necessary that you {**should be** / **be**} honest.
(君が正直であることが必要だ)

It is natural that he {**should say** / **say**} so.
(彼がそういうのは当然だ)

なお，名詞節の内容が過去のこと(として想念された場合)ならば，つぎのようになる．

It is natural that he **should have said** so.
(彼がそういったのは当然だ)

つまり，should のあとに have said という〈完了形の原形〉を用いるのであって，これについては §243.2 でくわしく述べる．

(2) 〈条件節〉について

〈**P** ならば **Q**〉という形式の文で **P, Q** が〈節〉であるとき，**P** を〈条件節〉，**Q** を〈帰結節〉という．この条件節が〈想念〉をあらわすとき，ここに〈仮定法現在〉を用いる．ただし，〈現代英語〉ではこの場合〈直説法〉を用いることが多い．また，実際上，主語が三人称単数でないときは，be 以外の動詞については，〈仮定法〉と〈直説法〉との見分けがつかない．

① {ⓐ If it **should rain** tomorrow, / ⓑ If it **rain** tomorrow, / ⓒ If it *rains* tomorrow,} I will stay home.
(もしあす雨がふれば，うちにいよう)

この ⓐ は〈仮定法現在 **B**〉である．このように should を使うと，〈あすは雨がふりそうもないが万一ふったら〉という気持ちをあらわす．ⓑは〈仮定法現在 **A**〉で，ごく一般的に条件をいっているが，現代英語では，これをⓒのように〈直説法〉でいうほうがむしろふつうである．つぎの文についても同様．

② ⓐ If he **should be** a spy, / ⓑ If he **be** a spy, / ⓒ If he **is** a spy, } you must be very careful.

(もし彼がスパイなら，君はよく注意しなければならない)

要するに，こういう場合は，われわれとしては〈想念の表現〉としてⓐ，ⓑの型もあることだけ承知しておればよいのであって，われわれが発話するときは，一般にはⓒのスタイルで直説法を用いればよい．

N.B.　これは，till he **comes** (彼がくるまで)，when he **comes** (彼がきたら)，whether he **comes** or not (彼がこようとくるまいと) などのような節の中でも同様である．これらの例における **comes** は〈直説法現在〉であるが，この現在形の用法は，〈未来〉の代りに〈現在〉を用いる場合として § 223 (4) (b) で述べた．

§ 242.1　〈反事実〉のあらわし方

If $\underline{\quad\textbf{P}\quad}$, $\underline{\quad\textbf{Q}\quad}$.

(もし，**P** だとしたら，**Q** であろう)

この形式の文が反事実をあらわすときは，つぎの公式による．

	P	**Q**
(1) **現在**の反事実をあらわすとき	仮定法過去 **A** 〈直説法過去〉のこともある． 単に〈**過去形**〉とおぼえる．	仮定法過去 **B** {should / would / could / might} +原形
(2) **過去**の反事実をあらわすとき	仮定法過去完了 **A** 〈直説法過去完了〉と同形だから，要するに 〈**had**+**p.p.**〉	仮定法過去完了 **B** {should / would / could / might} +**have**+**p.p.**

この表の中の **P** は条件をあらわす節で〈条件節〉, **Q** は条件に応ずる結論をあらわす節で〈帰結節〉である.

(1) 〈現在の反事実〉の例

If I **had** enough money, I **would buy** it at once.

(もし金をじゅうぶん持っていれば, それをいますぐ買うのだが)

If he {**were** / **was**} a king, I **should ask** him to make many hospitals.

(もし彼が王様であるなら, 私は彼にたくさん病院を作るようにたのむのだが)

If you **knew** his address, you **might** go to him for help.

(もしあなたが彼の住所を知っていれば, 彼のところへ助けを求めに行けるのに)

(2) 〈過去の反事実〉の例

If I **had had** enough money, I **would have bought** it at once.

(もし[あの時]金をじゅうぶん持っていたら, それを[その時]すぐに買ったのだが)

If he **had been** a king, I **should have asked** him to make many hospitals.

(もし彼が王であったのなら, 私は彼にたくさん病院を作るようにたのむところだったのに)

If you **had known** his address, you **might have gone** to him for help.

(もしあなたが[あの時]彼の住所を知っていたのなら, 彼のところへ助けを求めに行けただろうに)

N.B. 「あの時 **P** であったら, いまごろは **Q** だろう」というような組み合わせも容易である. このようなときは〈条件節に過去完了〉を〈帰結節に仮定法過去 **B**〉を用いればよい.

If I **had eaten** that fish, I **should be** ill now.

(もし, あの魚を食べたとしたら, いまごろは病気になっているだろう)

§242.2 〈条件〉が潜在する場合

以上は if... という形で〈条件〉を示す例であるが, ときには〈条件〉が if... による条件節の形にはあらわされず, 〈帰結節にあたる文〉の中の語句に潜在することがある.

A man of sense would not do so.

(センスのある人ならそんなことはしないだろう) [主語に潜在]

To hear him talk, you **would** take him for an Englishman.

(彼の話すのを聞けば，君は彼をイギリス人と思うだろう) [副詞句 to hear him talk に潜在]

N.B. take A for B については §297 参照.

No animals **could** live **without water.**

(水がなかったら，どんな動物も生きられないだろう) [副詞句 without water に潜在]

But for your help, I **should have failed** in the experiment.

(あなたの助けがなかったとしたら，私は実験に失敗したであろう) [副詞句 but for your help に潜在]

最後の **but for...** は，便利な副詞句である．一般に〈A という原因が B という結果を導く〉という理解があるときに，もし，〈A がなかったとしたら〉は，〈現在の反事実〉ならば If it **were not for** A といい，〈過去の反事実〉ならば If it **had not been for** A というのであるが，**But for** A は，このどちらにも代用できるからである.

さて，§283 の I would like to... や §224 N.B. 3 の Would you...? など，ていねいに，いうときの would という形も，じつは，言外に，〈もし，それが許されるなら〉という条件が潜在しているのだ，というように説明される.

§243.1 as if... という形

He talks **as if** he {were / was} a king.

(彼はあたかも王であるかのように話す)

この文は He talks **as** he **would talk if** he **were** a king. (彼は，もし彼が王であったら話すであろうような話し方をする) の文の短縮形でやはり反事実をあらわす．その反事実が〈現在の反事実〉であれば〈仮定法過去 A〉を，また，〈過去の反事実〉であれば〈仮定法過去完了 A〉を用いる．主節の動詞との関係については，つぎの文を比較せよ．

① He **talks** as if he **were** a king.
(彼は，いま，王であるかのように話す)
He **talks** as if he **had been** a king.
(彼は，以前，王であったかのように話す)

② He **talked** as if he **were** a king.
(彼は，その時，王であるかのように話した)
He **talked** as if he **had been** a king.
(彼は，それ以前に王であったかのように話した)

§243.2　事象の〈同時性・先行性〉

上の対照例を見ると，he were のほうは，〈話す〉そのとき〈王である〉という仮定であるから，主節の動詞に対して，〈同時性〉を持ち，he had been のほうは〈話す〉時以前に〈王であった〉という仮定であるから，主節の動詞に対して，〈先行性〉を持っていることがわかる．つまり ① では He talks の示す〈現在〉が〈基準点〉であり，he were は，それと同時を，また he had been はそれ以前ということをあらわす．② では he talked の示す〈過去の一点〉が基準点であって，he were のほうは，その〈基準点と同時〉を，また he had been はその時以前をあらわしている．してみると，he **were**, he **had been** の持つ〈同時性・先行性〉というものは，固定したもので，主節の動詞が変わっても，この性質は保持されることになる．一般には §235 で述べたように，〈主節の動詞が過去ならば従属節の動詞も過去にする〉というような〈時制の一致〉というルールがあるが，この as if... の中の仮定法の動詞は，この特別な性質があるため時制の一致とは無関係なのである．

このことは，原形・不定詞・現在分詞・動名詞などについても同様であって，これらのふつうの形が，主節の動詞[あるいは文全体の定形動詞] に対して〈同時性〉を持つとき，それぞれの完了形 [have gone, to have gone, having gone] は〈先行性〉を持つのである．§241 でやった，〈原形 say〉と〈完了形の原形 have said〉でやれば，つぎのようになる．

① ⓐ It **is** natural that he should **say** so.
(彼がそのようにいうのは当然です)
ⓑ It **is** natural that he should **have said** so.
(彼がそのようにいったのは当然です)

② ⓐ It **was** natural that he should **say** so.
(彼がそのようにいうのは当然のことでした)
ⓑ It **was** natural that he should **have said** so.
(彼が[その時以前に]そのようにいったということは当然なことでした)

ゆえに，①ⓑ と ②ⓐ とは意味がちがうから，これをとりちがえてはならない．

N.B. 〈同時性・先行性〉という性質は結局，主節の動詞[あるいは文全体の定形動詞] が〈現在 → 過去〉と転換されると，それにつれていっしょに，スライドされるのである．上の説明でじゅうぶん明らかになったと思うが，これを図示するとつぎのようになる．

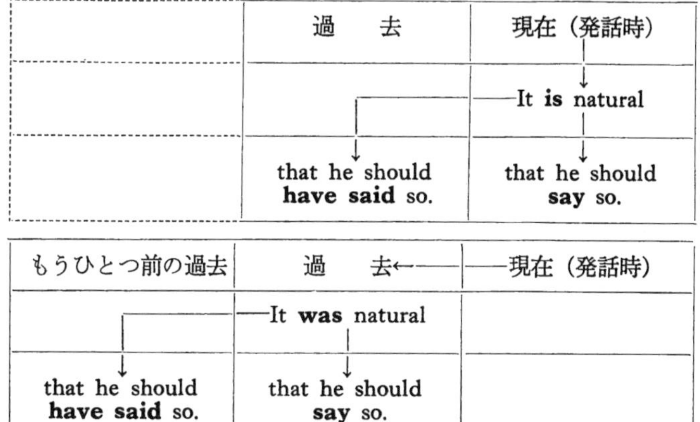

また，仮定法の動詞が〈時制の一致〉に従わないということは，つぎの場合にもあらわれる．

③ He **says** that if P, Q.

④ He **said** that if P, Q.

この ③, ④ は〈反事実〉の文を，〈名詞節〉として織りこんだ文であるが，この場合 ③ を ④ に転換しても，**P, Q** の中の動詞の時制には何の変更もないのである．

He **says** that if he **were** rich, he **would do** so.
He **said** that if he **were** rich, he **would do** so.
(彼は「もし金持ちならそうするだろう」といっている——いた)

§244 I wish I were a bird.

I wish のあとに，〈反事実〉の文を書くと「...であればよいのに——じつはそうでないのが残念」の意味になる．この反事実の部分の仮定法の時制はまったく as if のあとの時制と同じである．つまり，were は〈同時性〉を，had been は〈先行性〉を示すのである．

①
ⓐ I **wish** I **were** a bird.
(いま鳥であればなあ[といま思う])
ⓑ I **wish** I **had been** a bird.
(あの時鳥であったらよかった[といま思う])
ⓒ I **wish** I **had been** born in the 17th century.
(私は17世紀に生まれていたらよかった[といま思う])

②
ⓐ I **wished** I **were** a bird.
([その時]鳥であればなあ[とその時思った])
ⓑ I **wished** I **had been** a bird.
([それ以前に]鳥であったらよかった[とその時思った])
ⓒ I **wished** I **had been** born in the 17th century.
(私は17世紀に生まれたのだったらよかった[とその時思った])

② の3つの文の I wished はたとえば，〈きのう思った〉ということであるが，were の持つ〈同時性〉，had been の持つ〈先

行性〉は①の I wish に対するものと同じで，それがそのままスライドされている．

N.B. つぎの文を比較せよ．

I **wish** he **could** come.

(彼がくることができたらよいのに) [現実には彼はこられない]

I **hope** he **can** (*or* **will be able to**) come.

(彼はこられると思うよ) [きてくれると期待する]

§ 245 were to... の形

これは §223 で述べた be to という熟語を〈仮定法過去 **A**〉にしたものである．要するに〈反事実〉[あるいは〈議論のための仮定〉] であるから，文全体は〈現在の反事実〉のルールに従う．

If all the living things **were to** disappear from the earth, what **would** it look like?

(すべての生物がかりに地上から姿を消したとすれば，地球はどんなふうになるだろうか)

If Marco Polo **were to** visit Japan today, he **would be** disappointed to find very little gold there.

(もしマルコポーロが今日の日本を訪れたとしたら，そこには黄金がきわめて少ないのを見て失望するであろう)

Exercise 21

(1) つぎの各文は〈現在の想念〉の仮定文である．これを〈現在の反事実〉をあらわす仮定文に書きかえよ．

《例》 If he **is** coming alone, I **will** scold him. → If he **were** coming alone, I **would** scold him.

1. If he has enough money, he will buy it.
2. If she throws the bottle into the sea, it may be carried to the coast of Kyushu.
3. If the bus-drivers go on strike, other workers will find it

difficult to go to work.

4. If you eat those eggs, you will be ill.

5. If you have the knife sharpened, it will cut better.

6. If you like music better, your life will be much happier.

(2) つぎの各文は〈過去の事実〉を記したものである. これを〈過去の反事実〉をあらわす仮定文に書きかえよ.

《例》 He **did not come** alone, **so** I **did not scold** him. → **If** he **had come** alone, I **would have scolded** him.

1. You did not work hard, so you did not write good English.

2. My big brother was ill, so he did not go to Kobe with me.

3. He lost all his money, so he could not buy a new car.

4. There were no rotary presses* in those days, so printing of newspapers was not easy.

5. The boy did not look well before he crossed the road, so he was knocked down and wounded.

6. You did not take my advice, so you lost all your money.

7. They spent six months in Japan, so they learned to speak Japanese well.

8. It rained, so we did not go into the country**.

9. You did not help me, so I did not finish the work.

10. Your parents did everything for you, so you did nothing for yourself.

---

* rotary press=輪転機.

** Cf. go **to** the country=その国へ行く.
go **into** the country=いなかへ行く.

8. 法の助動詞

§246　法の助動詞とは

すでに §179 で **Anomalous finite** (変則定形動詞) として 24 個の動詞形をあげた．その 24 個のうちからつぎのものを除いた残りを**法の助動詞** (Modal Auxiliary) という．

① am, are, is, was, were を除く．これらは本動詞としても用いられ，また，助動詞として用いられるときは，〈進行形〉や〈態〉を作るときの助動詞である．したがって，これらは〈時〉または〈態〉の助動詞とする．

② have, has, had を除く．これらも本動詞としても用いられ，また，助動詞として用いられるときは〈完了形〉を作るための〈時の助動詞〉である．

③ shall, will は〈時の助動詞〉であるから除く．また，should, would も，〈時制の一致〉により，shall, will の過去形として用いられたときは除く．

〈法の助動詞〉は，必要・必然・能力・可能性・許容・推量などをあらわすもので，〈文の色どり〉としてたいせつなものである．そのうち，**must, can, may** および，その変化形は重要であるから，以下この 3 語を中心に解説しよう．

§247　must, can, may の 2 用法

この 3 語には，それぞれつぎの (1), (2) で代表されるような 2 用法がある．この (1) を〈第 1 次用法〉, (2) を〈第 2 次用法〉という．

must	(1)	**must**$_1$	You **must**$_1$ come. (ねばならぬ) [必要]
	(2)	**must**$_2$	He **must**$_2$ be ill. (にちがいない) [必然]
can	(1)	**can**$_1$	He **can**$_1$ swim. (できる) [能力]
	(2)	**can**$_2$	He **cannot**$_2$ be ill. (はずはない) [可能性の否定]

	用法の分化	不定詞	現在形	過去形	現在完了形	過去完了形	未来形
must	$must_1$ (しなければならぬ) =have to	to have to	must {have / has} to	had to [必要] must [主張]	{has / have} had to	had had to	{shall / will} have to
	$must_2$ (ちがいない)		must	must	must have p.p.		
can	can_1 (できる) =be able to	to be able to	can {am / are / is} able to	could {was / were} able to	{has / have} been able to	had been able to	{shall / will} be able to
	can_2 [否定に伴って] (はずがない)		can(not)	could (not)	can(not) have p.p.	could (not) have p.p.	
may	may_1 (してもよい) =be permitted to	to be permitted to	may	might [話法に関して] {was / were} permitted to	{has / have} been permitted to	had been permitted to	{shall / will} be permitted to
	may_2 (かもしれない)		may	might	may have p.p.	might have p.p.	

may { (1) **may**$_1$ You **may**$_1$ come in. (してもよい) [許容]
(2) **may**$_2$ He **may**$_2$ be ill. (かもしれない) [推量]

また, 〈must$_1$=have to〉〈can$_1$=be able to〉〈may$_1$=be permitted to〉と言いかえられる. そこで, それをとり入れて, その変化形を作ってみたのが左の表である.

§248.1 2用法と〈言いかえ〉との関係

must, can, may になぜ, それぞれ2用法があるのか, 第1次用法と第2次用法とはどこがちがうのか, なぜ第1次用法に限って〈must$_1$=have to〉〈can$_1$=be able to〉などの言いかえをする必要があるのか——こういう問題はたいへんむずかしいことで, 簡単に説明できないが, 基本線だけ説明しておこう.

第1に, これは法の助動詞のすべてについていえることであるが, **must, can, may** には, 現在単純形, 過去単純形という2つの〈定形〉しかない [**must** には, この形1つしかない]. 原形や過去分詞などの〈非定形〉は存在しない.

ところが, その意味を考えると, must$_1$, can$_1$, may$_1$ は述語動詞に密着して, それ自身述語動詞の一部である. いま〈He swims.〉という, 助動詞を用いない文をとり——これを〈ナマの文〉という [→§141]——それにこれらの助動詞をつければ

He **must**$_1$ swim. He **can**$_1$ swim. He **may**$_1$ swim.
(彼は, 泳がなければならぬ, 泳げる, 泳いでもよい)

となる. このように〈述語動詞の一部〉だから, 〈未来〉とか〈現在完了〉にする必要も起こる. ところが, 原形も, 過去分詞もないから,

He **will must**$_1$ swim. [誤] He **has could**$_1$ swim. [誤]

などということはできない. そこで, 〈言いかえ〉を用いて

He **will have to** swim. He **has been able to** swim.
(彼は泳がなければならないだろう) (彼は泳ぐことができた)

としなければならないのである.

第2に〈第1次用法〉と〈第2次用法〉とは，用法のレベルがちがうのである．第1次用法は，上のように，〈述語動詞の一部〉になるが，第2次用法は，なるほど形式上は，第1次用法と同じに見えても，実質的には〈ナマの文〉について，〈話者の判断〉をつけ加えるものである［この点〈文修飾副詞〉［→§141］に似ている］．たとえば，〈He is ill.〉をナマの文とし，

He **must**$_2$ be ill.（彼は病気にちがいない）

といえば，この must$_2$ は主語 he について何かを述べたのでなく，右図のように，〈ナマの文〉を中核とし，その外側から，〈話者の判断〉［. . .にちがいない］をつけ加えたのである．〈話者の判断〉だから，原則的には〈現在〉しかないのである．

ただ，〈ナマの文〉の内容が過去のことであれば

He **must**$_2$ **have been** ill.（彼は病気だったにちがいない）
He **may**$_2$ **have been** ill.（彼は病気だったかもしれない）

などとなるが，この〈完了形の原形〉は，§243 でのべた〈先行性〉の表現であって，話者の判断は〈現在〉に属するのである．

そして，その現在が，間接話法における〈時制の一致〉により，〈過去の一定点〉に移ったときだけ，過去形が要求される．そのときの過去形として must$_2$, could$_2$, might$_2$ があり，さらにこれらを用いた文について〈先行性〉を表現する必要があるとき，〈**must**$_2$**, could**$_2$**, might**$_2$+have+p.p.〉となるのである．したがって，第2次用法にあっては，たとえば

may$_2$ ｛+原形［同時性］
　　　　 +have+p.p.［先行性］

might$_2$ ｛+原形［同時性］
　　　　　+have+p.p.［先行性］

の形だけあればよいのであるから，第1次用法のような〈言いか

え〉は必要がない.

§248.2　2用法の相互関係

これまでのところから考えてわかるように，ひとつの〈ナマの文〉に，第1次用法と第2次用法との〈2つをともにつける〉場合には，まず第1次用法がはいる．そしてそれを新しい中核として，その外側から第2次用法が加わる．たとえば，

彼は泳ぐことができる　かも知れない
can_1　**may_2**

でやると，図1のようになり，この He **may_2 can_1** swim. という形は許されないから［助動詞 may_2 のあとに〈原形〉がくるべきなのに can_1 に原形がないから］，図2のように He **may_2 be able to** swim. とするのである.

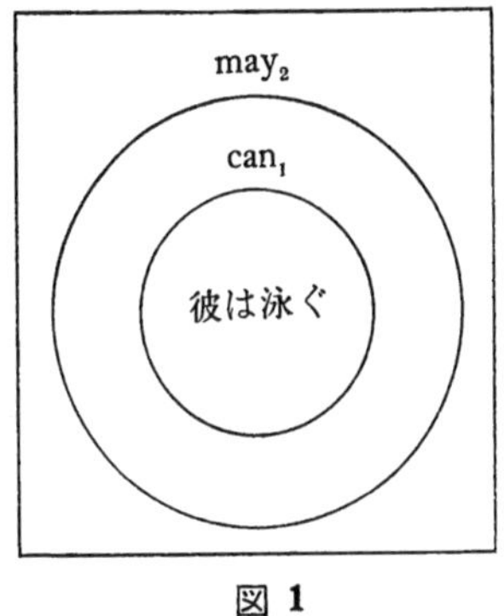

図 1

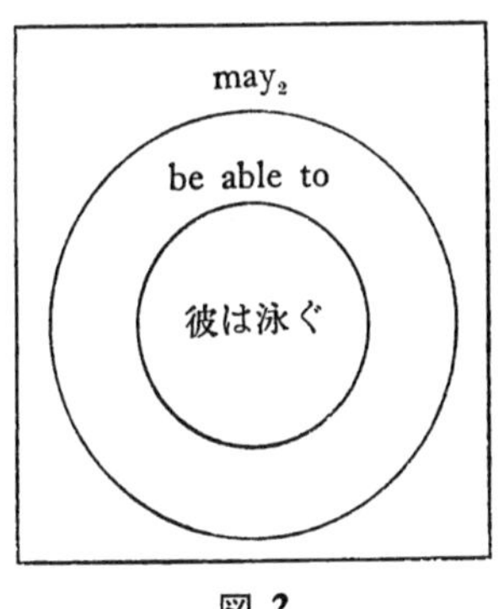

図 2

第1次用法と第2次用法とはこのようにレベルがちがうのに，260ページの表ではレベルのちがいをあらわすことができず，それが同列にならべてあるのでその点をよく注意してほしい．この点は，同じ **can** の **can_1, can_2** を〈同一のナマの文〉につけてみればはっきりする．すこし，つむじがまがっているが，

彼は　泳ぐことができる　はずはない

という文でやってみよう．すると，

He **cannot**$_2$ **can**$_1$ swim.　[誤]

では困るから

He **cannot**$_2$ **be able to** swim.

となる．**can**$_1$ の活用と **can**$_2$ の活用とが，なぜ分化するか，その理由がこれで明らかになったと思う．すなわち，たとえば同じ現在完了形でも

can$_1$ ⟶ **have been able** to go

can$_2$ ⟶ cannot$_2$ **have gone**

をくらべると，**can**$_1$ では，それ自身の〈能力〉という意味が〈完了形〉となってあらわれているのに，**can**$_2$ では完了形としてあらわれるのは，〈p.p. の形をとっている本動詞〉のほうであって，**can**$_2$ 自身は完了形になっていないのである．

§249　意志動詞・無意志動詞

次節以下において

must$_1$, can$_1$, may$_1$ は〈(1) 動作動詞〉とともに

must$_2$, can$_2$, may$_2$ は〈(2) 状態動詞〉とともに

用いる，という説明が出てくるが，ここの説明の場合に限って，〈(1) 動作動詞〉のうちで，〈主語の意志〉を含まないものは，〈(2) 状態動詞〉として扱うということにする．それは，たとえば rain (雨がふる), get an answer (返事をうけとる), succeed (成功する＝うまくいく) などであって，これらの〈無意志動詞〉は第2次用法に用いられる．したがって，以下の記述では

〈(1) 動作動詞〉のうちから〈無意志動詞〉を除外したものを〈(1) 動作動詞 －〉

〈(2) 状態動詞〉に上記〈無意志動詞〉をつけ加えたものを〈(2) 状態動詞 ＋〉

と記すことにする．結果的には〈(1) －〉は〈意志動詞〉であり，〈(2)＋〉は〈無意志動詞〉ということである．

§ 250 **must$_1$** の用法

must$_1$ は

must$_1$+〈(1) 動作動詞 —〉

という形で用いて，つぎのような意味をあらわす．

(1) 必要

I **must$_1$** pay 20 dollars. (私は20ドル払わねばならない)

否定形 **must$_1$ not** は〈禁止〉の意味で，〈許可の may$_1$〉の反対をいうものである．そして，〈必要〉の must$_1$ の反対，すなわち〈不必要〉は **need not** (. . . するにおよばない)である．つぎの文を比較せよ．

May$_1$ I go?—No, you **must$_1$ not** go.
(行ってもよいか?——いや行ってはならない)
Must$_1$ I go?—No, you **need not** go.
(行かなくてはならないか?——いや，行くにはおよばない)

この，**may$_1$** go, **must$_1$ not** go, **need not** go の3者のちがいは，〈行くことが許される〉からスタートして，つぎのように，どの部分が否定されるかと考えれば理解しやすい．

may$_1$ go ＝〈行くこと〉が〈許される〉
must$_1$ not go ＝〈行くこと〉が〈許され**ない**〉
need not go ＝〈行か**ない**こと〉が〈許される〉

N.B. 1. **may$_1$** not go を **must$_1$** not go と同じ意味に用いることもある．

N.B. 2. 〈必要〉をあらわすとき〈**must$_1$＝have to**〉であるが，主語が you であるときは，つぎのようなちがいがある．

You **must$_1$** pay 20 dollars.
(20ドル払ってほしい) [実質的には命令文 →§ 187]
You **have to** pay 20 dollars.
(20ドル払うべきだ) [立場上，そうなっている]

〈**have to** の否定〉は must$_1$ not でなく，**need not** の意味になる．すなわち

{don't have to / haven't got to} ＝need not

You **don't have to** pay 20 dollars.
（あなたは20ドル払わなくてもよい）

(2) 主張

must$_1$ は〈必要〉の意味から一歩進んで，「ぜひ...しなければ承知ができない」などという〈主張〉あるいは〈強い欲求〉をあらわすようになる．

I **must**$_1$ know your reason. (=I *insist on* knowing your reason.)
（ぜひ理由を教えてほしい）[この場合の know は意志を含む活動動詞 (1c) である]

You **must**$_1$ stay to dinner. (=I *insist on* your staying to dinner.)
（ぜひごはんを召し上がっていらっしゃい）

You **must**$_1$ have this cake. (このケーキをぜひどうぞ)

N.B. 1. したがって「ぜひ日本へいらっしゃい」など歓待の意味をあらわすには You **must**$_1$ come to Japan. というのがもっともていねいな言い方である．

N.B. 2. この〈主張〉をあらわす **must**$_1$ は，同じ must$_1$ でありながら have to と言いかえることができない．

§251 must$_2$ の用法

must$_2$ は

must$_2$+〈(2) 状態動詞 +〉

の形で〈論理的必然〉すなわち〈論理上そうでなければならない，それにちがいない〉という意味をあらわすものである．この〈**must**$_2$ の否定〉は前に述べた **cannot**$_2$ である．

The report **cannot**$_2$ be true; it **must**$_2$ be false.
（このうわさは本当のはずがない，うそにちがいない）

この意味の **must**$_2$ は **may**$_2$, **can**$_2$ と同様，現在のことにも未来のことにも用いる．

He **must**$_2$ be honest. (=He **is** certainly honest.)
（彼は正直であるにちがいない）[現在]

He **must**$_2$ succeed. (=He **will** certainly succeed.)
（彼はきっと成功する）[未来]

また，**must**$_2$ は前項の用法から転じて「さぞ...であろう」という〈推定〉の意味をあらわす.

You have walked all the way?　Then you **must**$_2$ be tired.
（ずっとお歩きですって?　それではさぞお疲れでしょう）

〈先行性〉の表現はつぎのようになる.

He **must**$_2$ **have succeeded.**（彼は成功したにちがいない）
He **must**$_2$ **have been** tired.（彼はさぞ疲れたことだったろう）
He **must**$_2$ **have done** so.（彼はそうしたにちがいない）

N.B.　do は〈意志動詞〉であるが，〈先行性〉の表現のときは have があるため，この have の力で〈状態化〉され must$_2$ とともに用いうる．これは can$_2$, may$_2$ についても同じである.

§252　can$_1$ の用法

can$_1$ は

can$_1$+〈(1) 動作動詞 −〉

の形で〈...することができる〉と〈能力〉を示す．その否定 **cannot**$_1$ は〈不能〉を示す.

Can$_1$ you swim?（君は泳げるか）
{Yes, I **can**$_1$ swim.（はい，泳げます）
{No, I **cannot**$_1$ swim.（いいえ，泳げません）

N.B.　**can**$_1$ を **may**$_1$ と同じように用いることもできる．これについては §291 参照.

§253　can$_2$ の用法

cannot$_2$ は

cannot$_2$+〈(2) 状態動詞 +〉

の形で〈そんなことがあろうか，あろうはずはない〉という〈否定推定〉をあらわす．疑問文では〈**Can**$_2$...?〉の形となる.

Can$_2$ it be true?（本当のはずがあろうか）
It **cannot**$_2$ be true.（本当のはずはない）
Can$_2$ he be ill when he runs about like that?
（あんなに走りまわっているのに病気ということがあろうか）

He **cannot₂** be ill, for he runs about like that.

(病気のはずはない，あんなに走りまわっているから)

N.B. can₂ のこの用法についてはつぎの例を比較してみること．

①
- ⓐ The report **is** true. (そのうわさは本当である)
- ⓑ The report **may₂ be** true. (そのうわさは本当かもしれない)
- ⓒ The report **must₂ be** true. (そのうわさは本当にちがいない)

②
- ⓐ The report **is not** true. (本当ではない)
- ⓑ The report **may₂ not be** true. (本当でないかも知れない)
- ⓒ The report **cannot₂ be** true. (本当のはずがない)

上の例は〈本当である〉および〈本当でない〉ということを示すかぎりにおいて，内容的にはそれぞれ同じである．ただ物事を控え目にいう場合には，ⓑ が用いられ，強く言い張る場合には ⓒ が用いられる．要するに cannot₂ be は is not よりも強い語勢を含むものと解すべきである．この意味の cannot₂ は現在，未来，いずれのことにも用いられる．

It **cannot₂ be** true. (=It is impossible that it **is** true.)

(それは本当のはずがない) [現在]

You **cannot₂ fail**. (=It is impossible that you **will** fail.)

(君は失敗するはずがない) [未来]

may₂ not と **cannot₂** とでは not のかかりかたがちがう点に注意．いま，上の文で be true という事象を A とおくと，

may₂ **not** A = may₂+[not A] = [A でない] かもしれない

can**not₂** A = [cannot]+A = A で [あるはずはない]

すなわち **may₂ not** A の not は A を否定し，**cannot₂** の not は can₂ 自身を否定しているのである．

〈先行性〉の表現はつぎのようになる．

It **cannot₂ have been** true. (それは本当だったはずはない)

He **cannot₂ have succeeded**. (彼が成功したはずはない)

He **cannot₂ have written** this. (彼がこれを書いたはずはない)

§254 may₁ の用法

may₁ は

may₁+〈(1) 動作動詞 —〉

の形で〈...してもよろしい〉と〈許可〉の意をあらわす．その〈許可の否定〉，すなわち〈...してはならない〉という〈禁止〉は **$\mathbf{must_1}$ not** である [→§250 (1)].

$\mathbf{May_1}$ I **go** to the dance? (ダンスパーティへ行ってもいいですか)

Yes, you **$\mathbf{may_1}$ go**. (行ってもよろしい)
No, you **$\mathbf{must_1}$ not go** to such places.
(そんな所へ行ってはならない)

また，この **$\mathbf{may_1}$** を〈「言う」という意味をあらわす動詞〉とともに用いると，〈許可〉の意味から発展して，〈...といってもよい〉という〈譲歩〉の意味をあらわす．この場合の may_1 は can_1 perhaps の意味である．すなわち may_1...but で譲歩をあらわす [→§160]. その否定は **$\mathbf{cannot_1}$** である．

You **$\mathbf{may_1}$ say** that he was a great man, **but** you **$\mathbf{cannot_1}$ call** him a good man.
(彼が偉人であったとはいってもよいが，善人とはいうことはできない)

N.B. may_1 は can_1 perhaps の意味から移って can easily の意味に用いられることがある．
You **$\mathbf{may_1}$** imagine my surprise.
(諸君は容易に私の驚きを察することができよう)

譲歩の **$\mathbf{may_1}$** はつぎのような慣用句を作る．

He **$\mathbf{may_1}$ well** be proud of his son.
(彼がむすこの自慢をするのも無理はない——もっともだ)
I **$\mathbf{may_1}$ as well** begin at once. (さっそく始めたほうがよかろう)
I **$\mathbf{may_1}$ as well** have a cup of tea with you.
(お茶をつきあってあげてもいいと思います)

§255 $\mathbf{may_2}$ の用法

$\mathbf{may_2}$ は

$\mathbf{may_2}$＋〈(2) 状態動作 ＋〉

の形で〈...かもしれない〉という〈可能性〉を示す．この **$\mathbf{may_2}$** の否定形 **$\mathbf{may_2}$ not** は「...ではないかもしれない」という〈否定の推定〉を示す．

It **may$_2$** rain. (雨がふるかもしれない)

The report **may$_2$** or **may$_2$ not** be true.
(その評判は本当かもしれない，また本当でないかもしれない)

この **may$_2$** は現在，未来，いずれのことにも用いられる．

He **may$_2$ be** honest. (=Perhaps he **is** honest.)
(彼は正直かもしれない) [現在]

He **may$_2$ succeed.** (=Perhaps he **will** succeed.)
(彼は成功するかもしれない) [未来]

〈先行性〉の表現はつぎのようになる．

It **may$_2$ have rained** during the night.
(夜の間に雨がふったかもしれない)

He **may$_2$ have succeeded.** (彼は成功したのかもしれない)

He **may$_2$ have said** so. (彼がそういったかもしれない)

She **may$_2$ have gone** home. (彼女は帰宅したかもしれない)

§256　may の特別用法

may は上記の **may$_1$, may$_2$** のほかに，仮定法の代用として，つぎのような場合に〈想念〉を表現することができる．

(1)　though, whether, whoever, whatever, whichever, whenever, wherever, however などに導かれる〈譲歩節〉中に用いられる．

Though he **may** be a good scholar, he is certainly not a good teacher.
(彼はよい学者かもしれないが，よい教師では断じてない)

Whether the report **may** be true or not, it does not concern us.
(そのうわさが本当であろうとなかろうと，私たちには関係はない)

Whoever may say so, it is not true.
(だれがそういおうと．それは本当ではない)

Whatever you **may** do, you cannot succeed without effort.
(何をしようとも努力なしでは成功できない)

Whichever course you **may** take, you cannot escape some difficulty.
(どの道を取ろうと何らかの困難はまぬがれない)

Whenever I **may** call on* him, I always find him at his books.
(いつ行ってみても彼は勉強している)
Wherever you **may** hide, I will find you out.
(君がどこに隠れても私は探し出してみせる)
However rich a man **may** be, he ought not to be idle.
(人はどんな金持ちでも遊んでいるべきではない)

(2) that, so that, in order that などに導かれる〈目的をあらわす副詞節〉の中に用いられる.

He works hard **in order that** (*or* **so that**) he **may** succeed.
(彼は成功するように勉強する)
① He works hard (**so**) **that** he **may not** fail.
② He works hard **for fear** he **may** fail.
③ He works hard **lest** he **should** fail.
(彼は失敗しないように勉強する)
He works hard **in order that** his family **may** live in comfort.
(彼は妻子が安楽に暮らせるように働く)

N.B. ②, ③ では従属節の中に **not** を入れないことに注意. なお, lest. . .should という熟語は現代英語ではあまり用いない.

(3) 〈祈願をあらわす文〉の中に用いられる.

May you succeed!＝{I wish you **may** succeed! / I wish you success! / Success to you!}
(ご成功をいのる)
May God bless you! (＝God bless you!)
(君に, 神の祝福がありますように)
May you come back safe and sound!
(無事お帰りになることをいのります)
May the King live long! (国王陛下万歳)

§257 助動詞の肯定・否定対照表

いままでに述べた, 助動詞の肯定と否定の関係をまとめておく.

---

* 〈call on＋人〉または〈call at＋場所〉で「訪問する」の意味. 単に〈call＋人」のときは「呼ぶ」であり, また, しばしば「電話をかける」の意味である.
Call him (up) at six. (6時に彼に電話しなさい)

第 1 次 用 法

may_1	You **may** do so.	(そうしてもよろしい)
$must_1$ not	You **must not** do so.	(そうしてはならない)
can_1	I **can** do so.	(そうすることができる)
$cannot_1$	I **cannot** do so.	(そうすることができない)
$must_1$	You **must** do so.	(そうしなければならない)
need not	You **need not** do so.	(そうするにはおよばない)

第 2 次 用 法

may_2	It **may** be so.	(そうかもしれない)
may_2 not	It **may not** be so.	(そうでないかもしれない)
$must_2$	It **must** be so.	(そうにちがいない)
$cannot_2$	It **cannot** be so.	(そうであるはずがない)

§258 過去形について

ここでは，**might, could, must** (*or* **had to**) について述べるが，これらは直説法にもまた仮定法 (条件節・帰結節) にも用いられる．

直説法としての might, could, must はそれぞれ may, can, must の過去で，多くは〈間接話法〉中に用いられる．must は現在も過去も同形であるが，〈必要〉をあらわす $must_1$ の過去にかぎり **had to** を用いる．すなわち，$must_1$ の過去形は，その意味により，must と had to を使いわけるのである．

(1) 第 1 次用法

許可
- He said, " You **may** go."
- He said that I **might** go.
- (彼は私に行ってもよいといった)

能力
- I asked him, " **Can** you swim? "
- I asked him if he **could** swim.
- (私は彼に泳げるかとたずねた)

必要
He said, " I **must** go to school."
He said that he **had to** go to school.
（彼は学校へ行かなくてはならないといった）

主張
He said, " I **must** know your reason."
He said that he **must** know my reason.
（彼は私にぜひ理由をききたいといった）

禁止
He said, " You **must not** drink."
He said that I **must not** drink.
（彼は私に酒を飲んではならないといった）

(2)　第2次用法〈推定〉

He said, " The report **may** or **may not** be true."
He said that the report **might** or **might not** be true.
（彼はそのうわさは本当かもしれないし，本当でないかもしれないといった）

I thought, " It **cannot** be true; it **must** be false."
I thought it **could not** be true; it **must** be false.
（私はそれが本当のはずはない，うそにちがいないと思った）

N.B. 1.　〈第2次用法〉すなわち〈推定〉の might, could, must は間接話法にのみ用いられ，他の場合には用いられない．

N.B. 2.　〈第1次用法〉の could および had to はふつうの独立文の中にも用いられるが，might は間接話法の中の従属節にのみ用いられる．

My father said that I **might** go to the party. But I **could** not go, for I **had to** prepare myself for the examination.
（父は私にパーティに行ってもよいと許したが，私は行かれなかった，試験の勉強をしなければならなかったから）

§259　仮定法過去として条件節で

この場合は〈第1次用法〉に限り，〈第2次用法〉すなわち〈推定〉の意味には用いられない．must$_1$ の仮定法過去 [→§241] は **had to** である．

If I **might**$_1$ ≒ I must$_1$ not
If I **could**$_1$ ≒ I cannot$_1$
If I **had to** ≒ I need not

If I **might**$_1$ give an opinion, I should say . . . (≒I *must*$_1$ *not* (or *have no right to*) give an opinion on the subject, but I should say . . .)

(私などが意見を述べるのはせん越ですが，もし述べてもよいとすれば，こう申します)

I wish I **could**$_1$ fly. (≒I am sorry I *cannot* fly.)
(飛べたらさぞよかろうに) [→§244]
I would fly to you, if I **could**$_1$.
(飛ぶことができれば飛んで行くのだが)

If I **had to** join one of the clubs, I would join the E.S.S. (≒I *need not* join.)

(私はクラブにはいらなくてもよいのだが，もしどうしてもとあれば，英語研究部にはいる)

§260　仮定法過去として帰結節で

この場合 might, could は〈第1次用法〉〈第2次用法〉の両方に用いられる．must は〈第1次用法〉においては **should have to** となり，〈第2次用法〉においては **must** をそのまま用いる．例をあげて説明しよう．

以下の例文はすべて〈現在の反事実〉をあらわす．

第 1 次 用 法

I **might** (=*should be permitted to*) do so, if . . .	≒	I *must not* do so.	①
		I *may*, but *do not*.	②
I **could** (=*should be able to*) do so, if . . .	≒	I *cannot* do so.	③
		I *can*, but *do not* do so.	④
I **should have to** do so, if . . .	≒	I *need not* do so.	⑤

① You **might** go to the dance, if you were older. (≒You *must not* go to the dance, because you are too young.)

(お前はもっと年をとっていればダンスパーティへ行ってもよいのだが) [若いから行ってはならない]

② **I might** go to the dance, if I wanted to. (≒I *may* (=*am permitted to*) go, but I *do not* want to.)

(私はダンスパーティに行きたければ行ってよいのだが) [行きたくないから行かない]

③ You **could** see, if you would. (≒You *cannot* see, because you will not.)

(見ようと思えば見えるのだが) [見ようと思わないから見えないのだ]

④ I **could** enter the school, if I tried. (≒I *can* enter the school, but I *do not* try.)

(やってみれば入学できるのだが) [やってみない]

⑤ I **should have to** get a bicycle, if I did not live near the station. (≒I *need not* get a bicycle, because I live near the station.)

(私が駅の近くに住んでいなかったとしたら, 自転車を買わなければならないところだ)

N.B. **might** を could easily の意味に用いることがある [Cf. §254 N. B.].

You **might** help me, if you would.

(君は私を助けてくれようと思えばいくらも助けられるのだ)

第2次用法

I **might** succeed, if...=I *should perhaps* succeed, if...⑥
You **could not** fail, if...=You *would certainly* not fail, if...⑦
He **must** succeed, if...=He *would certainly* succeed, if...⑧

⑥ If I tried hard, I **might** (=*should perhaps*) succeed. (≒I *shall not* succeed, because I do not try hard.)

(私は勉強すれば成功するかもしれないが)

⑦ If you did your best, you **could not** (=*would never*) fail.

(君は一所けんめいやれば失敗するはずはないのだが)

⑧ If he tried hard, he **must** (=*would certainly*) succeed.

(彼は勉強すれば成功するにちがいないのだが)

§261 その他の時制について

〈過去完了〉すなわち〈**might, could, must**+have+p.p.〉にあらわれる **might, could, must** は, 大部分は〈第2次用法〉である. 細かくやるといろいろな場合が出てきて複雑であるが, いま, われわれにとって必要なことは, すでに §242 で述べた〈反事実〉の話で尽きているので, must, can, may についてはここで打ち切り，そのほかの〈法の助動詞〉について述べる.

§262 need の用法

need not が「...するにおよばない」という意味に用いられることは §250 で述べた. その場合は can, may, must などと同類の〈助動詞〉と見るべきで，三人称単数の語尾に **-s** をつけず〈**need not**+原形〉の形で用いる. 否定の意味を修辞疑問文の形であらわす場合も同様.

You **need not** do so. (君はそうするにはおよばない)

He **need not** work. (彼は働かなくてもよい)

Why **need** he work? (なぜ働く必要があろうか)

過去のことは〈先行性〉として完了形であらわす [→§243.2].

You **need not have done** so. (=You did not need to do so, but you did.)

(君はそんなことをするにはおよばなかったのだ) [余計なことをしたものだ]

Why **need** he **have come** tonight?

(彼は今晩くるにはおよばなかったのだ)

need の肯定形は三人称単数の語尾に **-s** をつけ加え,〈不定詞〉を伴う. この場合は〈本動詞〉である. need to は must (=have to) の意味でそれより強い.

He **needs to** learn. (彼は学ぶことを要する)

It **needs to** be done with care. (念入りにしなくてはならない)

scarcely, hardly, only などは否定の意味を含むから not に準ずる.

{It **need hardly** be said that . . .
{I **need hardly** say that . . . } (ほとんどいう必要がない)

I **need only** say that . . . (こういいさえすればよい)

need が名詞・代名詞などを目的語にする場合も常に〈本動詞〉として扱う. したがって三人称単数に **-s** をつける.

He says (that) he **needs** no money.

(彼は金はいらないといっている)

N.B. つぎの文を比較せよ.

① He **need not** go there. (彼はそこへ行かなくてもよい)

② He **does not need** to go there.
(彼はそこへ行く必要を感じていない)

① の need not は〈法の助動詞〉であって〈話者の判断〉をあらわす. すなわち〈彼が行く〉という〈ナマの文〉に対して, 〈それにはおよばない〉というのは〈話者の判断〉である.

② の does not need は〈本動詞〉であるから, これは主語について〈必要性がある〉と述べたのである. すなわち ② では〈行く〉必要を感ずるとか感じないとかいうのは, 主語 he の気持ちであって, 〈話者の判断〉ではない.

§263 ought の用法

ought も〈疑問・否定〉の作り方についていえば, **Anomalous** (→§179) に用いるが, ほかの〈法の助動詞〉とちがって, これは不定詞を伴い〈ought to＋原形〉の形となる.

You **ought to** pay what you owe. (=*It is proper* that you *should* pay what you owe.)
(借りた物は当然返すべきだ) [義務]

He **ought to** succeed, for he is so industrious. (=*It is natural* that he *should* succeed, . . .)
(彼は勤勉だから成功するのは当然だ) [自然の結果]

You **ought** not **to** go to such a place.
(そんな所へ行くべきではない)

「. . . すべきであった」という過去の意味は〈先行性〉として ought に完了形の不定詞をつけてあらわす [→§243.2].

You **ought to have done** it long ago.
(君はずっと以前にそれをすべきはずであった)

You **ought** not **to have done** such a thing.
(君はそんなことをすべきではなかった)

ただし〈時制の一致〉による過去としては ought をそのまま用いる.

He said, "You **ought to** be satisfied."
He said that I **ought to** be satisfied.
(彼は私に満足すべきだといった)

N.B. ought to と should とは非常によく似た用法がある. すなわち, いずれも「...すべきである」と訳される場合があるが, ほんとうは should は ought to にくらべて, 意味が弱く,「...したらよい」ぐらいの意味しか持っていない. You を主語にした場合に, つぎの3文の用法の相違を知っている必要がある.

① You **ought to** do so. (君はそうすべきであるのだ) [義務感を強調, あるいは〈たしなめる〉口調]

② You **should** do so. (君はそうしたらよいのだ) [軽く, すすめる気持ち]

③ You **had better** do so. (君はそうしたほうがいい) [さしずをする口調]

このようであるから ①, ②, ③ のうちでは ② がもっとも一般的で, ていねいな口調である.

Exercise 22

(1) つぎの例題は ① の probably (おそらく) または同義の語を ② のように must_2 (さぞ[または, きっと]...でしょう) の型に書きかえたものである. この例にならって, つぎの各題を must_2 を用いて書きかえよ.

《例》 ① You are probably tired after your long walk.
② You *must be* tired after your long walk.

1. He is probably delighted to hear it.
2. His mother is probably nearly eighty.
3. This is probably the book he wants.
4. Probably there is some mistake.
5. He says he is certain that the letter is in that drawer.
6. This is probably the house we have been looking for.
7. I am sure that it is going to rain.
8. I am sure that these are the papers he wanted.

(2) 上の (1) と同じ要領でつぎの各文を〈例題の ②〉のように

may_2 を用いて書きかえよ．

《例》 ① I shall perhaps go to the party this evening.
② I *may* go to the party this evening.

1. Tom is perhaps the first to arrive.
2. Perhaps John is in the garden.
3. Perhaps your tape-recorder is in the next room.
4. Perhaps Mary knows the correct answer.

(3) つぎの文を英訳せよ．

1. あなたはそれを2度いうにはおよばない．
2. 彼らが金持ちであったはずはない．
3. 彼女は私の住所を知らなかったかもしれない．
4. あなたはこのいすにすわってはならない．
5. 彼らが空港で待っているにちがいない．

(4) つぎの各文に対応する否定文を作れ．

1. Mary must have known my address.
(メアリは私の住所を知っていたにちがいない)
2. You must do your homework at once.
(あなたはいますぐに宿題をしなければならない)
3. You may eat it now.
(いま，それを食べてもよろしい)
4. It may be true that she became a nurse. (彼女が看護婦になったというのは本当かもしれない) [① 本当でないかもしれない ② 本当であるはずがない，の2とおりの文を作れ]
5. He cannot have signed the paper. (彼がその書類にサインしたはずはない) [① サインしたにちがいない ② サインしたかもしれない，の2とおりの文を作れ]

第 IV 部　総　合　研　究

1. 語　　順

§264　語順とは

語順 (Word order) というのは，文中における語の順序のことである．つまり，どの語をどの位置におくべきかを研究する部門である．ところが文法のうち統語論というのは，文の組みたてを論ずるのであるから，第 III 部でわれわれがやってきたことは，見ようによっては，いちおうみな語順の問題である．実際，文型のところで，たとえば〈S+V+O+C〉というようなパターンを論じたのも，平叙文から疑問文を作るルールを述べたのも，語順についての研究であった．したがって，ここでは，すでに述べたことは，いちいちくり返さないことにして，おもに〈形容詞〉と〈副詞〉とについて語順の問題点を考えてみたい．

§265　形容詞の語順

2 個以上の別種類の形容詞がひとつの名詞の前につく場合は，だいたい ① **代名詞系列語**，② **数量形容詞**，③ **性質形容詞**の順序による．〈性質形容詞〉の中でも〈大小〉など量的なもの [③′] は，ほかのものより前にくる．また固有名詞からきた形容詞 [③″] はほかのものよりあとにくる．

those three young men (あの 3 人の青年) [①+②+③]
those big round tables (これらの大きな丸テーブル) [①+③′+③]
three young French girls (3 人の若いフランス娘) [②+③+③″]

同種類の形容詞は口調のよいように配列すればよい．ただ各形容詞の間をコンマで切るか and でつながなければならない.

a **wise** and **good** man（賢くてよい人）

an **easy**, **interesting**, and **instructive** book

（やさしくて，おもしろくて，またためになる本）

固有名詞からきた形容詞および old, young, little などの語は，名詞と結合していわば一種の複合名詞を作るものであるから，その前に and あるいはコンマを用いる必要はない.

easy and interesting **English books**

（やさしくておもしろい英語の本）

a blind **old man**（盲目の老人）

§266　形容詞があとにくる場合

つぎのような場合には形容詞は名詞のあとにくる.

(1)　形容詞に他の語句がついて，全体が長くなる場合

a **heavy** loss—a loss *too* **heavy** *to be borne*

（重い損害——重くて負担しきれぬ損害）

a **favorable** circumstance—a circumstance *most* **favorable** *to the enterprise*

（好都合な事情——その事業に好都合な事情）

N.B.　〈the most＋形容詞〉は最上級であるが，the をつけない場合はたんに程度が高いことをあらわす.

{**a most** convenient way（非常に便利な方法）
{**the most** convenient way（もっとも便利な方法）

これらの場合 a loss [which is] too heavy to be borne および a circumstance [which is] most favorable... と補ってみればわかるように，あとにくる形容詞は〈述語用法〉に近いものを持っている．したがって，現在分詞・過去分詞が動詞としてのはたらきを保有しているときは，あとにおかれ，それが，純然たる形容詞であるときは，前におかれる.

① {ⓐ　a man **living** here (＝a man [who is] living here)
　　（ここに住んでいる人）
{ⓑ　**living** things（生物）

② ⓐ a letter **written** in ink (=a letter [which is] written in ink)
(インキで書いた手紙)
ⓑ a **written** order (文書に書かれた命令) [口頭でなくて]

つぎのような語はもはや分詞ではなくて，形容詞として扱うべきである．

an **interesting** book (おもしろい本)
an **exciting** game (熱狂的な試合)

a **drunken** man (よっぱらい) [→§ 127]
spoken English (話しことばの英語)

(2) something, anything, everything, nothing に形容詞をつける場合．

There is *something* **peculiar** about him.
(彼にはどこか少し変わったところがある)
Did you notice *anything* **strange**?
(何かへんなことに気づきましたか)
He took out *everything* **eatable** with him.
(彼は食べられるものはすべて持って出た)
Nothing **great** is easy. (大事であって容易なものはない)

(3) 区別のため固有名詞に形容詞をつける場合

Alexander **the Great** (アレキサンダー大王)
George **the Fifth** (ジョージ 5 世)
William **the Conqueror** (ウイリアム征服王)
Asia **Minor** (小アジア)
Arabia **Proper** (アラビア本土)

(4) 形容詞が名詞のあとについて一種の熟語を作る場合

多くはフランス語の影響による．

The people **present** were all surprised.
(その場にいた人々はみな驚いた)

N.B. present は「出席している」の意味のときは名詞のあとに用いられるが，「現在の」という意味のときは the *present* king のように名詞の前に用いられる．

Wordsworth was a poet **laureate.**

（ワーズワスは桂冠詩人であった）

from time **immemorial** (人の記憶にないほどの時代から)

sum **total** (総計)　　things **Japanese** (日本の文物)

(5)　最上級あるいは all, every などのあらわすものの範囲を限る形容詞の場合

He is the greatest poet **alive** (=that ever lived).

（当代第1の詩人）

I have tried all (*or* every) means **imaginable** (=that one can imagine).

（私はおよそ考えられる，あらゆる手段をつくした）

§ 267　副詞の語順

(1)　動詞に対して

動詞に対しては副詞は前に出ることもあとにつくこともできる．〈性質副詞〉は通例目的語のあとにおかれる．

He **readily** *consented.* (彼は進んで承知した)

He *consented* **reluctantly**. (彼はいやいや承知した)

Pronounce each word **distinctly**.

（一語一語，はっきり発音しなさい）

通常〈文のまんなか〉は目立たない位置であり，〈情報の主要部分は文尾にくる〉というのがだいたいのルールである．したがって〈$S+V+M_2$〉という文については

① He **slowly** walked.

② He walked **slowly**.

のどちらも可能であるが，①は「[彼は] 歩いた」ということを伝えることを主とし，②は「[彼の歩みは] おそかった」ということを伝えるのが主である．ただし，副詞句は動詞のあとにおく．

He **to the office** went.　[誤]

He went **to the office**.　[正]

(2)　その他の語句に対して

形容詞・副詞，またはそれらの相当語句などを修飾する副詞は，

それらの語・句・節の前に出る.

It is **very** *kind* of you to say so.
（君がそういってくれるのはたいへん親切だ）

N.B. 1. 〈人の性質〉たとえば good（親切な), careless（不注意な), stupid（おろかな）などについてはこの構文が便利である.

It was **careless of me** not to have noticed it.
（それに気づかなかったとは私は不注意であった）

It is quite **stupid of him** to do so.
（彼がそんなことをするとはバカなことだ）

I am **quite** *satisfied.*（私はじゅうぶん満足です）

He speaks English **remarkably** *well.*
（彼はなかなかじょうずに英語を話す）

He left **shortly** *after my arrival.*（彼は私の到着後じきに出発した）

(3) enough について

副詞としての **enough** はその修飾する語のあとにくる.

Is she *old* **enough** to get married?（彼女はお嫁に行ける年ごろか）

He spoke *highly* **enough** of what you had done.
（彼は君のしたことをさかんにほめた）

Have you *slept* **enough**?（じゅうぶん眠れましたか）

N.B. 2. 形容詞としての enough は名詞の前にもくるし，§266 (1) によりあとにもくる.

He had **enough** money.（彼はじゅうぶん金を持っていた）

He had money **enough** to buy a new television set.
（彼は新しいテレビを買うだけの金を持っていた）

§268 不定詞の前の副詞

不定詞を含む句を修飾する副詞は不定詞の前におくのが通例であるが，また不定詞のあとにくることもある.

① He taught us **always to speak** the truth.
（彼は私たちに常に真実を語れと教えた）

② I advised him **never** (or **not**) **to tell** a lie.
（私は彼にけっしてうそをつくなと忠告した）

③ He asked me **to call again**.
（彼は私に，またおいでくださいといった）

N.B. ② の応用として，〈原形〉〈不定詞〉〈現在分詞〉〈動名詞〉に not をつけるときは，すべて，その前につく，と覚えておこう．

You had better **not go**. (きみはいかないほうがよい)

その他 **not** being strong, **not** having written, **not** saying so など．

これらの場合に to *always* speak, to *again* call などとするのはよくない．このように to と原形との間に副詞のはさまった形を〈分離不定詞〉といって，やむをえない場合のほかは用いないのがよいとされている．

§269　時の副詞

〈時を示す副詞〉の位置には3とおりある．Ⅰ，Ⅱ，Ⅲ でその位置を示せば，つぎのとおりである．

Ⅰ――文頭[主語の前]

Ⅱ――文中[動詞の前，〈be 動詞〉の場合にかぎりそのあと，また〈助動詞＋動詞〉の場合はその中間]

Ⅲ――文尾[目的語や補語などのあと]

表示すればつぎのとおりである．

Ⅰ	He	Ⅱ	ate	an apple	Ⅲ.
Ⅰ	He is	Ⅱ		a teacher	Ⅲ.
Ⅰ	He is	Ⅱ	writing	a letter	Ⅲ.
Ⅰ	He has	Ⅱ	lived	here	Ⅲ.
Ⅰ	He must	Ⅱ	go	home	Ⅲ.

(1) **soon, sometimes, afterwards, lately** などは3つの位置のいずれにおいてもよい．

Sometimes he will take a holiday.
He will **sometimes** take a holiday.
He will take a holiday **sometimes**.
(彼はときどき休暇を取る)

(2) **ever, never, always, generally** は常に Ⅱ の位置にくる．

Have you **ever** been to Kyoto? (君は京都へ行ったことがあるか)

I have **never** been there. (行ったことがない)

I have **always** lived here. (私はもとからここに住んでいる)

I am **generally** at home in the morning.

(午前中はたいがい家におります)

N.B. 語勢を強めるために never, ever を助動詞の前に置くことがある.

I will **never** go there again. [ふつうの形]
I **never** will go there again. [強調形]
(もうけっしてそこへは行かない)

No man has **ever** done it. [ふつうの形]
No man **ever** has done it. [強調形]
(それをした人はいまだかつてない)

このように〈助動詞+動詞〉があるとき,〈助動詞の直前〉に副詞をおくと,ほかの副詞でも,やはり強調になる.

① I have **really** been surprised. [ふつうの形]
② I **really** have been surprised. [強調形]

これはどちらも「私はほんとうに驚きました」の意味で,really があるから ① もすでに強調的であるが,② は ① よりももっと強調的である.

(3) **often, seldom, rarely** などは通例 II の位置だが,ほかの副詞を伴う場合は III の位置に移ることが多い.

He **often** comes here. (彼は時々ここへくる)

I go there **very often**. (私はしばしばそこへ行く)

§270 today など

〈一定の時〉を示す副詞は文頭または文尾におく.

Are you busy **today**? (君はきようは忙しいか)

Yesterday Mrs. Smith came to see me.

(きのうスミス夫人が訪ねてきた)

He comes to see me **every Sunday**.

(彼は日曜ごとに私を訪ねてくる)

ただし,文頭におく場合は,たいてい §275 の〈受けとめの前位〉であるから,一般には文尾におくときめておくがよい. **now** については §68 参照.

§ 271　場所の副詞

〈場所の副詞〉は常に動詞のあとにつく．〈時の副詞〉と〈場所の副詞〉とを同じ位置にならべて用いる場合は，〈場所を先〉に，〈時をあと〉にするのが通例である．

He often comes **here**. (彼はよくここへくる)
He will be **here this evening**. (彼は今晩ここへくるだろう)
Napoleon died **at St. Helena, on the 5th of May, 1821**.
(ナポレオンは1821年5月5日セント・ヘレナで死んだ)

§ 272　〈動詞＋副詞コンビ〉とその目的語

〈動詞＋副詞コンビ〉[→§155.2] の中の〈副詞部分〉は，目的語が名詞のときはその名詞の前に出ることもできるが，目的語が代名詞のときは，必ずそのあとにつく．

He cut **down** *one of his father's cherry-trees*.
(彼は父のさくらの木の1本を切り倒した)
He cut *it* **down** with his hatchet. (彼はおのでそれを切り倒した)
I told him to put **on** *his hat*.
(私は彼に帽子をかぶるようにいった)
He put *it* **on**. (彼はそれをかぶった)
N.B.　ただし，see . . . off (見送る) については §155.2 参照．

§ 273　定形倒置

疑問文を作るとき，文頭は，**Anomalous finite** については〈He is . . . →**Is** he . . . ?〉となり，**Non-anomalous finite** については〈He swims.→**Does** he swim?〉となるが，後者の場合は，疑問文を作る do 自身，定形となるわけである．したがって〈疑問詞が主語である疑問文〉を除いて考えると，疑問文の文頭においては，〈定形動詞が主語の前に出ている〉．このような語順を**定形倒置** (Inversion) という．

さて，強調のために，副詞を文頭に出すことが多い．この場合，しばしば [否定の意味の副詞のときは常に]，〈定形倒置〉を引き起こす．

We had no sooner got on shore than it began to blow hard.
No sooner **had we** got on shore than it began to blow hard.
(われわれが上陸するとすぐ風がひどく吹き出した)

I little **expected** to meet you again.
Little **did I expect** to meet you again.
(君に再会しようとは夢にも思わなかった)

I remember the scene well.
Well **do I remember** the scene.
(その場の光景をよく覚えている)

N.B. 1. Not only **A**, but also **B** の構文で not が文頭にきている場合も同様で，**A** の部分が定形倒置となる．

Not only **was he** surprised, but also he was shocked.
(彼はびっくりしたのみならず，ショックを受けた)

N.B. 2. **away, off, up, down** など〈場所の副詞〉を文の先頭に出す場合は，動詞をそれに伴わせて主語の前へ出し，別に do を加えないことが多い．また主語が代名詞である場合には，動詞の位置さえも変更しないことが多い．

The ball **went away**.
Away went the ball.
(ボールが飛んで行った)

We **went off** like the wind, down the hill.
Off we **went** like the wind, down the hill.
(われわれは風のように丘を下って行った)

N.B. 3. If . . . という形の条件節が〈助動詞＋本動詞〉という構造を持っているとき，if を略して定形倒置とすることがある．

Had I known it (=*If I had known it*), I would have called the police.
(もし私がそれを知っていたら警察をよんだだろうに)

§274 Is there a book on the table?

すでに文型に関して §169 で There is . . . という文はどの型にも属さないと述べた．その根拠のひとつを述べる．それは

There is a book on the table. (テーブルの上に本がある)

という型の文を疑問文にするとき，あたかも there が主語であるかのように there と is との間で定形倒置を起こすからである．

① **There is** a book on the table.

② **Is there** a book on the table? (テーブルの上に本があるか)

もし，この①を〈S+V型〉の文，すなわち〈第1文型〉ということにすると，ほかの第1文型の文 Birds fly. などと主語の位置がちがう上に，疑問文にするときに②のようになって，ますますおかしなことになる．文型というものは，**S, V, O...** などの正規の語順も考慮してきめたはずであるから，どうしても①の文を〈第1文型〉というわけにはいかないのである．

〈There is...→Is there...?〉という定形倒置はいわば〈特別な倒置〉といえるが，これはこの is 以外でも起こるし there の代りに here が用いられた場合も同様であるから注意を要する．

There lived an old man in that village.
(その村に老人が住んでいました)
Did there live an old man in that village?
(その村に老人が住んでいたのですか)

There must be some mistake. (何かのおまちがいでしょう)
Must there be some mistake? (何かのまちがいだというのですか)

Here is a nice shop. (ここにすてきな店がある)
Is here a nice shop? (ここにすてきな店があるのですか)

§275 〈受けとめ〉の前位

一般の副詞句であるとか，特定の時を示す today などの副詞など，本来文尾にくるべきものが文頭にくることがある．このとき，〈この副詞は強調のために前に出した〉という説明をする人もあるが，それは正しくない．これは，前の発言の文尾を受けとめて，〈つなぎ〉のために前におくのである．たとえば

What did you do **in the morning?**
↓
In the morning I did my homework.

(午前中何をしましたか——**午前中は**宿題をしました)

すなわち，前の問いの文が「あなたは午前中何をしたか」の意味であり，その問いの中で in the morning が文尾にきているの

であるが，答えのほうは〈それを受けとめるつもり〉で，それを文頭でくりかえし，答えのほうの〈情報の主要部〉をそのあとにつけたのである．この場合〈情報の主要部〉は当然 I did my homework というところにあり，in the morning は答えの文の中では，むしろ不必要なのである．であるから in the morning を〈強調のために文頭に出した〉というのはあたっていない．むしろ前の文との間で〈バトンタッチ〉をする気持ちで用いているのであって，このような意味で文頭に出ることを〈受けとめの前位〉という．

なお，〈前の問いの文〉というのが実際に発せられてなくても，その場の雰囲気で，つまり，そのずっと前からの話のぐあいで，同じ状況になっていれば，〈受けとめの前位〉が起こるものである．つぎの ③ の例がこれである．

① Where are you going **this summer**?—**This summer** I am going to Atami.

(この夏，どこへお出かけですか?——この夏はね，熱海へまいります)

② Who is the first **in your estimation**?—**In my estimation** John Smith is the first.

(あなたの判定ではだれが1番ですか?——私の判定では，ジョン・スミスが1番ですよ)

③ There stood a box on the table. I took it up: **in the box** was a ring.

(テーブルの上に箱があった．私はそれを取り上げた——すると中にはゆびわがあった)

この ③ の文は本来 **There was** a ring in the box. という語順のはずであるが，その前のところから「箱の中には何があるのか」(What is there **in the box?**) という疑問が潜在しているから，それを受けて in the box が文頭に出たのである．すると **in the box** there was a ring となるが，このようなとき，この there はしばしば省略される．

この場合も，情報の主要部は ...was **a ring** という所にある．このように，〈情報の主要部を文尾におく〉という英語のテクニックは味わうべきである．

§276 only の位置

only (ただ...だけ)という副詞は直接修飾する語の近くにおくのが原則であるが，日常会話文では，むしろ §269 でいったⅡの位置にくることが多い．したがって，

① Mary paid | **only** 30 dollars yesterday.
② Mary paid 30 dollars **only** | yesterday.
③ Mary | **only** paid 30 dollars yesterday.

はいずれも，タテ線のところで区切って読めば「メアリはきのう30ドルだけ払った」の意味である．③は，場合によっては，「支払っただけだ，領収書はもらっていない」のように，その動作そのものを修飾することもあるが，それはむしろ特別な場合である．一般には，③のように，§269 でいったⅡの位置にきていても，〈その動作そのもの〉ではなくて，ほかのもの，ここでは〈金額〉を修飾するのである．

またつぎのような位置のときは少し意味がちがう．

④ **Only** Mary | paid 30 dollars yesterday.
⑤ Mary **only** (=alone) | paid 30 dollars yesterday.

この④，⑤は「メアリだけがきのう30ドル払った」の意味である．

⑥ Mary paid 30 dollars | **only** yesterday.

この⑥は「メアリはやっときのうになって30ドル払った——もっと以前に払ったのでない」の意味となる．

N.B. only が文中のどの語を修飾するかは，思ったほど簡単でない．たとえば日本語の「ばかり」で考えてみよう．ある人が，運動もせずにうちで本を読んでいて健康に悪いから，私がその人に注意しようと思ったとしよう．「本ばかり読んではいけない」というと，その人は「本ばかり読んで悪ければ，雑誌や新聞も読めというのか」といい返すか

もしれない．それではと，私が「本を読んでばかりいてはいけない」といったとすると，その人は「本を読んでばかりいて悪ければ本を書けというのか」といい返すかもしれない．私は「ばかり」を使っていいたいのであるが，これではどういったらよいかわからない．いったい「ばかり」という語はどの語を修飾するのであろうか．「少しは外に出て運動でもしろ」という意味をつたえるのにはどういったら正確なのであろうか．このように考えると，上の ③ の文 [「30 ドルだけ」という意味なのに，only paid という語順をとっている] にも合理的なところがあるように思われる．したがって，つぎの各文は，通例はカッコの中のような意味である．

He **only** worked three hours.
(彼はわずか 3 時間だけ働いた)
I **only** said that he looked happy.
(私はただ，彼が幸福そうに見える，といったのだ)
You have **only** to attend the morning class.
(あなたはただ午前中の授業だけに出ればいい)

§ 277 What...for? Who...with?——分離前置詞

前置詞がその目的語と離れて文尾におかれた場合，これを〈分離前置詞〉とよぶ．一般には，つぎの 3 つの場合に起こる．

(1) 前置詞の目的語が疑問詞となって文頭にある場合

I am going to take this home. **What** [do you do so] **for**?
(ぼくはこれを家へ持って帰ろう——何のために)
I am going out. **Who with**? (=*With whom* are you going out?)
(私は外出するのですよ——だれと)
Who are you going to send it **to**?
(それをだれに送ろうというのですか)
What do you take me **for**?
(君は，わたしを何だと思っているのか)

N.B. take A for B については § 297 参照．ただし，「まちがえる」という訳が不適当で，上例のように，たんに「A を B と思う」と訳すべき場合も多いものである．

(2) 前置詞の目的語が〈関係代名詞〉となって節頭にある場合，とくにその関係代名詞が省略された場合

Is this the man (*whom*) you spoke **of** yesterday?

(これがきのうお話しの人ですか)

That will be the building (*which*) you are looking **for**.

(あれが，お探しのビルでしょう)

Rice is what (=the food *which*) the Japanese live **on**.

(米は日本人が常食とするものです)

(3) 上記 (2) の節が不定詞を含む句に圧縮された場合

このときその句は形容詞句である [→§173.2].

You will need a box *to carry* these things **in**.

(これらのものを入れて運ぶ箱がいるでしょう)

I have nobody *to rely* **on**. (私にはたよるべき人がだれもいない)

I have nothing *to live* **for***. (私には生きるのぞみが何もない)

(4) 〈take care of 型〉の〈動詞句〉ならびに〈自動詞＋前置詞〉の〈複合他動詞〉の場合は，(1), (2), (3) のほかに，さらに，受動態の場合というのがある [→§230, §231].

That old man should **be taken good care of**.

(その老人はよく面倒をみてあげるべきだ)

This must **be** soon **put an end to**.

(こんなことは，ただちにやめてもらわねばならない)

The matter must **be looked into**. (この件は調査を要する)

That bed **was** not **slept in**.

(あのベッドには人が寝た形跡がなかった)

N.B. sleep in bed は〈sleep+in〉で「ベッドを使用する」というまとまった意味になり，上の形の受動態ができる．ただし，形が似ているからといって We **live in** Tokyo. から Tokyo **is lived in** (by us). [誤] などという文を作ることはできない．

また複合他動詞の中の前置詞が in であるときは §155.2 の〈動詞＋副詞コンビ〉と混同されやすいから注意を要する．

① The bed was slept in. (ベッドにはだれか寝た[あとがある])

② He was shown in. (彼は中に案内された)

この ① は，能動態では Someone slept in the bed. であり，in は純然たる前置詞である．ところが ② は，能動態では Someone showed him in. であって，show in は〈動詞＋副詞コンビ〉であり，この

---

* live for...=...のために生きる．

in は副詞として転用されているものである.

Exercise 23

(1) つぎの各文に，それぞれ文末（ ）内の副詞を入れるとすればどこがよいか，その場所を指摘せよ.

1. Jack takes Lucy to the cinema. (often)
2. Mr. Smith takes his wife to the theater. (seldom)
3. I can find enough time for all the reading I want to do. (never)
4. Planes leave London Airport for various places in Europe. (every three hours)
5. We are at home on Saturday afternoons. (generally)
6. You should knock before you come into my room. (always)
7. He can remember how to start the engine. (never)
8. Have you seen a turkey? (ever)

(2) つぎの各文の主張に対して，「〈 〉もそうだ」と応じる形式を示せ.

《例》 I go to school. →〈私も〉 So do I. [→§181]

1. He must work hard. →〈彼女も〉
2. She is very old. →〈私の父も〉
3. Tom can swim. →〈彼らも〉
4. I had my hair cut. →〈私も〉
5. I know the answer. →〈彼も〉
6. My hair is wavy. →〈彼女のも〉

(3) つぎの各群の語を正しくならべかえてそれぞれ1文を作れ. 語順を符号で示せ.

1. ア. some イ. will ウ. books エ. you オ. to カ. read キ. have ク. difficult
2. ア. three イ. you ウ. ladies エ. did オ. young カ. yesterday キ. meet ク. English

2. 不定詞・分詞・動名詞の総括

§278 He is believed to be honest.

第5文型〈S+V+O+C〉に属する文にはいろいろなものがあるが，そのひとつにつぎのようなのがある．

① We believe **him to be honest.**
(われわれは彼が正直だと思う)

② I want **you to help me.** (私はあなたに助けてほしい)

③ I expected **him to come soon.** (彼がすぐくると期待した)

この型の文は〈O+C〉の部分が that の導く名詞節と同等であり，事実，① は ①′ のように書きかえができる．

①′ We believe **that he is honest.**

N. B. ただし，② の want, ③ の expect については

②′ I want *that you should help me.*
③′ I expect *that he would come soon.*

の形は正しくない．②′ はまったく用いられない．また ③′ のように I expected **that** ...となるのは，I expect=I suppose のように expect の意味が弱まったときに限る．

さて，①, ①′ を受動態にするとつぎの対応ができる．

④ He **is believed to** be honest.
④′ **It is believed that** he is honest.

〈①′→④′〉の受動態の転換はふつうのルールどおりであるから問題はないが [④′ で by us は省略することにする]，④ では〈彼が正直であること〉という部分——〈法の助動詞〉の説明に従えば，〈ナマの文〉の部分——にある he と to be honest とが分離されてしまう．前に語順の所で文のまん中の部分は目立たない位置であると述べたが [→§267(1)]，実際 ④ でも is believed to の部分の意味が非常に弱くなり，実質的には〈法の助動詞〉

あるいは〈文修飾副詞〉と同等のものになってしまっている．そのことは，④とだいたい類似した意味を持つつぎの各文を比較すればよくわかると思う．

④ He **is believed to** be honest.（彼は正直だと信じられている）
⑤ He **seems to** be honest.（彼は正直であるらしい）
⑥ He **may**$_2$ be honest.（彼は正直かもしれない）
⑦ He is **possibly** honest.（彼はおそらく正直だ）
⑧ He is **probably** honest.（彼はたぶん正直だ）

この⑤の seem は〈不完全自動詞〉であるが，⑥の may$_2$ は〈助動詞〉であり，⑦の possibly, ⑧の probably は〈文修飾副詞〉である．possibly, probably はむろん文頭でも文尾でもよい．また，⑤, ⑥, ⑦, ⑧を複文に書きかえれば

⑤′ **It seems** *that* he is honest.
⑥′ **It may be** *that* he is honest.
⑦′ **It is possible** *that* he is honest.
⑧′ **It is probable** *that* he is honest.

となる．以上のことを〈単文・複文書きかえ〉のひとつの型として覚えたい．なお，①の型で believe の代りに **say** を用いるときは，受動態の文だけが可能で，能動態の文はない．

⑨ They **say him** to be honest. [誤]（彼らは彼を正直だという）
⑨′ He **is said to** be honest. [正]（彼は正直だといわれている）

すなわち，⑨は誤りで⑨′が正しい．①′の型の複文ならば，どちらも可能である．

⑩ They **say** (**that**) he is honest.
⑩′ It **is said that** he is honest.

〈① → ①′〉型の書きかえで，〈先行性〉[→§243.2] の表現はつぎのように対応する．

We believe **him to have been** honest.
We believe **that he was honest**.
（彼が正直だったと信ずる）

We believed **him to have said** so.
We believed **that he had said** so.
(彼がそういったと信じた)

He was believed **to have committed** suicide.
It was believed **that he had committed** suicide.
(彼は自殺をしたと信じられていた)

§279 He is sure to come.

こんどは上記の is believed to の部分が受動態でなくて形容詞を含み，それが **C** となっているものを考えてみよう．

① He **is sure to** come. (彼はきっとくるよ)

この訳文からわかるように is sure to はまさに〈法の助動詞〉なみに，〈話者の判断〉をあらわしているのである．つまり〈彼がくる〉というのが〈ナマの文〉であり，それが〈確かだ〉というのは，〈ナマの文〉の外側から〈話者の判断〉をかぶせたものである．ただ「. . . は確かだ」にあたる〈法の助動詞〉は英語にないから，そのような書きかえはできないが，certainly という〈文修飾副詞〉を用いてなら書きかえはできるし，また It is certain that. . . という複文でもいえる．

② **Certainly** he will come. (たしかに彼はくる)

③ **It is certain** that he will come. (彼がくることは確かだ)

さて ① の to come は不定詞であるが，ここを〈of＋動名詞〉とすると，意味が変わってくる．

④ He is **sure to succeed**. (彼はきっと成功するよ)

⑤ He is **sure of succeeding**.
(彼は自分が成功すると確信している)

④ の場合〈確信する動作主〉は文の話者であり，⑤ の場合〈確信する動作主〉は he である．この ⑤ については〈確信する動作主〉つまり文頭の he と，succeeding という動名詞の〈意味上の主語〉とは同一であるから——〈彼が成功すると彼が確信する〉のであるから——succeeding はハダカのままでよいが，これが異

なる場合は動名詞に〈意味上の主語〉を添える．その形は，〈代名詞ならば所有格〉，〈名詞ならば目的格〉である．

⑥ He is sure of **my** succeeding.
(彼は私が成功すると確信している)

⑦ He is sure of **Mary** succeeding.
(彼はメアリが成功すると確信している)

そこで，⑤, ⑥, ⑦ を複文に書きかえると，従属節の中の主語はつぎのようになる．

⑤′ He is sure that **he will** succeed.

⑥′ He is sure that **I will** succeed.

⑦′ He is sure that **Mary will** succeed.

§280 too...to

つぎに示す型も〈単文・複文書きかえ〉のひとつの型である．

① He is **too** old **to** work.
①′ He is **so** old **that he cannot** work.
(彼は年をとりすぎて働けない)

この to work は不定詞であるが，ここが〈for＋名詞〉となっている場合も，多少の調整を施せば，この応用でできる．

② He is **too** tired **for** that job.
②′ He is **so** tired **that he cannot do** that job.
(彼は疲れているからその仕事はできない)

さて，この〈too...to 型〉の文で注意すべきことは，〈文頭の主語〉が〈不定詞の意味上の目的語〉をかねる場合である．

③ This book is **too difficult** for me **to read.**
(この本は私が読むにはむずかしすぎる)

④ It is [too] **difficult** for me **to read** this book.
(この本を読むことは私にはむずかしい)

③ では difficult to read で「読みにくい」ということなのであるから，read のつぎに it などをおく必要はない．read は他動詞であるが，その目的語は文頭の This book がかねているのである．このように，目的語が文頭にさかのぼるから，この不定詞

を〈遡及(そきゅう)型〉という. ④ では it は to read... に対する形式主語であり, to read... の内容は〈何がむずかしいか〉という情報なのであるから, こんどは to read *this book* (その本を読むこと)というように完全に目的語まで書かなければならない.

③, ④ を複文にすれば

⑤ This book is **so** difficult **that** I **cannot** read **it**.

である. 同様に,

⑥ This bag is **too heavy** for me **to carry**.
⑦ This bag is **so heavy that I cannot carry it**.
(このカバンは私には重すぎて運べない)

N.B. 1. ここで It is too heavy to carry this bag. という文はありえない.「重い」のは bag である.〈持ち運ぶこと〉が重いということはない.

N.B. 2. 上記の〈遡及型〉は〈too...to〉以外のところでもある.

Giraffes are **easy to draw**. (きりんは描きやすい)
He is **hard to please**.
(彼はきむずかしい) [きげんをとりにくい人だ]

なお, つぎのようなのは, 形は似ているが, 遡及型ではないから, 混同してはならない.

Mary **is eager to go**. (メアリはしきりに行きたがっている)
Mary **is eager to please** her husband.
(メアリは夫のきげんをとりたがっている)
I **am anxious to know** the reason.
(私は理由をぜひ知りたいと思う)

これらの場合, 不定詞の〈意味上の主語〉すなわち, 不定詞のあらわす動作をするものがそのまま文頭の主語である. したがって, 不定詞が他動詞ならば, それ相応の目的語をつけるのは当然のことである.

N.B. 3. He **promised** me to go. (彼は私に, 行くと約束した) という文を He believed me to go. (彼は私が行くものと信じていた) などと同型と見誤ってはならない. promised me の me は「私に向かって」であって, これは to go の〈意味上の主語〉ではない.〈彼が行く〉ことを〈彼が〉約束したのである.

§ 281 stop to think と stop thinking

① He **stopped to think** about the problem.
(彼はふと思い直してその問題について考えた)

② He **stopped thinking** about the problem.
(彼はその問題について考えることをやめた)

この①の stop は自動詞で to think という不定詞は副詞句である．ふつう stop to think は「考えるために立ちどまる，立ちどまって考える」と訳されているが，必ずしも〈歩行中に立ちどまる〉のではなく，いままで他のことをしていて——または考えていて——〈それを中断して，to think... の動作に移る〉ことをいう．②の stop は「停止する」という他動詞であって，thinking... (考えること)はその目的語である動名詞である．

stop の代りに cease を用いれば，どちらの型で用いても，「停止する」という他動詞であるが，その用法はちがう．

③ The boy **ceased to cry.**
(その男の子は，もう泣かなくなった) [成長したから]

④ The boy **ceased crying.** (その男の子は泣きやんだ)

これで見ると④の目的語が〈動名詞〉である場合のほうが③の〈不定詞〉の場合よりも〈...すること〉という名詞性が強いということがいえる．改めて次節の例でこれを見よう．

§ 282 try to do と try doing

① I **tried to take** that medicine. (その薬を飲もうとした)

② I **tried taking** that medicine. (その薬を試用した)

①の try to は例によって〈助動詞〉なみに意味が弱まり〈ある動作をしようとした〉のように補助的な意味であるが，②の try は〈試行・試用〉の意味で，本来の意味を確保しており，その目的語である taking は〈ひとつの作業・行事〉として重みをつけて考えられている．つまり taking that medicine というのは〈その薬を飲む〉という〈ひとつの療法〉なのであって，その〈療法を試みた〉というのがこの②の文の主旨である．同様に，

③ I **tried to look** younger.

④ I **tried looking** younger.

はだいたい同じような意味ではあるが発想がちがう．③はある特定の場合に，「より若く見えるようにしようとした」のであり，④は，〈若く見える〉ということを，あたかもひとつの〈演技〉のように考え，〈ひとつその手でやってみようと思いついた〉のである．

§283 I (would) like to swim. と I like swimming.

① I **like to swim** in this pool. (このプールで泳ぎたい)

② I **like swimming** very much.
(私は水泳がたいへん好きです)

この①の like to も〈助動詞化〉していて「泳いでみたい」ぐらいの気持ちである．要するに like to . . . というのはその場その場で「. . . したい」ということである．②の swimming は動名詞ではあるが，ここでは「水泳」というスポーツの名前であって，抽象名詞に近いものである．そして②の意味は〈自分の趣味〉をいったのであって，特定の場で〈いま泳ぎたい〉といっているのではない．それで，「水泳」の代りに「テニス」とすれば，

①′ I **like to play** tennis this afternoon. (午後，テニスをしたい)

②′ I **like tennis** very much. (私はテニスが大好きです)

となって，②′では playing という動名詞は消えてしまう．それでは，I **like playing** tennis. という形はまったくないかといえば，じつは，そうではない．すなわち，②, ②′と同じく〈趣味〉をいう場合であって，しかも tennis というスポーツ名だけでは困るという場合がある．そのときは **playing** tennis のあとに何か〈副詞句〉をつけていう．すなわち〈何か $\mathbf{M}_2$ を伴った動名詞〉であれば，それは like の目的語になりうるのである．

I like **playing tennis with foreigners.**
(私は外人とテニスをやるのが好きだ)

さて，like to . . . のほうであるが，日常会話で「. . . したいの

ですが」と意見をていねいにいうときは，I **would** (*or* **should**) **like to...** という．実際には，短縮形で **I'd like to...** となることが多い．

I'd like to say a few words about it.
(それについて，少しお話しておきたいのですが)
I'd like to show you my album.
(私のアルバムをお目にかけましょう)
I'd like to have your opinion about it.
(それについてご意見をうけたまわりたいのですが)
I'd like to leave it as it is. (それはそのままにしておきたい)

N.B. 1. 以上とは別に〈feel like＋動名詞〉(...したい気がする) という熟語がある．

Then I **felt like crying.**
(そのとき，私は泣きだしたいような気になった)
Today I don't **feel like going** to school.
(きょうはあまり学校へ行きたくない) [気がのらない]

つぎのはこの応用である．

It **looks like raining**. (雨になりそうだ)

N.B. 2. remember についてはつぎの使いわけに注意．

① You must **remember to post** the letter.
(手紙を出すことを忘れないようにしなさい)
② I **remember posting** the letter.
(手紙を出したことをおぼえている)

すなわち，①の〈不定詞〉は，〈これからやる動作〉をあらわし，②の〈動名詞〉は〈前にやった動作〉をあらわす．なお，②の場合，〈先行性〉があるにもかかわらず，ここでは having posted とはしないのがふつうである．

§284 Reaching there,... と On reaching there,...

分詞構文の説明は §173.4 でしたが，ここではそれを〈on＋動名詞〉と比較してみよう．

① **Reaching** his room, he decided to write a letter.
(彼のへやに着いて，彼は手紙を書こうと決心した)
② **On reaching** his room, he found a note left for him.
(へやに着くとすぐ彼は彼あての置き手紙があるのを見つけた)

① の reaching は現在分詞であって，この部分は分詞構文になっているが，一般に分詞構文の〈分詞〉は，〈残りの部分〉に対する関係がゆるい．ここでも〈彼のへやに着いたとき〉なのか〈着いたので〉なのか，そういうことは，いっさい読者の判断にまかされている．一般には〈reaching his room〉→〈**when** he reached his room〉[時]，あるいは〈**as** he reached his room〉[理由] のように書きかえる慣例であるが，それは前後の関係で判断するより仕方がない．

on reaching のほうは「着いた時すぐに」というようにはっきりした時間関係を示す．この reaching は動名詞である．このときは〈**on reaching** his room〉→〈**as soon as he reached** his room〉と書きかえるのがふつうのルールである．

つぎの例は〈分詞構文〉と〈by＋動名詞〉との比較であるが，この場合も，④ のほうが，はっきり手段であることを示している．

③ **Climbing** the rope, he could get out of the hole.
(そのロープをよじのぼって，彼は穴の外に出ることができた)

④ **By climbing** the rope, he could get out of the hole.
(そのロープよじのぼることによって，彼は穴の外に出ることができた)

過去分詞による分詞構文もあるが，これらはその前に being を補って考えればふつうの分詞構文である．この場合〈p.p.〉の代りに〈形容詞〉であっても同様に考えられる．

Tired and sleepy, he went to bed at once.
(疲れてねむかったので彼はすぐ就寝した)

Thus **encouraged**, he made up his mind to do his best.
(このようにはげまされて，彼はベストをつくす決心をした)

Bound hand and foot, he was thrown into the river.
(手足をしばられて，彼は川に投げこまれた)

Young as he is, he is a great scholar.
(彼は若いけれどもなかなかの学者だ)

N.B. 1. これも **[Being] young** as he is (彼が，実際あるように若

くあって)という分詞構文で,「若いけれども」という意味は前後の関係から生ずる. なお §176 (4) 参照.

N.B. 2. 〈先行性〉[→§243.2] を示すには 〈having+p.p.〉という〈完了の分詞構文〉を用いるが〈動名詞〉の場合も同様である. ただし, 上掲の on reaching のような場合には, これを on having reached とすることは実際には少ない. つぎの ② の文は On finishing . . . のほうがよい.

① **Having finished** his homework, he went out.
(宿題をやり終えて彼は外出した)

② **On having finished** his homework, he went out.
(宿題をやり終えるとすぐ彼は外出した)

§285 sleeping baby と sleeping car

〈現在分詞〉はそのまま $\mathbf{M}_1$ としても用いられる. また〈動名詞〉は一種の名詞であるから,〈名詞+名詞〉[たとえば **summer** vacation] の前の名詞が $\mathbf{M}_1$ であるのと同等のはたらきで $\mathbf{M}_1$ になる. 問題は, つぎのような場合に,〈現在分詞〉と〈動名詞〉をどう見わけるかである.

① a **sleeping** baby=a baby who *is sleeping*
(ねむっている赤ん坊) [sleeping は現在分詞]

② a **sleeping** car=a car *for sleeping*
(寝台車) [sleeping は動名詞]

① は〈その baby がねむっている〉のである. ② は〈ねむることのための車輌〉であって sleeping は動名詞である. 動名詞のときは, 後続の名詞との間にハイフンをおくこともある.

現在分詞	動 名 詞
rising sun (上る太陽)	**baking** powder (ふくらし粉)
coming age (将来の時代)	**driving** licence (運転免許証)
shooting star (流星)	**walking** stick (散歩杖)
paying guest (下宿人)	**housing** problem (住宅問題)
flying saucer (空飛ぶ円盤)	**writing** desk (事務机)
winning horse (勝ち馬)	**opening** address (開会の辞)
swimming fish (泳ぐ魚)	**swimming** pool (水泳のプール)

§286　I had my hair cut.

have を第5文型〈S+V+O+C〉型の文に用いて，「...をさせる，してもらう」[使役] または「...をされる」[受動] の意味をあらわすことができる．このとき，〈使役〉と〈受動〉との訳しわけは常にはっきりしているわけではないが，だいたい〈O+C〉のあらわす動作が，文の主語の〈意志〉にもとづいてなされるときは〈使役〉ととり，反対に主語の〈意志に反する〉ような場合に，これを〈受動〉ととるのが通例である．

① ⓐ I **had** my hair **cut** only yesterday.
(私はきのう散髪したばかりだ)[髪を刈ってもらう][使役]
ⓑ He **had** his hands **tied** behind his back.
(彼は両手をうしろでしばられた) [受動]

② ⓐ I **had** my manager **see** to it. [使役]
(私はうちの支配人にその件をやらせた)
ⓑ He **had** his wife **die** three years ago.
(彼は3年前に妻に死なれた) [受動]

N.B. see to... は「...の仕事をやる，...に注意する」の意味で to は前置詞である．目的語が名詞節であるとき，この to は消える．
I will **see** *that everything will be all right.*
(すべてがうまくいくように私がちゃんとやります)

このうち①では〈O+C〉の部分が〈**O**+p.p.〉であり，②では〈**O**+原形〉であるが，それは，〈**S**+have+...〉のパターンにはめ込む以前の〈O+C〉の部分のあり方がちがうのである．上の各文から〈**S**+have〉の部分を除き，〈O+C〉の部分を独立させた文を〈ナマの文〉として考えてみよう．すると ①ⓐ, ②ⓐ の〈ナマの文〉はつぎのとおりである．

①ⓐ′ My hair is cut. (私の髪が刈られる)
②ⓐ′ My manager sees to it. (私の支配人がその件をやる)

これを〈**S**+have+...〉のあとへ〈O+C〉としてはめこむとき，つぎのように転換されるから，**C** の部分がちがうのである．

My hair is cut.

I had **my hair** × **cut** [p. p.].

My manager sees to it.

原形にする

I had **my manager see to it.**

N.B. 1. この型の have は **Non-anomalous** である [→§180.2].

N.B. 2. have の代りに **get** を用いても同じように〈使役〉〈受動〉をあらわす．ただし，get ならば ②ⓐ では〈原形〉の代りに〈不定詞〉を用いる．そして get には ②ⓑ の用法はない．

②ⓐ He **got** John **to do** the corrections.
(彼はジョンに訂正の作業をやらせた)

N.B. 3. その他 make (強制的にさせる), let (させる), help (助けて...させる), cause (**S** が原因となって **O** に...させる), compel (強制する), force (強制する), order (命令する) なども使役動詞として ②ⓐ の用法がある．ただし make, let については **C** として〈原形〉を用い，help には〈原形〉または〈不定詞〉のどちらでもよい．その他の動詞にはすべて〈不定詞〉を用いる．

I **made** him **do** it. (私は彼にそれをやらせた) [強制]
I **let** him **do** it. (私は彼にそれをやらせた) [許可]
I **helped** my mother (**to**) **cook** the fish.
(母が魚を料理するのを手つだった)
What **caused** her **to do** so? (何が彼女をそうさせたか)
He **compelled** me **to answer**. (彼は私に答えよと強制した)
He **forced** me **to talk**. (彼はむりやり私にいわせた)
He **ordered** me **to go away**. (彼は私にあちらへ行けと命じた)

この最後の文は命令文の間接話法 [→§236] と一致する．

Exercise 24

(1) つぎの各文の（ ）内の語を正しい形に改めよ．

1. Mrs. Smith used (drive) a car, but she is very old now.
2. Don't forget (bring) this book back on Monday.
3. You did not remember (mail) the letter.
4. Don't you remember (meet) me in Kyoto two years ago?

5. Will it stop (rain) very soon?
6. From time to time we stopped (look) at the flowers.
7. I do not feel like (go) to the office this morning.
8. You had better (lie) down now.
9. You ought (not go) home now.
10. I don't mind (go) to bed early, but I don't like (get) up early.
11. I saw her (walk) into a shop in Ginza yesterday.
12. Stop (worry) about the entrance examinations.
13. Please let me (help) you (put) your coat on.
14. I can hear somebody (talk) in the next room.
15. You must (start) early, if you want (get) there before dark.
16. Would you mind (shut) the window?
17. Would you like (go) to the cinema?
18. Do you enjoy (read) detective stories?
19. I heard Mr. Richard (say) he would like (sell) his car.
20. You must (do) the job without (ask) why.

(2) つぎの〈単文を複文に〉また〈複文を単文に〉書きかえよ.

1. He was believed to have been rich.
2. He insisted* on my going with him.
3. He went to the U.S.A. in order to improve his English.
4. The bag is so heavy that I cannot lift it up.
5. It is certain that he will succeed.
6. As soon as he heard the news, he went out in a hurry.
7. He was too young to understand it.
8. They say (that) he was an announcer ten years ago.
9. She seems to have been ill.
10. It is possible that you have left it in your room.

---

* insist on. . . = . . . を主張する [〈. . .〉 が名詞節のときは on が消失する].

3. 慣用語法

§287 He is a good swimmer.——名詞中心構文

① He is **a good swimmer.**

② He *can swim very well.*

この ①, ② はともに「彼は泳ぎがじょうずです」という意味である. この両者をくらべてみると, ① の good はふつうの「善良な, 親切な」の意味でなく, また ① の swimmer も単独のときの「泳ぎ手, あるいは水泳選手」という意味でないことがわかる. ① の **a** good swimmer は不可分の単位であって, これ全部で〈泳ぎがじょうずな人〉ということをいっている. 英語にはこの型の表現が多い.

My mother is **a nice cook.** (母は料理がうまい)
Miss Smith is **a good singer.** (スミスさんは歌がじょうずです)
Jane is **a nice dancer.** (ジェーンは踊りがうまい)
Generally speaking, girls are **better linguists** than boys.
(一般的にいうと, 女子は男子よりも語学がうまい)
Mrs. Smith is **a good listener.**
(スミスさんは聞きじょうずです) [人の話をよくきいてやる人]

さて, 上の ①, ② をくらべると, ② では **can swim** very well と述語動詞を中心にしてその意味をあらわすのに対し, ① では述語動詞は, 軽い be であり, 〈意味の主要部分〉は a good **swimmer** という〈形容詞+**名詞**〉の構造になっている. このように〈意味の主要部分を名詞がになう構文〉を**名詞中心構文**といい, これは, 英語を英語らしくさせる, ひとつの重要な特長となっている.

〈名詞中心構文〉はほかのあらわれ方もするが, まず第1につぎのような熟語は中核が名詞であるから, その例である.

Let's **have a swim** here. (ここで泳ぎましょうよ)

We went on a picnic last Sunday, and we **had a very good time** (of it).

(前の日曜日にピクニックに行って，たいへん楽しかった)

Much to my joy, he was given the first prize.

(とてもうれしかったことに，彼は1等賞をもらった)

N.B. 〈take **care** of〉型の熟語 [→§114. 3] も care という名詞を中心にした構文といえる．さらに，以下に述べる〈無生物主語〉も〈同族目的語〉も同じく〈名詞中心構文〉のあらわれである．

§288 The rain prevented me...――無生物主語

① **The rain prevented me** from going out.

(雨が私の外出を妨げた)

② *I could not* go out *because it rained.*

(雨がふったので私は外出できなかった)

上の①は本来②のような文であるべきところを，rain という〈無生物を他動詞の主語にする〉という英語の習慣にそって書きかえたものである．日本語的発想では，他動詞の主語になりうるものは，〈人間〉か，少なくとも〈生物〉であるべきであるというのがふつうであるが，英語では，前記の〈名詞中心構文〉の応用として，無生物を他動詞の主語とする構文が，ごくふつうに用いられることが多い．これを**無生物主語** (Inanimate subject) の構文という．つぎのような文の日英語を対照してみよう．

The telegram says that Aunt Eliza is coming next Tuesday.

(電報にはエライザおばさんがこんどの火曜日にくると書いてある)

[「電報」が「言う」]

What caused her to do so? (何が彼女をそうさせたか)

A stitch in time saves nine.

(タイミングのよい一針は九針の労を節約する) [ことわざ]

One apple a day keeps the doctor away.

(1日1個のリンゴは医者を近づけない) [ことわざ] [既出]

Tuesday morning saw us on our way to London.

(火曜日の朝になると，われわれはロンドンへの道を進んでいた)

[「火曜日の朝」が「見る」]

N.B. 以上で無生物主語のだいたいのあり方は理解されたと思うが，われわれとしては，このような文が正しく読みとれればよいのであって，英作文を作るときには，むしろ平凡に上の ② のような文を書いておくほうが無難である．つまり，理解できたからといって何でも〈無生物主語の文〉を書こうとするのは，かえってまちがいのもとである．

§289 He lived a happy life.——同族目的語

自動詞が臨時に他動詞化して，その〈動詞と類似した意味の名詞〉を目的語にするとき，この目的語を**同族目的語** (Cognate object) という．同族目的語はつぎのような場合に用いられる．

He **lived a happy life**. (彼は幸福な一生を送った)
He **dreamed a horrible dream**. (彼はおそろしい夢を見た)
There they **fought a fierce battle.**
(そこで彼らははげしい戦闘を戦った)
She **smiled a sweet smile**. (彼女は美しくほほえんだ)

これらの例を見ると〈同族目的語〉には必ず $\mathbf{M_1}$ がつくことがわかる．そして〈同族目的語〉というのも，〈名詞中心構文〉を愛好することのあらわれであるといえよう．なぜかといえば，元来，He lived happily. のようにいうべきことを〈結果的にながめて〉，ひとつの a happy life であるというように〈固定した姿で把握〉しているからである．

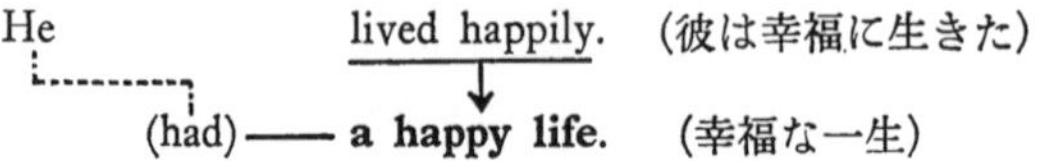

こうして名詞で固定した上は，定形動詞は，本当は He **had** . . . でもよいのであるが，もとの **lived** がそのまま残り，lived と life とで二重になっているのである．なお，つぎのように，$\mathbf{M_1}$ だけ残って名詞を省略した場合は，この二重性が解消されている．

He **breathed his last** [breath]. (彼は最後の息をひきとった)

§290 Mary is more slim than thin.——内部比較

slim (すんなりした) という語の比較級は slimmer であるはず

なのに，ときに more slim となっている場合がある．

① Mary is **more slim** than thin.
（メアリはやせているというより，すんなりしている）

② Mary is **slimmer** than Jane.
（メアリはジェーンよりもすんなりしている）

このうち ② のほうは，ふつうの比較であって Mary と Jane とを比較して，Mary のほうが〈いっそう slim〉だといったのであるが，①はそうでない．①は他のものとの比較でなく，比較はそのもの――Mary――自身の内部で完結しているのである．くわしくいうと，Mary の〈からだつき〉を形容するのに slim と thin と，どちらのほうが適語であろうかという比較をしたのであって，その結果〈thin よりもむしろ slim のほうがあてはまる〉というのがこの文の真意である．したがって，① の more は rather（むしろ）ということで，しかも〈語の選択〉の問題であるから，① は，厳密には

?	?
slim	thin
○	×

①′ Mary is **rather "slim"** than "thin".

とすべきものである．なお，ふつうの比較級が more ～ となる語については，〈一般比較〉と〈内部比較〉との区別がつきにくいから注意を要する．

③ The palace is **more splendid than beautiful**.
（宮殿は美しいというよりむしろ壮大だ）

④ The palace is **more splendid than the church**.
（宮殿は教会よりも壮大だ）

この ③ は内部比較であり，④ は一般比較である．

内部比較にはもうひとつの場合がある．それは，上のような〈語の選択〉でなしに，本当に〈ひとつの性質についての内部比較〉である．これは誤解を起こす余地はないが，ただ，一般比較で the をつけるべき場合にも内部比較では the がつかないから注意を要する．

⑤ This lake is **deeper here than there.**
(この湖は，そこよりもここのほうが深い)

⑥ This lake is *deeper than that river.*
(この湖はあの川よりも深い)

⑦ This lake is *the deeper of the two.*
(この湖が，両者のうちで深いほうです)

⑧ This lake is **deepest here.** (この湖は，ここがいちばん深い)

⑨ This lake is *the deepest of all.*
(この湖はすべての湖のうちでもっとも深い)

このうち⑤と⑧が〈内部比較〉，⑥, ⑦, ⑨は〈一般比較〉である．

N.B. 1. 内部比較はむろん副詞についても起こる．①がその例である．副詞の最上級は，いずれの比較であっても the はつかない．

① The train **goes fastest** between Shizuoka and Hamamatsu.
[既出 → § 143] [内部比較]

② This train **goes fastest** of all.
(この列車は全列車の中でもっとも速く走る) [一般比較]

③ This train is **the fastest** of all.
(この列車はすべての列車のなかでももっとも速い列車である) [一般比較] [③ は形容詞の最上級]

N.B. 2. 〈一般比較〉と〈内部比較〉とは，ある場合には区別がつけにくいものであって，思ったほど異なったものではない．たとえば「私は，目よりも耳が悪い」は〈私〉についての〈内部比較〉だが，「私の耳は，私の目よりも，悪い」といえば〈耳〉と〈目〉との〈一般比較〉となることから考えてもわかる．

§ 291 You can go. と You may go.

〈許しを与える〉または〈許しを求める〉〈許しを求める形を借りて申し出をする〉などの場合，一般には，くだけた形として **can**1 のほうが **May**1 よりも好まれる．

Can I go home? (もう帰ってもいいですか)

Jane, you **can** go home. (ジェーン，もう帰ってもいいのよ)

Can I help you? (何かお手つだいしましょうか)

What **can** I do for you? (どういうご用でしょうか)

I think he **can** go now. (彼はもう帰ってもいいと思うが)

これに対して **may**1 は許しを与える立場を強く意識するから，You **may**... のほうは〈目上から目下のものにいう〉ひびきがあり，逆に，**May** I...? というときは〈ていねいにへりくだって〉許しを求めたことになる.

Jane, you **may** go home.
（ジェーン，もう帰ってよろしい）［実質的に命令文］
May I take this seat?（ここへすわってよろしいでしょうか）
May I come back?
（ちょっと失礼して，またもどってきてよろしいでしょうか）［中座するときに許可を求める］

§292 He would say so. と He used to say so.

① He **would** often say such a thing.
（彼はよくそんなことをいったものだ）
② He **used to** say so before, but now he doesn't.
（彼は以前はそのように言っていたが，いまは言わない）

この ① would と ② used to はいずれも〈過去の習慣〉をあらわすといわれているが，実際には大きな相違がある.

① の would というのは，その人の性癖や傾向をいうのが主旨である.〈ややもすれば...するようなたちだった〉とか〈よく...したものだった〉という意味である.

② の used to というのは，現状と対比的に，過去の習慣や状態を回顧するのである.〈むかしはこうだったが，いまは変わってしまった〉ということをいうのが主旨である．つぎの各例について訳文と対照してほしい.

He **would** (often) sit up till late, reading a detective story.
（彼はよく夜おそくまで起きて探てい小説を読んだりしていた）
He **would** get into trouble again and again.
（彼は何度も何度もトラブルにまきこまれた）［困りものであった］
He is no longer the diligent student (which) he **used to** be.
（彼はむかしのような勤勉な学生では，もはやなくなった）

My legs are not what they **used to** be.
(私の足は以前のようでない) [昔は強かったがいまはおとろえた]
In those days he **used to** go to church every Sunday.
(そのころ彼は日曜日ごとに教会へ行っていたんだが) [いまはやめている]

§293 Strike him on the head.

英語には,「彼の頭をなぐる」というとき,〈彼を, 頭の所で, なぐる〉という言い方がある. この場合, on **the** head のように the を用いるのが正しく, on *his* head としない. [いっぽう strike his head という言い方もできる. その場合は当然 *his* head となる.] この類例をあげておこう.

John **beat** (*or* **struck**) Tom **on the head**.
(ジョンはトムの頭をなぐった)
Mary **patted** me **on the shoulder**.
(メアリは私の肩を軽くたたいた)
John **kicked** me **in the stomach**. (ジョンは私の腹部をけった)
John **looked me in the face**. (ジョンは私の顔を正視した)
I **took** her by **the hand**. (私は彼女の手を引いた)

§294 What do you think? と How do you feel?

「君は, これをどう思うか」に対して ① **think** を用いるなら疑問詞は **what** であり, ② **feel** を用いるなら疑問詞は **how** であって, これを混同してはならない.

① **What** do you **think** of (*or* about) it?
(君はそれをどう思いますか)
Cf. I didn't **know what** to do.
(私はどうしてよいかわからなかった)
② **How** do you **feel** about it? (君はそれをどう思いますか)
Cf. I didn't **know how** to do it.
(私はどういう方法でやればよいかわからなかった)

なお, 映画などを見てきた人に対して「どうだった?」と印象をきくとき, つぎのようにもいう.

How did you like it? (どうでしたか)

{I liked it very much. (たいへんおもしろかった)
I didn't like it very much. (あまりおもしろくなかった)
I didn't like it at all. (ぜんぜんおもしろくなかった)

N.B. なお, do you think と do you know とは〈従属疑問〉に対して語順がちがう.

{Who **do you think** he is? (彼をだれだと思うか)
Do you know who he is? (彼がだれだか知っているか)

{What **do you think** he bought? (彼が何を買ったと思うか)
Do you know what he bought?
(彼が何を買ったか知っているか)

すなわち, do you think は〈X 疑問〉を作り, do you know は文頭に出るから〈Yes-No 疑問〉を作るのである.

なお, 文頭の what がふつうの疑問詞である場合と, それが従属疑問文を導く場合 [すなわち従属節を作る場合] とを混同してはならない.

① **What** do you think of it?
② **What** do you think he bought?

この ① は単文で what は think の **O** であり, ② は what...he bought の部分は従属疑問をあらわす従属節である [Cf. §237 N.B.].

§295 He walked three hours.——副詞目的格

ふつう副詞句は〈前置詞(+形容詞または限定詞)+名詞〉という形をしているが, この前置詞なしに副詞的修飾語 (**M**$_2$) として用いられるものを**副詞目的格** (Adverbial objective) という. たとえば, this morning [ただし *in* the morning], last Sunday [ただし *on* Sunday last], next Christmas などがその例である.

つぎの例のように, 同じ **M**$_2$ でありながら〈前置詞をつける用法〉と〈前置詞をつけない用法〉とが両方可能であるときは, 一般にその意味が少しちがってくる.

① He walked **three hours**. (彼は3時間歩いた)
② He walked **for three hours** without meeting anyone on the way.
(彼は途中だれにも会うことなく3時間歩いた)

①の three hours は〈副詞目的格〉であって，この文は「彼は3時間歩いた——歩いた時間は3時間だった」というように〈3時間〉という数値が情報の主要部である．②の *for* three hours は一般の副詞句で，歩いた時間は3時間にちがいないのだが，その数値をいうことがこの文の目的ではなく，この文の情報の主要部はむしろ〈(長い間歩いたけれども) だれにもあわなかった〉という点にあるのである．

§296 not more than five と no more than five

いま〈1から10までの整数〉だけについて考えることにすると，more than five とは〈5を越えている数〉で，〈6, 7, 8, 9, 10〉をいい，not more than five はその〈補集合〉であるから〈1, 2, 3, 4, 5〉をあらわす．すなわち〈not more than five≦5〉ということである．これに対し no more than five ということは〈1から数を増していって5でとまる〉すなわち〈5が限界点である〉ということで〈たった5〉という意味になる．すなわち，

{**no more than** five
{=**as few as** five } =**only** five

であって，〈数は5〉なのだが〈5とは少ない〉という気持ちを含む．

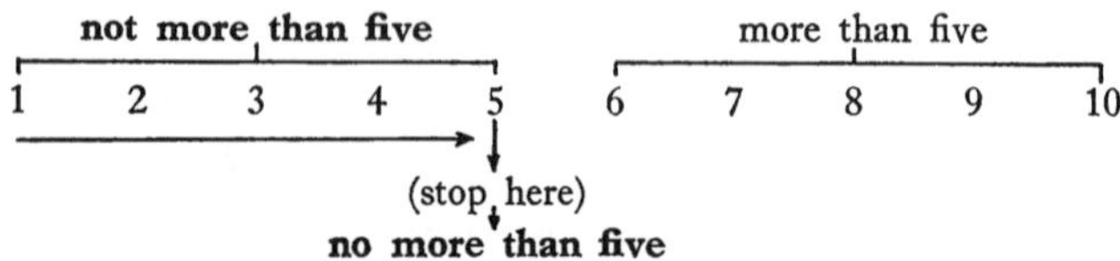

以上のことを応用して次例を正しく読みとってほしい．

{**not less than** five (5以上, 5, 6, 7...)
{**no less than** five=as many as five (5個も)

{**not bigger than** a ten-yen coin (10円硬貨より大きくない)
{**no bigger than** a ten-yen coin
{ (わずか10円硬貨ほどの大きさ——そんなに小さい)

He is **no wiser than** a child.

(彼はこどもほどの知恵しかない――こどものように幼稚だ)

I can swim **no more than** a hammer.

(私は金づち同様，泳げない)

最後の例は〈泳げる力の限界〉が〈カナヅチ〉で与えられ，カナヅチが泳げないということは常識であるから，結局「私の泳げ**ない**のはカナヅチが泳げ**ない**のと同様だ」となる.

§297 〈take A for B〉の型

これは「**A** を **B** と(まちがえて)思う」という意味である．本来は〈**B** をとるべきなのに **B** の代りに **A** をとる〉というところからきた.

① John **took** me **for** my elder brother.

(ジョンは私を私の兄とまちがえた)

② I **took** John's shoes **for** mine.

(私はジョンのクツを私のクツとまちがえた)

このようなとき **A, B** の位置をとりちがえないようにしなければならない．下の文で，〈私のクツとジョンのクツとをとりちがえた〉という日本語から考えてうっかり

③ I took **my shoes** for **John's**.

などとすればたいへんおかしい．この③の文の意味は〈私のクツを見ていながら，それをジョンのクツだと思いこんだ〉ことになる.

つぎにこの **B** にあたるところが名詞でなくて granted (許し，与えられた) という p.p. であることがある．そうすると，**take** A **for granted** (**A** というものを，当然のこと――既定の事実――と思う)という熟語になる．この場合 **A** のところには形式目的語 it がくることが多い.

Don't **take it for granted that** you will get a bonus because you have been here for one year.

(ここにきて1年になるからといって，ボーナスをもらえるものときめてかかっては困る)

§298 I must be going. と I'm coming.

会合などに出ていて,「私はもう帰らなくてはならない」というのは

① I must be **going** now.

というのがきまり文句である. この go は go back, go home などの意味であるから, 相手に向かって「あなたは [この場から] 帰ってよろしい」というのは, §291 のとおり

② You can **go**. You may **go**.

となるのである. つまり go とは〈その場を立ち去る〉ことである. ここをまちがえて, 日本語の「帰る」につられて

③ I must **return**.

というと, これは,「私は [ここを立ち去って] またここへもどってくる」という意味になる.

④ Let me **go**.

も,「離してください」「もう帰らせてください」というのにあたることが多く, これをいつも「行かせてください」と訳すのは適当でない.

さて, 人によばれて「いま, いきますよ」は

⑤ I'm **coming**.

というのである. この場合,「行く」とは〈相手の位置〉に近づくことであるから, そちらを基準に考えて come を用いるのである. このとき I'm **going.** とすれば,〈この場を離れ, 相手からも離れる〉ことを意味する. そこで, 人に招待されて,「喜んで参上します」というのは

⑥ I'm (*or* shall be) delighted to **come**.

というのがきまり文句である.

§299 I am looking forward to seeing you.

「...を期待して待つ」は look forward to... という熟語であらわす. この to は〈前置詞〉である. したがって to のつぎ

に動詞がくるときは seeing のように〈動名詞〉でなければならない.

① I **am looking forward to seeing** you very soon.
(近くお目にかかることを楽しみにしております)

この ① のような意味を伝えようとして

② I am **waiting** to see you.

などと wait を使ってはならない. この ② は時間的に「待っている」という意味しかつたえない. それで, 人に会う場合に「お待ちしていました—— 一刻も早くお会いしたかった」といいたいときは, 当然,

①′ I have been **looking forward** to seeing you.

というべきである. これをまちがえて

②′ I have been **waiting** for you.

といえば, ②′ の意味は,「あなたが遅刻してくるから私は待たされた, たいへん迷惑した」ということになる. こんなことをいえば, 定刻に来た相手の人は, いやな顔をして

③ Have I kept you waiting?
(あなたを待たせましたか——そんなおぼえはないのに)

と問うであろう.

§ 300 I thought as much.

① I thought **as much**. (そんなことだろうと思ったよ)

という文の中の as much は〈それだけの分量〉[→ § 106] という意味で, 必ずしも〈多量〉を意味しない. 同様に

So much for introduction. (前置きはこれぐらいにして)

というのは,〈前置き〉から〈本題〉へうつるときのきまり文句である. さらに, so far (いままでは) は

You have been successful **so far**.
(いままでのところは, 君はうまくやれた)

のように用いられる. また

So far, so good. (そこまではよい)

というのは，議論をしていて，途中で相手に「そこまではよいが，問題は，そこからあとだ」というときのきまり文句である．

このように as, so は，〈何かの範囲を限る〉はたらきをするから，**as far as** I could see (私に見える範囲のところでは), **so far as** I am concerned (私に関するかぎりでは) [=as for me → § 154] などの熟語が生まれる．

So far as I know, she has never been married.
(私の知るかぎりでは彼女は結婚したことがない)

§ 301 Remember Pearl Harbor!

Remember Pearl Harbor! (真珠湾を忘れるな)

のように，日本人が「忘れない」と表現するところを，英語では remember (記憶する) というように肯定文で表現する場合がある．したがって「私はそれを永久に忘れない」は

① I shall **never forget** it.

② I shall **remember** it forever.

の 2 とおりの言い方ができるが，② のほうがふつうである．

これと反対のケースとして

③ It was **not until** yesterday that I noticed the difference.
(そのちがいに私はきのうになってはじめて気がついた)

のような場合がある．〈きのうまではしなかった〉を日本語では〈きのうはじめてした〉のように表現する場合である．

また，別のケースとして，つぎの例は〈**B** がなくて **A** がある，ということはない〉という二重の否定を日本語で「**A** すれば必ず **B** する」と表現する場合である．

④ They **never** meet **without** quarreling.
(彼らは会えば必ずけんかする)

⑤ I **never** see this album **without** being reminded of my school days.
(私はこのアルバムを見ると学校時代を思いだす)

上で〈二重否定〉といったが，厳密にいうと，「B でなければ

A でない」は「A ならば B である」の〈対偶〉であって，諸君が数学の時間にならったとおり，〈対偶〉はもとの命題と同値である．すなわち，④，⑤ の日本語訳は英文のあらわすものの〈対偶〉になっているのである．

Exercise 25

(1) つぎの各文を〈例 1〉または〈例 2〉にならって，それぞれ 1 個の単文とせよ．

《例 1》 Mr. Smith is **very old**. He cannot work now.
→ Mr. Smith is **too old to** work now.

《例 2》 Mr. Smith is **not well**. He cannot work now.
→ Mr. Smith is **not well enough to** work now.

1. George is not very old. He does not go to school yet.
2. Mary is still young. She cannot travel to Paris alone.
3. You are not very old. You cannot marry.
4. John does not earn much. He cannot marry yet.
5. Shakespeare's plays are difficult. She cannot read them.
6. Your handwriting was bad. None of us can read it.
7. We are not old. We do not remember the earthquake of 1923.
8. My car is not large. All of you cannot get into it.
9. I am very busy. I cannot answer questions now.

(2) 例にならって，つぎの日本文を，それぞれ正しい英文に直すための語順を，記号で示せ．

《例》 この写真を見ると，かならず彼を思い出す．

I cannot look at this picture ＿＿.

(ア．do　イ．him　ウ．I　エ．if　オ．instead　カ．not　キ．of　ク．thinking　ケ．without)　(答) ケ－ク－キ－イ

1. ちょっと考えてみれば，その計画が実行不可能だということが君にわかるでしょう．

＿＿ that the plan is impracticable.

(ア．a　イ．consider　ウ．consideration　エ．if　オ．little

カ. tell キ. understand ク. will ケ. you)

2. 財布を盗まれようとは思いませんでした.
I never expected ____.
(ア. had イ. have ウ. I エ. my オ. stolen カ. that キ. to ク. purse ケ. was)

3. 私は上京して1月もしないうちに病気になった.
I had not ___ when I became sick.
(ア. a イ. been ウ. come エ. for オ. in カ. month キ. to ク. Tokyo ケ. within)

(3) つぎの各文を指定の書き出しの文に書きかえよ.

1. As we get older, our memory becomes weaker. (The older)
2. Her pride did not allow her to apologize to him. (She was)
3. That's all I have to say about the plan. (I have)
4. Not until I had reached the station did I notice that I had left my umbrella in his house. (It was not)

(4) つぎの各組の英文が同じ意味になるように,( ) 内にそれぞれ適当な1語を入れよ.

1. {You ought to report it to him immediately.
You should let him (ア) about it at (イ).

2. {Have you got any letters from him lately?
Have you (ウ) from him (エ) late?

3. {It seems that he is entirely ignorant of the matter.
(オ) seems to know (カ) about the matter.

4. {He has wealth as well as fame.
He has (キ) wealth (ク) fame.

5. {I was fortunate enough to win the prize.
I was (ケ) fortunate (コ) to win the prize.

(5) つぎの6題のうち, 1～3 は下線の部分を〈節〉に書きかえて各文を〈複文〉に, 4～6 は下線の部分を〈句〉に書きかえて各文を単文に改めよ.

1. <u>In spite of the rain</u>, Mother went out to visit her sick friend.

2. Left alone in the room, I soon got uneasy.
3. They cried at the top of their voice.
4. He insisted that he would pay for the dinner.
5. So far as I am concerned, I have no objection to the plan.
6. It seemed that she had been listening to the radio.

(6) つぎの〈1から5までの一連の日本文〉の意味をあらわすように下の英文の（ ）内にそれぞれ適当な1語を入れよ.

1. 近いうちに旧友が上京することになっています.
   An old friend of mine is coming up to Tokyo one of (　　) (　　).
2. 彼は子どものころ隣に住んでいました.
   He lived next (　　) (　　) me in our childhood.
3. 彼と別かれてたしか20年になります.
   If I remember right, it is 20 years (　　) (　　) saw him last.
4. ですから，あのころの彼とすっかり変わってしまっているに違いありません.
   So he must be completely changed from (　　) (　　) was.
5. 彼と昔話をするのをいまから楽しみにしています.
   I am looking (　　) (　　) talking to him about our good old days.

(7) つぎの各文の（ ）内からもっとも適当なものを選び，記号で答えよ.

1. I want a new handbag. Where is the best place to get (ア. it イ. in ウ. one エ. to)?
2. The effort to please everybody usually results in pleasing (ア. anybody イ. everybody ウ. nobody エ. somebody).
3. Can you make yourself (ア. to understand イ. understand ウ. understanding エ. understood) in English?
4. (ア. Being not イ. Not being ウ. Not having エ. Having not) received an answer, I wrote to him again.

Exercise 解答

Exercise 1 (p. 13)

(1) 1. [U] 2. [C] 3. [U] (抽象) 4. [C] 5. [U] (抽象) 6. [C] 7. [C] 8. [C] 9. [U] 10. [U] (抽象) 11. [U] 12. [C]

(2) 1. India 2. Napoleon 3. the Japan Sea 4. Berlin 5. Mars 6. the Mississippi (River) 7. Kenroku Park 8. the Smiths 9. Washington 10. Osaka University 11. Christmas 12. Mt. Everest

(3) 1. A Russian-Spanish Dictionary 2. A German-French Dictionary 3. A Portuguese-Norwegian Dictionary 4. A Chinese-English Dictionary 5. A Danish-Dutch Dictionary 6. An Italian-Japanese Dictionary 7. A Japanese-Malay Dictionary

(4) 1. He is a Spaniard. 2. What is the capital of Switzerland? 3. Is it a French film (*or* picture)? 4. I want to go to Belgium. 5. There are many pyramids in Egypt. 6. Chicago is a large city. 7. She can speak Dutch. 8. What is the English for 'tamago'? 9. Kant is a German. 10. Orion is a beautiful constellation.

[注] 2. の What is... を Where is... としては誤り.

Exercise 2 (p. 24)

(1) 1. mice 2. aunt 3. some deer 4. pianist 5. down train 6. television 7. planet

(2) ア—3 イ—1(1) ウ—2(1) エ—1(2) オ—4 カ—2(1) キ—3 ク—5 ケ—5 コ—2(1)

(3) 1. yacht 2. review 3. drill 4. cover 5. lion 6. program 7. coffee 8. orchestra 9. sandwich 10. platform 11. tunnel 12. circle

(4) 1. Calendars are very useful in our daily life. 2. Are the gramophones in that shop window very expensive? 3. The typewriters we

use are new ones. 4. Tulips are beautiful flowers. 5. Sewing machines are used in all countries. 6. Have you seen the sofas I bought last week? 7. The trees in that garden are very tall. 8. Potatoes were brought to Europe from America.

(5) 1. churches 2. taxes 3. copies 4. studios 5. gentlemen 6. kisses 7. book-shelves 8. railways 9. Germans 10. lilies

Exercise 3 (p. 37)

(1) 1. peoples → people 2. many families → a large family 3. consist → consists 4. many furnitures → much furniture 5. three papers → three sheets of paper 6. stones → stone 7. A happiness → Happiness; the contentment → contentment 8. peaces → peace 9. lot of moneys → a lot of money (*or* lots of money) 10. chair → chairs; steels → steel

(2) 1. reality (現実) 2. safety (安全) 3. merriment (歓楽) 4. strength (強さ, 力) 5. ability (能力) 6. anxiety (不安) 7. action (行動); activity (活動) 8. engagement (婚約) 9. neighborhood (近辺) 10. intrusion (侵入)

Exercise 4 (p. 48)

(1) ① It was John that bought a book on mathematics at that store. ② It was a book on mathematics that John bought at that store. ③ It was at that store that John bought a book on mathematics.

[注] ①, ②, ③ とも文頭の It was は It is でもよい.

(2) 1. ② This pen is hers. ③ It belongs to her. 2. ② That dictionary is theirs. ③ It belongs to them. 3. ② These pictures are yours. ③ They belong to you. 4. ② This house was ours. ③ It belonged to us. 5. ② This desk is his. ③ It belongs to him. 6. ② These birds are mine. ③ They belong to me.

(3) 1. It was early in the morning. 2. You must write your name here yourself. 3. He is stronger than she (is). 4. Is it true that she knows Swedish? 5. You said so in your own book. 6. They say (that) they are repairing his office.

[注] 1. の問題文の「まだ」は still だが, しいて訳す必要はない.

(4) 1. It took the teacher only three minutes to explain to his students the meaning of the word. 2. It took us a long time to make the program. 3. It took Mary several months to save enough money to go to London. 4. It takes this airplane eleven hours to cross the Atlantic.

(5) 1. it's → its 2. yourself → yourselves [複数だから] 3. it → one
[注] 1. の原文の it's は it is の短縮形である．it の所有格 its と混同してはならない．

Exercise 5 (p. 70)

(1) 1. other → another 2. their → his 3. other side → the other side 4. meanings → meaning 5. here → this 6. it of → that of

(2) 1. larger building → larger one 2. the games → the ones 3. the map → the one 4. larger shoes → larger ones

(3) 1. some (冷蔵庫にバターがある) 2. any (そのひきだしに切手がありますか) 3. some (いちばん下のたなに写真がある) 4. any (寝室にいすがありますか) 5. any (そのつぼにさとうがはいっていますか)

(4) 1. any, some 2. one 3. It 4. any, ones 5. one, it 6. some, none 7. them 8. any 9. ones 10. some

(5) 1. any typists 2. Bicycles *have* two wheels. 3. some albums 4. any copies 5. Dentists *are men* who *take* care of your teeth. 6. Oblongs *have* four sides; triangles *have* three sides. 7. some prettier dolls 8. Stereo records *cost* more than single-track *ones.* 9. Street cars *run* on rails; buses *do* not. 10. Have you any records that *teach* English pronunciation?

Exercise 6 (p. 85)

(1) 1. Did he go anywhere? 2. Did anything happen? 3. Did you send it to anyone? 4. Did he say anything? 5. Did you read any book? 6. Did you see him anywhere? 7. Was anyone absent yesterday?

(2) 1. Where did Tom leave his bags? 2. Who left his bags at the door of that house? 3. Why was Tom absent yesterday? 4. What did Tom want? 5. How did they open the door?

(3) 1. My brother Tom, who has been living in India for the last three years, will return to England next month. 2. The film which we saw at the ABC Hall yesterday was very interesting. 3. The man whose umbrella you borrowed yesterday is my brother. 4. Mr. and Mrs. Smith, who live in Baker Street, have a daughter named Mary. 5. This is a picture of the town where we have a branch-office. 6. My office, which is in a new building, is very large. 7. This is the car in which the ladies went to the theater. 8. The church, which was built in the fifteenth century, is the most beautiful building in the village. 9. These photographs, which I took last summer, will show you what Kurashiki looks like. 10. This dictionary, which I bought in London last year, is very useful. 11. These LP records, one of which you heard just now, play for 25 minutes. 12. I walked to Ginza, where I had an appointment to meet her at six.

[注] LP=long-playing; この文の play (演奏できる) は自動詞.

Exercise 7 (p. 104)

(1) 1. two hundred and thirty-seven thousand, six hundred and fourteen 2. ten thousand, three hundred and fifty-six 3. twenty-two million, three hundred and nine thousand, five hundred and eleven 4. three over fifteen 5. three and a half 6. twice *a* over *xyz* 7. three point one four one six 8. seventeen eighty-two 9. 0 three 0 nine 10. seven thirty train 11. cosine thirty-five degrees plus sine fifteen degrees

(2) 1. Very few 2. We eat very little meat in summer. 3. a few 4. very few 5. a few 6. a little

(3) 1. ① Nothing is more valuable to me than this ring. ② This ring is more valuable to me than any other thing. 2. Tom is handsomer than any other boy in this class.

(4) 1. This antenna is not so long as that (antenna). 2. We are not as happy as the people of the seventeenth century. 3. Give me a better one. 4. Is your little (*or* younger) sister more charming than Lucy? 5. I love you more than anyone else.

(5) 1. money more than him → more money than he 2. highest → the highest 3. so old as John is old → as old as John (is) 4. Mr. Smith's the oldest son → Mr. Smith's eldest son 5. more well-

known → better-known

［注］ 3. の原文の最後にある old は絶対に削除しなければならない.

Exercise 8 (p. 115)

(1) the を入れるところ——ア, イ, ウ, オ, キ, ク, ケ, コ, セ. a を入れるところ——エ, サ, ソ. ×とする所——カ, シ, ス.

［注］ カは §114.3 N.B. 2 と同じ理由により, as (. . . として) のあとの名詞は冠詞をはぶく. スでは, shares は不特定な株一般をいうので第3用法. したがって the は不要.

(2) 1. 4. 5. 6. 7.

(3) 1. What is the meaning of this word? 2. A dog is sometimes called the friend of man. 3. What a bad boy he is! 4. He studies the literature of the eleventh and twelfth centuries. 5. I want to be a nurse. 6. Let me know by telegram. 7. I must go there on foot. 8. He teaches us three times a week. 9. John waited there for an hour or two (*or* for one or two hours). 10. A famous (*or* well-known) philosopher said so.

Exercise 9 (p. 128)

(1) ア—**P** イ—**G** ウ—**P** エ—**P** オ—**G** カ—**P** キ—**P** ク—**G** ケ—**G**

(2) ア—4 イ—3 ウ—6 エ—1 オ—5

(3) 1. lied → lay; laid → lain 2. teached → taught; studyed → studied 3. heared → heard

(4) 1. shine 2. show 3. strike 4. throw 5. hold 6. buy

Exercise 10 (p. 136)

(1) 1. luckily 2. coolly 3. better 4. equally 5. remarkably

(2) 1—オ 2—イ 3—ウ 4—キ 5—ア 6—カ 7—エ

Exercise 11 (p. 146)

(1) 1. under 2. by 3. at, on 4. of 5. in 6. by, by 7. of, at 8. in 9. for 10. with 11. of 12. in 13. with 14. for 15. of 16. to

[注] 16. の文は prefer A to B [→§105 N.B. 1] の型. したがって traveling は動名詞.

(2) ア—in イ—before ウ—for エ—of オ—to カ—to キ—in ク—of ケ—after

(3) 1. Instead of writing a letter, I telephoned her. 2. Instead of taking the bus, we will go back on foot. 3. Instead of telling his wife the truth, he took his typist to the cinema secretly. 4. Instead of eating so much canned food, you should eat more fresh fruit. 5. Instead of doing my homework, I think I will watch the television.

(4) 1. by → with 2. in → into 3. told to me → told me 4. from → at 5. at → on; on tomorrow → tomorrow 6. came to home → came home; in last week → last week 7. to → for 8. to → with 9. by → of 10. on → in; after → in

Exercise 12 (p. 156)

(1) 1. John did not go to the concert yesterday evening. Nor did Lucy. 2. Tom does not play tennis. Nor does Mary. 3. My wife was not ill yesterday. Nor was I. 4. My brothers do not like skating. Nor do my sisters. 5. Tom does not like examinations. Nor does Dick. 6. You are not fond of dogs. Nor am I. 7. Dr. Smith did not like living in London. Nor did his wife. 8. Tom cannot keep secrets. Nor can I.

(2) 1—エ 2—イ 3—ア 4—オ 5—ウ

Exercise 13 (p. 159)

(1) 1. Oh, wonderful! Is this really for me? (*or* May I have this, really? *or* Are you really going to give me this?) 2. Well, let me see, it will take two weeks (or so). 3. But why, that is what you yourself asked

me! 4. What! Your aunt is ill? Oh, that's too bad! 5. Hello, is this Mr. Smith? This is Tanaka speaking.

(2) 1—12, 2—32, 3—19, 4—36, 5—27, 6—33, 7—24, 8—11, 9—38, 10—22, 13—34, 14—25, 15—35, 16—31, 17—23, 18—26, 20—37, 21—29, 28—40, 30—39

(3) 1. forgetful 2. suspicious 3. annoying 4. observance 5. attendance 6. disposal

(4) 1. necessity 2. fortunate 3. extraordinary 4. right 5. wisdom

(5) 1. considerable 2. trial 3. endanger 4. allowance 5. vary 6. confinement 7. request 8. conversational

(6) 1. (e) 2. (c) 3. (b) 4. (c)

(7) 1. since 2. whose 3. is 4. written 5. from

(8) ア—that イ—in ウ—at エ—during オ—vacation カ—to キ—or ク—than ケ—but

Exercise 14 (p. 168)

(1) 1. Mr. Richard has sold me his old car. 2. I will send him the books next week. 3. Will you lend her a hundred dollars? 4. Please give Mary this book. 5. My mother bought George a model plane.

[注] 5. の文について: $\mathbf{O_2}$ を $\mathbf{M_2}$ に書きかえたとき, 常に to... となるとは限らない. 5. の原文のように for... ということもあるから注意せよ.

(2) 1. 第3文型 2. 第1文型 3. 第5文型 4. 第5文型 5. 第4文型 6. 第2文型 7. 第3文型 8. 第5文型 9. 第4文型 10. 第2文型

(3)

1. That (S) | was really wonderful. (P) (それはほんとうにすばらしかった)

2. What he did (S) | was wrong. (P) (彼がしたことはまちがっていた)

3. You and I (S) | are good friends. (P) (あなたと私とはよい友だちです)

4. George, a friend of mine, (S) | kindly showed me the way. (P)
(私の友人のジョージが親切に道案内をしてくれた)

5. That | is the most important thing of all.
S | P
(それが，すべてのうちでもっとも重要なことです)

Exercise 15 (p. 180)

(1) 1. The map on the desk is a map of Europe. 2. The apples on that tree are still green. 3. The clock on the wall is out of order. 4. The shop opposite the school is a book-store. 5. The woman with her feet on a chair is Mrs. Richard. 6. The shirts on the line are not mine.

(2) 1—キ 2—カ 3—ケ 4—イ 5—ウ

(3) 1. ウオアエイ 2. エアオイウ 3. イオエアウ 4. ウアオエイ

(4)

(従)················S V ← M_2
1. The man who is standing at the door is a teacher of this school.
(主) S ← M_1 V C ← M_1

(従)······························O S V ← M_2
2. This is the yacht which he bought ten years ago.
(主) S V C ← M_1

(従)····················S V O M_2
3. I know that he studied English in the U.S.A.
(主) S V O

(従)··········S V O M_2
4. While he was having a rest in the bedroom, (下へつづく)
(主) M_2 ⟶ (下の V を修飾)

I had to do my homework in my room.
(主) S V O M_2

(従)···S V O C
5. I think it natural that he called you a hero.
(主) S V O C

Exercise 16 (p. 196)

(1) 1. . . ., haven't you? 2. . . ., isn't it? 3. . . ., did he? 4. . . ., won't you? 5. . . ., didn't he? 6. . . ., can't you? 7. . . ., wasn't she? 8. . . ., aren't they?

(2) 1. How kind you are! 2. What a strange story this is! 3. How noisy these jet planes are! 4. How quiet it is here in the country! 5. How well you speak English! 6. What a large mouth it has! 7. What a long beard he has! 8. How more beautiful Lucy is than her sister! 9. What a long time it took Columbus to cross the Atlantic! 10. How quickly time passes!

(3) 1. Do tell me what the teacher said! 2. Don't walk about in the room! 3. Is it you that (*or* who) shut this window? 4. Who can scold such a good child?

(4) 1. He knows nothing about it. (*or* He does not know anything about it.) 2. You had better not go to see him off. 3. He does not have to introduce himself. 4. I do not think he will come.

[注] 4. について：このようなとき，英語では主節のほうを否定にするのがふつうである．I think he will **not** come. という形はあまり用いられない．

(5) 1. did kill → killed 2. had not better → had better not 3. Be not → Don't be 4. isn't it → isn't he 5. hadn't we → didn't we 6. large house → a large house 7. what did he buy ?→what he bought. 8. don't → doesn't

Exercise 17 (p. 219)

(1) 1. coming 2. depends 3. are full 4. is stopping 5. plays

(2) 1. I was playing " Old Black Joe " on the guitar. 2. I was writing a letter to you. 3. I was reading a book in my room, as it was raining. 4. I was quarreling with my little brother. 5. I was making a plan of travels for the summer vacation. 6. I was watching the pretty stars out of the window. 7. I was having a bath. 8. I was working for the examination.

[注] (2) ではすべて文頭に At that time がある気持ちだが，この解答ではこれを省略した．

Exercise 18 (p. 233)

(1) 1. There were 2. There has been 3. there will be 4. It was 5. It has been 6. it will be 7. There were 8. There will be (*or* There are) 9. There was 10. It is

(2) 1. had forgotten 2. had left 3. gets, goes, has, leaves 4. had started 5. learned, had not arrived 6. had seen 7. had not slept 8. went, heard

(3) 1. John has just emptied the water into the bucket. 2. The milk has just boiled over. 3. John has just repaired the television set. 4. The boys have just had an English lesson.

(4) 1. it will snow → it snows; we stay → we will stay 2. Yes → No 3. shall → will (*or* shall be → is) 4. will → shall 5. gone → been 6. drew → was drawing

[注] 5. では，さらに to → in としてもよい.

Exercise 19 (p. 239)

(1) 1. The shop will be opened for business on Monday. 2. The window was opened by the strong wind. 3. The supply of electric power will have to be restricted. 4. A strange man was seen in the woods last night. 5. The gramophone was invented by Edison about a hundred years ago. 6. Every letter must be signed by the president. 7. The light was turned off by her at once. 8. This road has been just widened. 9. The fire was put out in less than an hour. 10. The emergency staircase could not be used.

(2) 1. ① Everybody praises Mary. ② Mary is praised by everybody. 2. ① They started the game at ten. ② The game was started at ten. 3. ① Why did they repair the road? ② Why was the road repaired? 4. ① You must write your answer in ink. ② Your answer must be written in ink. 5. ① We will discuss the problem in the next chapter. ② The problem will be discussed in the next chapter. 6. ① We will announce the results at 3 p.m. ② The results will be announced at 3 p.m. 7. ① They say (that) he died last year. ② It is said that he died last year. (*or* He is said to have died last year.) 8. ① The teacher gave a card to each pupil. ② Each pupil was given a card by

the teacher. 9. ① They erected a big bronze statue there recently. ② A big bronze statue was erected there recently. 10. ① We could see many people dancing. ② Many people could be seen dancing.

Exercise 20 (p. 247)

(1) 1. Mary said that she was going to the dance with her mother. 2. George says that he will be ready in a few minutes. 3. Tom told me that his sister had not finished her homework yet. 4. Lucy told me that she had written letters to several of her pen-pals. 5. He told me that someone had taken his shoes by mistake. 6. He asked me who had taken the papers away. 7. He asked me if I had ever had a ride in a helicopter. 8. He told me not to shout in that room. 9. Lucy told me that John had asked her to write a letter. 10. He told Mary that the teacher was angry with her, and asked her what she thought of it.

Exercise 21 (p. 257)

(1) 1. If he had enough money, he would buy it. 2. If she threw the bottle into the sea, it might be carried to the coast of Kyushu. 3. If the bus-drivers went on strike, other workers would find it difficult to go to work. 4. If you ate those eggs, you would be ill. 5. If you had the knife sharpened, it would cut better. 6. If you liked music better, your life would be much happier.

(2) 1. If you had worked hard, you would have written good English. 2. If my big brother had not been ill, he would have gone to Kobe with me. 3. If he had not lost all his money, he could have bought a new car. 4. If there had been rotary presses in those days, printing of newspapers would have been easy. 5. If the boy had looked well before he crossed the road, he would not have been knocked down and wounded. 6. If you had taken my advice, you would not have lost all your money. 7. If they had not spent six months in Japan, they would not have learned to speak Japanese well. 8. If it had not rained, we should have gone into the country. 9. If you had helped me, I should have finished the work. 10. If your parents had not done everything for you, you would have done something for

yourself.

[注] 3. および 6. の not...all, 10. の前半の not...everything は〈部分否定〉[→§79 N.B. 3] である.

Exercise 22 (p. 278)

(1) 1. He must be delighted to hear it. 2. His mother must be nearly eighty. 3. This must be the book he wants. 4. There must be some mistake. 5. He says that the letter must be in that drawer. 6. This must be the house we have been looking for. 7. It must be going to rain. 8. These must be the papers he wanted.

(2) 1. Tom may be the first to arrive. 2. John may be in the garden. 3. Your tape-recorder may be in the next room. 4. Mary may know the correct answer.

(3) 1. You need not say it twice. 2. They cannot have been rich. 3. She may not have known my address. 4. You must not sit in this chair. 5. They must be waiting at the airport.

[注] 4. で in this chair の in に注意.

(4) 1. Mary cannot have known my address. 2. You need not do your homework at once. 3. You must not eat it now. 4. ① It may not be true that she became a nurse. ② It cannot be true that she became a nurse. 5. ① He must have signed the paper. ② He may have signed the paper.

Exercise 23 (p. 294)

(1) 1. takes の前 2. takes の前 3. find の前 4. 文末 5. are のあと 6. knock の前 7. remember の前 8. seen の前

(2) 1. So must she. 2. So is my father. 3. So can they. 4. So did I. 5. So does he. 6. So is hers. (*or* So is her hair.)

(3) 1. エイキオカアクウ 2. エイキアオクウカ

Exercise 24 (p. 306)

(1) 1. to drive 2. to bring 3. to mail 4. meeting 5. raining 6. to look 7. going 8. lie 9. not to go 10. going, to get

11. walk 12. worrying 13. help, (to) put 14. talking 15. start, to get 16. shutting 17. to go 18. reading 19. say, to sell 20. do, asking

(2) 1. [複] It was believed that he had been rich. 2. [複] He insisted that I should go with him. 3. [複] He went to the U.S.A. so that he might improve his English. 4. [単] The bag is too heavy for me to lift up. 5. [単] He is sure to succeed. 6. [単] On hearing the news, he went out in a hurry. 7. [複] He was so young that he could not understand it. 8. [単] He is said to have been an announcer ten years ago. 9. [複] It seems that she was ill. 10. [単] You may have left it in your room.

[注] 2. の should の特別用法については §241 参照.

Exercise 25 (p. 321)

(1) 1. George is not old enough to go to school yet. 2. Mary is too young to travel to Paris alone. 3. You are not old enough to marry. 4. John does not earn enough to marry yet. 5. Shakespeare's plays are too difficult for her to read. 6. Your handwriting was too bad for any of us to read. 7. We are not old enough to remember the earthquake of 1923. 8. My car is not large enough for all of you to get into. 9. I am too busy to answer questions now.

(2) 1. ア—オ—ウ—ク—カ—ケ 2. カ—ウ—ケ—キ—イ—エ—ク—オ 3. イ—オ—ク—エ—ア—カ

(3) 1. The older we get, the weaker our memory becomes. 2. She was too proud to apologize to him. 3. I have no more to say about the plan. 4. It was not until I had reached the station that I noticed that I had left my umbrella in his house.

(4) ア—know イ—once ウ—heard エ—of オ—He カ—nothing キ—both ク—and ケ—so コ—as

(5) 1. Though it was raining, Mother went out to visit her sick friend. 2. As I was left alone in the room, I soon got uneasy. 3. They cried as loud as they could. 4. He insisted on paying for the dinner. 5. As for me, I have no objection to the plan. 6. She seemed to have been listening to the radio.

(6) 1. these days 2. door to 3. since I 4. what he 5. forward to

(7) 1. ウ 2. ウ 3. エ 4. ウ

語 句 索 引

[索引の使い方] 各項目のあとの数字はページ数を示す. ページ数のあとの fn. は脚注を示す. この索引に用いた略号はつぎのとおり.

adj.＝形容詞 (Adjective)
adv.＝副詞 (Adverb)
aux. v.＝助動詞 (Auxiliary verb)
conj.＝接続詞 (Conjunction)
demon.＝指示 (Demonstrative)
interj.＝感嘆詞 (Interjection)
interrog.＝疑問 (Interrogative)
n.＝名詞 (Noun)
prep.＝前置詞 (Preposition)
pron.＝代名詞 (Pronoun)
rel.＝関係 (Relative)
v.＝動詞 (Verb)

A

H

I

M

N

O

T

U

V

W

毛利可信（もうり・よしのぶ　1916–2001）
大阪大学文学部名誉教授。著書は、『新自修英作文』『教室英文法シリーズ 動詞の用法』『英語意味論研究』（以上、研究社）、『橋渡し英文法』『英語の背景を読む―文化コンテクストの話』（以上、大修館書店）など多数。山崎貞『新自修英文典』（研究社）の増訂にも携わる。

KENKYUSHA
〈検印省略〉

ジュニア英文典〈新装復刊〉

2022年 6月30日　初版発行

著　者　毛 利 可 信
発行者　吉 田 尚 志
発行所　株式会社　研 究 社
〒102–8152 東京都千代田区富士見2–11–3
電話　03–3288–7777（営業）
　　　03–3288–7711（編集）
振替　00150–9–26710
https://www.kenkyusha.co.jp/
印刷所　図書印刷株式会社

ISBN 978–4–327–45311–4 C1082　Printed in Japan
装丁：マルプデザイン（清水良洋）